NOMADES, VOYAGEURS, EXPLORATEURS, DEAMBULATEURS

http://www.librairieharmattan.com
diffusion.harmattan@wanadoo.fr
harmattan1@wanadoo.fr

© L'Harmattan, 2006
ISBN : 2-296-00637-X
EAN : 9782296006379

Sous la direction de Rachel Bouvet,
André Carpentier et Daniel Chartier

NOMADES, VOYAGEURS,

EXPLORATEURS, DEAMBULATEURS

Les modalités du parcours dans la littérature

L'Harmattan
5-7, rue de l'École-Polytechnique ; 75005 Paris
FRANCE

L'Harmattan Hongrie
Könyvesbolt
Kossuth L. u. 14-16
1053 Budapest

Espace L'Harmattan Kinshasa
Fac..des Sc. Sociales, Pol. et Adm. ;
BP243, KIN XI
Université de Kinshasa – RDC

L'Harmattan Italia
Via Degli Artisti, 15
10124 Torino
ITALIE

L'Harmattan Burkina Faso
1200 logements villa 96
12B2260
Ouagadougou 12

Table des matières

Préface 9

Nomades, voyageurs   13

Pérégrinations en Laurasie
Kenneth White 15

Du parcours nomade à l'errance : une figure de l'entre-deux
Rachel Bouvet 35

Enjamber le désert : l'écriture nomade chez Serge Patrice Thibodeau
Denise Brassard 51

Voyage, pèlerinage : La mort, le double et l'image dans *Pèlerinage d'un artiste amoureux* de Khatibi
Farid Zahi 71

Naissance et mort d'un pays rêvé : itinéraires de l'écrivain-voyageur dans l'Égypte du XIXᵉ siècle
François Foley 89

Explorateurs   113

Exploration, émigration, initiation. Les parcours nordiques de Xavier Marmier
Maria Walecka-Garbalinska 115

Vers l'immensité du Grand Nord. Directions, parcours et déroutements dans les récits nordiques
Daniel Chartier 131

La cartographie du sensible. De Samuel Hearne à Pierre Perrault : le problème du sujet dans le récit d'exploration
Daniel Laforest 143

Deux voix sur une seule voie ou l'empreinte littéraire d'une célèbre cordée
Hélène Guy……...………………………………………… 159

Exploration des frontières du soi. Le récit alpin comme mise en fiction d'une expérience limite
Caroline Proulx……………...…………………………….. 171

Déambulateurs 187

Huit remarques sur l'écrivain en déambulateur urbain
André Carpentier…………...…………………………….. 189

Franz Hessel ou l'Art difficile de la promenade
Robert Dion…………………….………………………… 207

Sur les traces d'un sourcier : Charles-Albert Cingria
Philippe Archambault………………….………………….. 223

Philippe Jaccottet ou l'expérience de la promenade
Jérémie Leduc-Leblanc..…………………………………… 233

La déambulation comme démarche documentaire : *Zones* de Jean Rolin
Christina Horvath..………………………………………… 247

Préface

Nomades, voyageurs, explorateurs, déambulateurs : autant de figures que nous avons voulu interroger, tout d'abord lors d'un colloque qui a réuni à Montréal une quinzaine de chercheurs, puis sonder plus en profondeur, c'est d'ailleurs le mandat que poursuivent les textes du présent collectif. Puisqu'il y sera question des modalités du parcours dans la littérature, commençons par récapituler le parcours qu'a connu cet ouvrage. Le lecteur pourrait en effet se demander pourquoi avoir retenu ces quatre figures plutôt que d'autres ; pourquoi ne pas avoir inclus par exemple celles du promeneur, du flâneur, du touriste ou du coureur des bois ? Les raisons sont à chercher du côté des personnes, de leur proximité géographique, et non du côté des théories. Travaillant au sein du même département – le département d'études littéraires de l'Université du Québec à Montréal –, André Carpentier, Daniel Chartier et Rachel Bouvet ont décidé de créer un espace de discussion à la croisée de leurs objets d'étude privilégiés, à savoir respectivement la déambulation urbaine, la représentation du Grand Nord, le nomadisme et le voyage dans le désert.

Trace laissée par les pas, itinéraire dessiné sur une carte, le parcours est une ligne, une construction de l'esprit, un projet, un plan, un préalable, une téléologie, un signe qui s'enracine dans une dimension géographique, topographique. C'est un mode de rencontre de la réalité spatiale pratiquée. Indice d'un passage, de la saisie d'un espace, l'empreinte laissée sur le sol donne également lieu au travail du texte, de l'interprétation, de la lecture. De quelle manière le parcours est-il envisagé dans l'action humaine? Comment la littérature le configure-t-elle? Les auteurs de ce collectif envisagent la construction du parcours dans la littérature en termes d'élaboration, de réalisation et d'expression.

Ce livre tente d'explorer à sa façon les méandres des récits, de franchir les précipices de la pensée et d'ouvrir la réflexion sur l'espace du dehors. Divisé en trois parties, il aborde respectivement les figures du nomade et du voyageur ; de l'explorateur ; du déambulateur. Ces figures impliquent des modalités différentes du parcours, des intentions, des rythmes, des rapports à l'espace distincts les uns des autres.

Pour débuter la première section, nous avons fait appel à Kenneth White, bien connu au Québec – parmi les géographes surtout – comme un « ouvreur de pistes[1] ». Ses « Pérégrinations en Laurasie » rappellent le mouvement des plaques tectoniques de la Terre et de la pensée et dévoilent certains traits de ce que White appelle ses « way-books », les livres de la voie. Suite à cet essai de nomadisme intellectuel[2], Rachel Bouvet s'intéresse à une figure de l'entre-deux, située entre nomadisme et errance, en prenant appui sur deux romans de Malika Mokeddem, une écrivaine algérienne d'origine nomade. Toujours au milieu des sables, Denise Brassard scrute à son tour les poèmes de Serge Patrice Thibodeau – un écrivain acadien ayant parcouru les déserts du Proche-Orient – afin de relever les accents mystiques et les gestes de l'errant. Quant au voyage qui s'effectue dans le dernier roman de l'auteur marocain Abdelkébir Khatibi, il s'inscrit dans la mystique musulmane, ainsi que l'explique Farid Zahi. De nouvelles facettes du pèlerinage, l'une des formes sans doute les plus anciennes du voyage, sont ici explorées. Enfin, François Foley compare deux récits de voyage en Égypte, celui de Maxime du Camp, situé au tout début du XIXe siècle, avant la naissance de l'égyptologie, et celui de Pierre Loti, rédigé à la fin du siècle, à une époque où le pays des Pharaons semble n'avoir plus rien de nouveau à offrir à ses visiteurs désenchantés, qui n'hésitent pas pour autant à se lancer sur les routes.

Pour les explorateurs du Grand Nord et les alpinistes de la haute montagne, l'exigence du parcours s'établit d'abord sous la forme d'un itinéraire qui prévoit les ressources et le trajet, puis sous celle d'une expérience du terrain qui, par ses difficultés, fait dévier le parcours qui se voit traduit en une narration qui en constitue le récit. Dans son article sur les parcours nordiques de l'écrivain Xavier Marmier, Maria Walecka-Garbalinska étudie les stratégies de familiarisation de l'espace liées à l'exploration et à l'émigration. Daniel Chartier constate que l'exigence du parcours détermine, dans les récits du Grand Nord, certaines stratégies textuelles qui renvoient à des trajectoires particulières. Ces dernières finissent par opérer, au moment de l'approche du pôle Nord, un renversement qui provoque la disparition même de l'objet atteint. En comparant les œuvres de Samuel Hearne et de Pierre Perrault, Daniel Laforest tente d'éclairer le problème de la représentation du sujet dans le récit d'exploration, sous la forme d'une cartographie du sensible. Quant à Hé-

---

[1] C'est l'expression qu'avait utilisée Eric Waddell pour le présenter lors du colloque.
[2] Voir Kenneth White, *L'esprit nomade*, Paris, Grasset, 1987.

lène Guy, elle démontre, en s'appuyant sur des récits d'alpinistes-écrivains, que l'évolution de l'alpiniste suit une voie qui entrecroise celle de l'écrivain, décrivant par le fait même une trajectoire faite à la fois de défis physiques et de mots, aux frontières du mouvement et de l'équilibre. Enfin, Caroline Proulx montre que, dans les récits alpins, la représentation de l'expérience emprunte une structure variable selon l'issue de cette expérience. Ainsi, même si dans tous les cas l'écriture demeure la trace du parcours dans l'espace enneigé de la montagne, sa modulation traduit la singularité des pratiques et les motivations des alpinistes.

La section consacrée aux écrivains déambulateurs s'attarde aux diverses incarnations de la déambulation dans la littérature contemporaine et à leur inscription dans la modernité urbaine. D'abord, André Carpentier, partant de sa pratique de déambulateur et d'écrivain engagé dans une marche dérivante au sein de la prolixité des choses du monde urbain, propose « Huit remarques sur l'écrivain en déambulateur urbain ». Robert Dion, quant à lui, nous fait part de l'essor de la flânerie au cœur de la modernité berlinoise et comment l'art difficile de la promenade tel que pratiqué par Franz Hessel. Ensuite, Philippe Archambault, se promenant « sur les traces d'un sourcier », parcourt les divers passages qui se forment entre la marche et l'écriture chez l'écrivain suisse d'expression française Charles-Albert Cingria. Puis Jérémie Leduc-Leblanc, en cheminant dans la poésie de Philippe Jaccottet, révèle ce mouvement propre à la déambulation où s'inscrivent conjointement le corps et le langage. Finalement, Christina Horvath, visitant les *Zones* de Jean Rolin, s'intéresse à l'approche documentaire préconisée par l'auteur dans ses déambulations périurbaines.

De tout ce qui s'est dit, échangé, pensé, médité durant ce colloque, le présent ouvrage n'en donne qu'un aperçu partiel, bien entendu. Mais il a tout de même le mérite d'offrir au lecteur intéressé par les différentes formes du déplacement dans l'espace de quoi alimenter ses réflexions, susciter des questions, voire des remises en question, et de le convaincre si besoin est de la nécessité de se mettre en marche, de repenser son rapport au monde en termes de parcours, physique et intellectuel. Après ces deux journées de décembre au Québec, intenses au-dedans et froides au-dehors, il ne fallait surtout pas rester en rade, et si certains ont ramé beaucoup, c'est parce qu'il fallait atteindre une rive, coûte que coûte. D'autant plus que cet événement, auquel Kenneth White nous a fait l'honneur de participer, en plus de donner des conférences dans le cadre de nos séminaires de cycles supérieurs à l'UQÀM, a donné lieu à la création d'un Atelier québécois de géopoétique : *La traversée*. L'aventure se poursuit donc, pour certains des auteurs de ce collectif, sous la forme d'ateliers nomades, de conférences et de publications, qui tentent d'aller toujours un peu plus loin dans la découverte des lieux et des textes, de traversée en traversée.

Un dernier mot enfin pour insister sur la diversité des textes de ce recueil, provenant d'écrivains, de chercheurs confirmés, mais aussi de jeunes chercheurs, à qui nous tenons à donner une place dans nos travaux. Parmi les nombreux étudiantes et étudiants qui ont participé à l'organisation du colloque et au travail d'édition des textes, nous tenons à remercier en particulier Julien Bourbeau et Virginie Turcotte, qui se sont occupés de la mise en page et de la révision du manuscrit, Ariane Fontaine, Alexis L'Allier et Amélie Nadeau qui ont participé à la correction des textes. Nos remerciements vont aussi aux différents organismes qui, par leur appui financier et organisationnel, ont rendu possible le colloque et la publication des actes : le Département d'études littéraires de l'Université du Québec à Montréal, *Figura* (Centre de recherche sur le texte et l'imaginaire), Interligne, le Laboratoire international d'étude multidisciplinaire comparée des représentations du Nord et le Groupe de recherche sur le désert.

Rachel Bouvet
André Carpentier
Daniel Chartier

Nomades, voyageurs

Pérégrinations en Laurasie

Kenneth White

Institut international de géopoétique

1. Le labyrinthe de la civilisation

Depuis au moins Freud, nous savons que les civilisations sont non seulement mortelles, mais qu'elles sont mortifères. Ce sont des labyrinthes remplis de labeur harassant, de logorrhée incessante, de religions insensées, de dialectiques sans fin, de cirques culturels, de folie passagère ou permanente, et j'en passe. On peut s'y aménager, certes, des foyers plus ou moins agréables. Mais tout au long des siècles de civilisation, il a été question, pour des individus ou des groupements, de *sortir* de ce labyrinthe, de trouver une aire de respiration pour l'existence, de découvrir d'autres dimensions de l'esprit. Je cite Nietzsche, une des premières *figures du dehors*, comme je les appelle, à m'intéresser : « Nous sommes des Hyperboréens, nous savons très bien dans quelle distance nous vivons, […] nous avons trouvé l'issue de millénaires entiers de labyrinthe. »

Il s'agit, en somme, de trouver des pistes pour sortir de la pathologie.

C'est dans le contexte de ces tentations de « sortie », que je situe mon travail. Disons, par rapport à toutes sortes de littératures-miroirs, qui se contentent de refléter un état de société, une tentative de littérature libératrice.

Ce travail prend chez moi la forme de trois sortes de livres, travail tripartite, que l'on peut se représenter comme une flèche. Les pennes de la flèche, ce sont les essais, où je pratique ce que j'appelle la « culturanalyse » (plus ouvrante que la psychanalyse) et la « pensée poétique » (un au-delà de la philosophie et de la poésie). La tête de la flèche, ce sont les poèmes. Quant à la tige de la flèche, ce sont des livres de prose qui traversent des territoires, suivent des pistes de pensée vivante, et des sentiers du sentir vif. Ce ne sont ni des romans, ni des livres de voyage. J'appelle cette forme de livre en anglais *waybook* — littéralement « livre-de-la-voie ».

Ce qui distingue le *waybook* de la catégorie générale de la « littérature de voyage » (*travel-writing*), avec laquelle on peut, par commodité, le confondre, c'est que, tout en traversant des territoires, il véhicule une idée : *idea*. Dans le *waybook*, il y a un *i*tinéraire (i), en vue d'une *d*imension (d) de l'*e*sprit (e), et une *a*rticulation (a) particulière.

Si j'ai l'intention d'évoquer mes propres *waybooks* en fin de parcours, plutôt que de faire de l'auto-commentaire, je me suis dit que, dans le cadre de notre colloque (*colloquere*, parler ensemble, *collocare*, rassembler des lieux), il serait intéressant de pratiquer un peu de *nomadisme intellectuel*, en faisant la généalogie du *waybook*, car il a eu des équivalents dans d'autres cultures — et j'y ai beaucoup appris. Voilà le contexte général dans lequel je vais évoluer.

J'en arrive à mon titre : « Pérégrinations en Laurasie ».

Le terme de Laurasie est, bien entendu, vous l'avez reconnu, une référence à la théorie d'Alfred Wegener concernant la dérive des continents (« le rêve d'un grand poète », disait, moitié avec admiration, moitié avec scepticisme, le géologue français Pierre Termier), théorie présentée dans son livre de 1915, *Die Entstehung der Kontinente und Ozeane* (*L'Origine des continents et des océans*), et qui a été développée par la suite pour donner lieu à la tectonique des plaques. Selon cette théorie, je le dis pour mémoire, à partir d'un énorme continent primitif, la Pangée (j'aime revenir de temps en temps à l'indifférencié total), les continents ont commencé à se séparer pour former (à la fin du Trias, il y a environ 190 millions d'années) deux grandes masses : au sud, le Gondwana (Afrique, Inde, Australie, Amérique du Sud) ; au nord, la Laurasie (Amérique du Nord, Asie, Europe).

Je vais donc me situer aujourd'hui, géopoétiquement, dans un grand espace euramérasiatique. Et je vais essayer, par une méthode que l'on pourrait appeler « tectonique des plaques poético-intellectuelles » de provoquer une *dérive des consciences*.

Si telle est la tendance générale de ma conférence, le terme de Laurasie a aussi, dans mon esprit, un sens plus particulier.

Dans « Laurasie », on lit, bien sûr, le Saint-Laurent. Je n'oublie pas que c'est en voyageant, en pérégrinant, en déambulant (j'emploie tous ces verbes, toutes ces méthodes — du grec *methodos*, chemin — selon les occasions et les contextes) le long de la côte nord du Saint-Laurent, en route vers le Labrador, il y a quelques années (en 1979 pour être exact) que l'idée de la géopoétique a commencé à germer dans mon esprit. J'ai relaté ce voyage, j'ai essayé de dire toute l'ampleur de la sensation, de l'idée, dans le livre *La Route bleue* (paru en 1983).

Dans le terme de Laurasie, il y a, évidemment, aussi l'Asie (« Asie, large espace », dit Pindare). Je vais donc commencer ma méthode de « tectonique des plaques poético-intellectuelles » par la plaque asiatique, car pour nous autres, Laurasiens, l'Asie centrale est non seulement « le vagin des nations », comme on l'a appelée (*vagina gentium*), mais c'est le foyer nomade par excellence.

2. Asie

Je vais d'abord passer par l'Iran.

Un des principaux thèmes du soufisme iranien, c'est la « recherche de l'orient ». Le chercheur est celui qui a rompu avec la collectivité, qui n'y fait aucune référence (sauf, peut-être, pour se rappeler en passant « la cité des oppresseurs »). Il est l'Étranger, qui a connu l'« exil occidental », et il est maintenant un *sâlik*, un mystique itinérant. L'« Orient » qu'il cherche ne se trouve pas sur la carte géographique, c'est une dimension de son esprit. Mais tout au long de son voyage, des lieux géographiques, des positions astronomiques seront vues symboliquement. Le voyageur va d'abord vers le Nord : « L'Orient que cherche le mystique […] est dans la direction du nord, au-delà du nord » (Henry Corbin, *L'Homme de lumière*), le Nord étant considéré comme le seuil de ce que Corbin appelle la *transconscience* et la « terre de lumière ». Tout au long du chemin à la fois sensuel et sursensuel ont lieu de petites épiphanies — des rencontres avec la « Nature parfaite » — jusqu'à ce que le voyageur devienne « hyperboréen ». (Corbin : « L'Hyperboréen symbolise l'homme dont l'âme a atteint une complétude et une harmonie telles qu'elle est sans négativité ni ombre »). Le symbolisme des couleurs est particulièrement important sur cette voie : les soufis eux-mêmes portent des vêtements de couleur bleue, et c'est pourquoi en Perse on les appelle *kabûd-pushân*, les habillés-de-bleu.

Parmi les livres qui parlent de cette voie, qui *disent* cette voie, deux des meilleurs exemples sont le *Récit de l'oiseau* et le *Récit de l'exil occidental*. Confronté à ces livres, Corbin a un problème de nomenclature. Refusant à juste titre des termes tels que « allégories mystiques », « contes philosophiques », il en arrive à « romans spirituels », qu'il rejette pour « récits visionnaires », « récits d'initiation ».

Dans la terminologie que j'essaie d'élaborer et d'illustrer, ce sont des livres-de-la-voie (*waybooks*).

*

En Inde, dans l'hindouisme comme dans le bouddhisme, le thème de la route est omniprésent :

« Le pèlerinage, écrit Ananda Coomaraswamy dans *The Pilgrim's Way*, est un processus qui consiste à aller de la potentialité à l'acte, du non-être à l'être, de l'obscurité à la lumière. [...] Le voyageur est sur la voie qui l'amènera à l'état de celui qui a accompli toute la tâche. » Sur cette voie, il faut de l'énergie, de l'effort, et la volonté d'aller jusqu'au bout.

Quand le disciple de Milarepa, Rechungpa, exprima le désir de se mettre en route afin de compléter son expérience, Milarepa lui conseilla d'abord de rester encore un peu, puis, s'étant rendu compte que la volonté du jeune homme était ferme, il l'interrogea, afin de s'assurer que Rechungpa saurait voyager de la meilleure façon :

« Comment voyageras-tu sur ton chemin ? » demanda-t-il, et Rechungpa répondit :

Prenant le Dharma comme métaphore

J'avancerai dans le Vide

Sans penser ni au réalisme ni à l'idéalisme

J'irai droit devant moi sur le chemin de tous les temps.

Il va utiliser tout ce qu'il a appris comme *métaphore*, c'est-à-dire comme moyen de transport. Le chemin est un chemin de savoir, mais il faut que le savoir, progressant, aille jusqu'à un *Ça-voir*... Tout au long du chemin, toutes sortes de « substances » seront acceptées, mais pour être brûlées, pour être transformées en énergie. On ira de la substance au vide, et du vide à la substance... Si l'on pense à un chemin écrit, il ne peut être question du déroulement d'une intrigue, mais du déploiement d'une énergie, des moments *yang* (d'énergie forte et brillante) en alternance avec des moments *yin* (de tranquillité et de contemplation).

Ce qui — cette alternance de *yin* et de *yang* — nous mène au *tao*.

*

Le mot *tao*, « chemin », s'écrit en chinois au moyen de deux caractères, l'un figurant « deux pieds », l'autre « une tête ». Le *tao* serait donc un chemin mental...

Il y a deux types de *tao*, ou plutôt deux interprétations du *tao* : il y a le *tao* du ciel et le *tao* social : le *tao* de l'errance et le *tao* de la bienséance. Le meilleur représentant du *tao* du ciel, c'est Tchouang-tseu. Le meilleur représentant du *tao* social, c'est Confucius.

Le *tao* original, originel, c'est le *tao* du ciel.

Le premier livre du *Tchouang-tseu* parle d'un poisson : « Dans la nuit du Nord, il y a un poisson. […] Ce poisson se métamorphose en oiseau. C'est lors de la grande marée que cet oiseau se met en route. »

Voilà le début de la grande pensée taoïste. Je dis bien « pensée », et non philosophie : le *tao* du ciel se moque en fait de la philosophie. Voici un passage du *Tchouang-tseu* qui ridiculise le discours ontologique : « Quelqu'un dit qu'il y a l'être. Quelqu'un d'autre dit qu'il y a du non-être. Un autre encore nie la thèse selon laquelle le néant se trouve à l'origine du monde. Un autre nie de nouveau la thèse selon laquelle un autre nie que le néant se trouve à l'origine du monde. […] Sait-on jamais si l'être et le néant existent ou n'existent pas ? »

Aller à la manière taoïste signifie posséder une vertu (*vertu* au sens de « puissance ») abondante, et une « capacité intégrale ». Cela signifie être tantôt immobile, comme celui qui assisterait à une veillée de mort, tantôt aussi changeant qu'un dragon, tantôt bruyant comme le tonnerre, tantôt silencieux comme l'abîme. Cela signifie aller de-ci de-là dans l'espace infini (sans frontières), ce qui constitue l'« errance libre et aisée ».

Si on veut être un poète-écrivain taoïste, il faut savoir « monter sur les vérités du Ciel et de la Terre et chevaucher les changements des six souffles. » Il faut savoir « faire des dix mille choses une seule ». Il faut savoir trouver son chemin grâce à la « lumière du chaos », et voir loin tout en parlant de près. Il faut savoir « faire le printemps » avec toutes sortes de matériaux, utiliser « de grands mots inutiles » afin de rendre perceptible ce qui en soi est insaisissable. Il faut savoir théoriser, sans jamais trop s'engager dans des débats. Et même quand on est en train de tripatouiller dans l'encre, ne jamais oublier qu'il s'agit de s'« incorporer au maximum ce qui n'a pas de fin » et de garder le sens de l'errance « là où il n'y a pas de pistes ».

Nan-o Tzu-k'uei rencontra une vieille femme sur la plage (elle était vieille, bien vieille, mais elle avait un teint de jeune fille), et il l'écouta, bouche bée, exposer le *tao*. « D'où tenez-vous tout cela ? » lui demanda-t-il. Et elle répondit :

> Je le tiens du fils de Aidé-par-l'Encre, et Aidé-par-l'Encre l'a eu du petit-fils de Leçons-Répétées, et le petit-fils de Leçons-Répétées l'a eu

de Voir-Clairement, et Voir-Clairement l'a eu d'Entente-Chuchotée, et Entente-Chuchotée l'a eu de Pratique-Imminente, et Pratique-Imminente l'a eu de Cri-d'Étonnement, et Cri-d'Étonnement l'a eu d'Obscurité-Profonde, et Obscurité-Profonde l'a eu de Participation-au-Mystère, et Participation-au-Mystère l'a eu de Imiter-la-Source.

*

Partons maintenant pour une Asie encore plus extrême.

Si jamais un pays a valorisé le voyage, l'élevant à la puissance n pour en faire une pratique méditative et poétique de premier ordre, c'est le Japon.

Comme bien d'autres choses dans la culture japonaise, la littérature-de-la-route (*michiyuki-bun*) a été conventionalisée et miniaturisée à Kyoto, mais à l'origine, et de temps à autre chez des figures telles que les poètes pérégrins Nôin (« le fou des lieux »), Zôki, Gyôson, Saigyo, Shinchô et, plus tard, Bashô, esprits excentriques et extravagants, partis à la recherche d'une sorte d'absolu nommé *furyu*, cette littérature avait pour espace de déploiement l'archipel tout entier, et elle était en contact avec un paysage non encore cultivé à l'excès.

Bien plus complexe que le « livre de voyage » au sens ordinaire du mot, le livre-de-la-route poétique pouvait amalgamer paysage extérieur et paysage intérieur, géographie et espace intellectuel, topographie et imaginaire. Il pouvait juxtaposer expérience, information et didactisme. Il pouvait combiner plusieurs niveaux de temps : le présent (le mouvement du voyageur) ; le passé (échos, citations, références à la tradition culturelle, érudition) ; le futur (grâce à des allusions discrètes au but du voyage, en termes physiques et en termes spirituels) ; l'éternel (grâce à un poème surgissant de la prose du passé ou du présent). Des sensations archaïques (la vapeur et les nuages vus et ressentis comme des forces vitales cosmiques ; des oiseaux blancs vus comme véhicules de l'âme) pouvaient se trouver à côté des idées actuelles les plus pointues, des processus logiques les plus fins. Le rythme était rapide, les rapports jamais trop évidents (une continuité profonde permettait beaucoup de discontinuité de surface), l'accent étant mis sur une mobilité dynamique. Au XIIe siècle, le moine-poète-voyageur Saigyo partit sur les routes, et allait devenir la figure symbolique de cette façon de vivre le monde. Dans le *Towazu-gatari*, Nijo dit combien l'exemple de Saigyo l'a inspiré :

« Vers ma neuvième année, j'avais vu une image illustrant un *Récit des pérégrinations ascétiques de Saigyo*, où celui-ci était représenté avec d'un côté de profondes montagnes, devant le cours d'une rivière, arrêté à regarder tomber des fleurs de cerisier. […] Depuis que j'avais vu cette peinture, j'étais plein du désir de l'imiter. »

Quand Bashô écrivit son *Oku no hosomichi* — traduit sous des titres divers : « Le Chemin étroit vers le Nord profond », « Voyage aux provinces lointaines », « La Sente étroite du bout-du-monde » —, il pensait à ces prédécesseurs. Et d'autres après lui allaient endosser le *tabi-goromo*, le vêtement de voyage, et partir, surtout à l'automne, la saison de l'oiseau migrateur (grue, oie, cygne) :

« Les jours et les nuits sont des voyageurs de l'éternité. Les années qui passent aussi. La vie elle-même est un voyage. Quant à ceux qui voguent leur vie entière sur une barque, ou qui vieillissent en menant des chevaux, ils ont leur gîte même sur la route ouverte. Plus d'un ancien est mort sur la route. Moi aussi depuis fort longtemps je suis tenté par le vent qui pousse les nuages. »

Voilà donc pour l'Asie.

Plusieurs pays d'Asie et des époques différentes.

3. L'Europe erratique

Après ces excursions (initiations) exotico-asiatiques, je reviens en Europe — dans l'Europe erratique.

L'influence de la pensée et de la littérature orientales sur cette Europe commence très tôt : chez les moines celtes des Ve, VIe et VIIe siècles. Mais concentrons-nous ici sur le XVIIIe siècle, avec l'arrivée des premières traductions. On ne mesure pas les effets de cette influence sur ce que l'on a appelé le romantisme.

Je pense surtout à ces « voyages initiatiques » (le terme est de Marcel Brion) que sont *Anton Reiser* de Karl Philip Moritz et *Les Errances de Franz Sternbald* de Ludwig Tieck, sans oublier le *Voyage dans le bleu* du même Tieck.

On trouve dans ces livres tout le *déplacement* culturel que représentait le romantisme, toute sa recherche encyclopédique, psychocosmique : « Les hommes suivent des chemins divers, dit Novalis (*Heinrich von Ofterdingen*). Qui les suit verra d'étranges figures apparaître. Des figures qui semblent appartenir à la grande écriture cryptique que l'on peut voir partout : sur les ailes des oiseaux, dans les nuages, dans les cristaux… » Et Hölderlin (*Hyperion*) : « Nous suivons tous un chemin excentrique, et il n'y a pas d'autre voie pour aller de l'enfance à la complétude. »

Tous ces *waybooks* traversent une topographie à la fois réelle et symbolique pour aboutir à cette « complétude » dont parle Hölderlin et qui est présentée la plupart du temps mytho-géographiquement sous des noms comme « Eldorado », « Orient », etc. Le voyage va du moi au soi, de rapports socio-personnels étroits au grand rapport avec l'univers, c'est un mouvement qui part de l'ignorance et de la confusion pour aller vers une lecture cosmopoétique du monde.

Mais plus importante encore que la destination de ces livres est leur *méthode*. Tout au long du chemin, du déroulement du processus, ils visent à propager le sens ce de qui est ouvert et fluide, ce qui ne se laisse définir en aucune formule.

Beaucoup sont restés inachevés. Tout y est essai, fragment, approche. Les images de la création sont, soit météorologiques (essaims d'étoiles, nébuleuses), soit botaniques (poussières de pollen portées par le vent, graines dispersées) : « L'art d'écrire des livres, dit Novalis dans *Blütenstaub* (une sélection de ses « fragments » faits par Friedrich Schlegel) n'a pas encore été inventé. Mais il est *sur le point de l'être.* » (C'est moi qui souligne.)

Nietzsche, on le sait, détestait les romantiques : leur sentimentalité et leur enthousiasme (*Schwärmerai*) l'agaçaient. Ils lui étaient trop proches. Mais, vu de loin, il continue le même travail, et l'influence orientale est forte aussi chez lui (pensons à *Zarathustra*). Il a la même impatience à l'égard de ce qu'il appelle les « livres-linceuls », dans lesquels le « style » sculpte et lime une matière morte. Il poursuit la même recherche d'une nouvelle sorte d'écriture : plus fragmentaire, plus *saltatoire*. Lui aussi cherche un chemin en dehors des normes et des cadres reconnus :

« Il est des hommes, dit-il dans *Aurore*, qui ont beaucoup d'accidentel en eux et se plaisent à vagabonder, d'autres qui ne vont que par les chemins frayés, vers des buts. […] Les hommes inventifs vivent *tout autrement* que les actifs ; il leur faut du temps pour que se déclenche leur activité irrégulière et sans but ; expériences, nouvelles voies, ils tâtonnent plutôt qu'ils ne se contentent d'emprunter les chemins frayés comme le font les hommes de l'action efficace. »

C'est ce chemin « irrégulier » que Nietzsche, empruntant un mot à la mythologie grecque, appelait la voie hyperboréenne : « Nous connaissons la voie, nous avons trouvé l'issue de millénaires entiers de labyrinthe. »

Avec Nietzsche, nous sortons du symbolisme et de l'allégorie, choses encore chères et nécessaires aux romantiques, pour aborder un paysage plus austère, pour respirer un air plus vigoureux. Mais lui aussi projetait un « idéal » : c'est le mythe du Surhomme.

Il restait encore beaucoup de travail à accomplir dans le labyrinthe.

4. L'Amérique

Avant de parler de ce travail, suivons le chemin de notre pérégrination de lieu en lieu :

Je pars maintenant de l'Europe pour aborder l'Amérique.

C'est par l'intermédiaire d'un Écossais, Thomas Carlyle, dans sa correspondance avec Ralph Waldo Emerson, que le romantisme (et, avec lui, un certain orientalisme) est entré en Amérique, déclenchant le premier mouvement littéraire américain.

Les essais d'Emerson — *The American Scholar, The Method of Nature, The Transcendencalist, Society and Solitude, Persian Poetry, Progress of Culture* — sont une voix dans le désert.

Henry Thoreau est la voix *du* désert — ou presque.

J'ai parlé de *mouvement*.

La notion de route, chemin, piste, sentier est très présente. « Un voyageur ! s'écrie Henry Thoreau dans son *Journal* (2 juillet 1851). J'aime ce nom. Un voyageur doit être vénéré comme tel. Sa profession est le meilleur symbole de notre vie. Il va de… à… ; c'est l'histoire de chacun d'entre nous. Ceux qui voyagent dans la nuit m'intéressent. »

Nous sommes dans les grands symboles, mais Thoreau parle précisément de ceux qui voyagent *dans la nuit*, ceux qui savent suivre une voie à travers l'obscurité, en percevant des signes difficilement perceptibles.

*

Il y a Henry Thoreau sur ses pistes secrètes, mais celui qui, au nom de l'Amérique, a pris publiquement la route comme thème et l'espace comme élément, c'est, bien sûr, Walt Whitman, l'homme de la route ouverte, *The Open Road* : *À partir de cette heure, je me déclare libre de limites et de lignes imaginaires.*

Tout le monde connaît les grandes randonnées rhapsodiques de Whitman, ses déclarations à tout vent, ses listes infinies, et s'il est facile de s'en moquer (personne de plus facilement caricaturable que le vieux Walt), il est indéniable que ce whitmanisme a donné à plus d'un l'impression d'une porte ouverte, d'une échappée, d'un espace plus respirant. Tout aussi perceptible est le fait qu'il a brisé toutes les formes établies, pour arriver à une ligne océanique. Et puis il y a les inventions de son vocabulaire et ces moments particulièrement heureux de contact avec « la terre fraîche » où le discours public cède le pas à une poésie plus secrète. Mais ce qui tend à passer inaperçu au milieu du bruit, c'est la question que Whitman n'a jamais cessé de se poser, tout en la gardant cachée la plupart du temps derrière sa barbe de grand-père : que cherchait-il, exactement ? Parfois il se donnait des réponses faciles : « Ils vont ! Ils vont ! Je ne sais pas où ils vont mais je sais qu'ils vont vers quelque chose de grand. » Mais à d'autres moments, dans « Face à l'ouest, sur la côte californienne », par exemple, il laisse la question, très discrètement, entre parenthèses :

> *(Mais où se trouve cette chose vers laquelle je suis parti il y a si longtemps ?*
>
> *Et pourquoi reste-t-elle introuvée ?)*

Il y a dans l'itinéraire de Whitman une Route Haute : celle du progressisme du XIXe siècle, c'est un hégélien yankee, mais il y a aussi une Route Basse, plus secrète, où il est question du « toucher » et d'un subtil jeu d'« ondes ». C'est cette dernière route qui nous intéresse aujourd'hui.

Quel qu'ait été son rôle de porte-parole d'une nation en pleine croissance, Whitman savait, dans le plus intérieur des cercles concentriques de son esprit, que ce qui l'intéressait avant tout, c'était moins les États-Unis qu'un état de l'être, peut-être une unité de l'être :

> *« Moi-même je n'écris qu'un ou deux mots indicateurs… »*

Ces mots datent de 1860.

*

Dans le n° 7, sorti en 1955, de la revue *New World Writing*, se trouvait un texte signé « Jean-Louis », celui-ci étant présenté comme « un jeune écrivain franco-américain, d'origine bretonne » :

« La nuit n'a pas de fin. On est sorti en titubant et en tressaillant dans l'énorme incohérence rugissante de l'aube de Chicago. Tout recommencerait le lendemain soir. On s'est précipité vers New York. 'Wow ! disait Dean, après ça, il n'y a plus rien. »

On aura reconnu Jack Kerouac.

Kerouac voyage sur la route ouverte whitmanienne mais cent ans plus tard : c'est un Whitman qui aurait lu *Voyage au bout de la nuit*, un Whitman qui ne fréquenterait plus l'opéra, mais les caves où l'on joue du Charlie Parker. Et comme chez Whitman, on peut suivre deux « pistes ». Sur l'une se trouve le porte-parole de la *Beat Generation*, sur l'autre, « un étrange mystique catholique solitaire et fou », préoccupé de « sentiments humains plus anciens que *Time Magazine* ».

Sous la naïveté superficielle de Kerouac, les *wow*, les *whee*, les *yeah, man*, se cachait un pathétique désir de bonheur et un désespoir lucide.

Avec dans l'âme le sentiment d'être « sans gîte », plus ou moins résigné à une errance répétitive, avec seulement la possibilité de connaître quelques extases momentanées le long du chemin, Kerouac se met sur la route, cette route qui, dans ses sagas autobiographiques (*Sur la route, Les clochards célestes, Les Anges de la désolation*) va de Lowell à Hoboken, et de là à Cincinnati, Chicago, Denver, San Francisco, n'importe où, pourvu que ce soit hors des états de l'ennui.

Mouvement et solitude :

> Je cherchais un genre de vie paisible, voué à la contemplation. Je voulais voir le monde du point de vue de la solitude, méditer sur le monde sans être pris dans ses actions... Je voulais être un homme du Tao, un de ceux qui observent les nuages pendant que l'histoire fait rage en bas... Je ne pensais pas que j'allais être pris moi aussi dans l'action du monde, je ne croyais pas que c'était possible... Et puis le cercle s'est mis à se resserrer autour du vieux renégat indépendant...

Un des textes les plus émouvants que Kerouac ait jamais écrits sur le « resserrement du cercle » et sur la disparition du « renégat indépendant » américain s'intitule « La fin du chemineau » (il constitue la dernière section de *Lonesome Traveller*) :

> Il y a toujours eu en Amérique une idée assez définie et assez spéciale selon laquelle on doit être libre de parcourir le pays à pied si on veut. Cela remonte à Jim Bridger et à Johnny Appleseed... Eh bien, le chemineau américain de la grande tradition est en voie de disparition... Il se passe quelque chose de bizarre. On ne peut même pas être seul dans la nature... sans qu'un hélicoptère vienne faire sa petite enquête, il faut se camoufler... Pour ma part, j'ai décidé que la seule chose qui me reste à faire, c'est de rester assis dans une chambre et me saouler la gueule.

Fin de la Route Ouverte donc ?

Peut-être pas.

Fin de la naïveté, sûrement.

Il faut saisir les choses plus profondément.

5. Retour, laurasiatiquement, en Europe

Pour cela, je reviens, après ce compagnonnage américain, en Europe — toujours l'Europe erratique, s'entend.

Et je vais commencer à parler de mes propres tentatives.

Pour avoir une idée du contexte historico-culturel général dans lequel j'essaie de travailler, il est utile de se reporter à l'ouvrage *Study of History* de Toynbee, et plus particulièrement à la section « Les perspectives de la civilisation occidentale », où il évoque les « esprits errants » du désert, du terrain vague occidental et des navigateurs intellectuels s'efforçant d'avancer à travers des détroits difficiles pour trouver un passage vers une mer ouverte, un monde ouvert. En termes plus abstraits, l'historien se demande s'il est possible d'ouvrir un espace « postmoderne » (le mot, dont on a tant abusé par la suite, a son origine dans ces pages) au-delà du contexte confus, du creux, dans lequel la civilisation est tombée — au-delà de tous les remèdes *ad hoc*, au-delà de toute la matière secondaire accumulée au nom de la « culture », de la « créativité », dont la plus grande partie ne fait que refléter la situation dégradée, confuse, futile.

Toynbee lui-même finit par se réfugier dans une spiritualité franciscaine.

Ce havre (sans doute de paix et d'espoir) ne m'attirait pas. Je m'en suis tenu à l'errance et à la navigation, au terrain des territoires difficiles.

L'errant de la modernité tardive, le nomade intellectuel (figure évoquée, en passant, par Spengler dans son *Déclin de l'Occident* et dont j'ai essayé de développer les perspectives dans *L'Esprit nomade*) est engagé, en dehors du contexte sophistiqué ou vulgaire de la modernité finissante, dans une aire aux coordonnées complexes. En suivant les pistes du nomadisme intellectuel, il essaie de sortir de l'histoire pathologique, pour ouvrir un espace existentiel, intellectuel, culturel, plus frais, plus stimulant, plus inspirant.

Ce mouvement n'est guère facile. Déjà Hegel avait dit que, étant donné l'augmentation de la « masse prosaïque » (réduction au psychosocial, platitudinisation, infantilisation, dirons-nous), l'esprit poétique (porteur d'énergie, créateur d'espace) aurait du mal à se frayer un chemin.

Mais des travaux en profondeur ont été faits, tout un cheminement obscur, souterrain et marginal a eu lieu.

Je pense, par exemple, à Heidegger, sur ses « chemins qui ne mènent nulle part ».

« L'étranger, écrit Heidegger, pérégrine en avant. Mais il n'erre pas, dénué de toute destination, désemparé, de par le monde. La quête de l'étranger marche à l'approche du site où il pourra trouver demeure. »

On reconnaîtra là un vocabulaire étrangement semblable à celui des textes que j'ai présentés au début de cet article.

Il n'y a pas de système heideggérien, il n'y a pas à proprement parler de philosophie heideggérienne, il y a un cheminement de pensée et d'écriture qui a pour but de « guider une pensée à venir vers une région d'appels encore ignorés ».

À cette région, on peut donner beaucoup de noms, mais l'essentiel n'est pas le nom, une quelconque substantivation de l'essence ; l'essentiel, c'est le cheminement.

« Il est long, dit Heidegger dans son commentaire d'un fragment d'Héraclite, il est long, le chemin le plus nécessaire à notre pensée. »

C'est ce chemin que j'ai essayé de dessiner dans mes livres d'essais tels que *La Figure du dehors*, *L'Esprit nomade*, *Déambulations dans l'espace nomade*, *Les Finisterres de l'esprit*, et *Le Plateau de l'Albatros*. C'est ce chemin que j'ai essayé de pratiquer dans des *waybooks* tels que *Dérives*, *Le Visage du vent d'est*, *La Route bleue*, *Les Cygnes sauvages*. Et ce sont des moments particulièrement intenses vécus sur ces chemins, ou des condensés du chemin même, que j'ai consignés dans des livres de poèmes tels que *Terre de diamant*, *Atlantica*, *Le Grand Rivage*, *Les Rives du silence*, ou *Limites et Marges*.

Dans le contexte de notre publication, il est peut-être utile que je présente, ne serait-ce que rapidement, deux de ces livres : *La Route bleue* et *Les Cygnes sauvages*. Impossible de résumer de tels livres, ils invitent à un cheminement à la fois physique et mental, traversant une multitude de territoires, opérant des passages et des connexions. Je me contenterai d'esquisser une trajectoire, d'indiquer une topologie.

*

D'abord *La Route bleue*.

En 1932 parut aux États-Unis la biographie d'un *wichasa wakan* (disons, « homme-médecine »), Élan Noir, du groupe des Sioux. Le livre passa totalement inaperçu aux États-Unis. Mais les livres voyagent. Et celui-ci arriva dans les mains de Carl Jung, à Zürich, qui s'en enthousiasma (ce qui eut pour résultat que le livre retourna aux États-Unis, pour donner naissance à tout un mouvement dans les années soixante.) Dans sa biographie, Élan Noir évoque le massacre de Wounded Knee (1890), où, dit-il, « le rêve d'un peuple est mort ». Il est sans illusions : « Il n'y a plus de centre ». Pourtant, « la beauté et l'étrangeté de la terre » sont toujours là et peut-être serait-il possible, d'une manière ou d'une autre, de retrouver « la bonne route rouge ».

La « route bleue » reprend cette « route rouge », mais en plus obscur, et de manière plus complexe. En fait, le livre reprend tout le cheminement poétique et intellectuel depuis le romantisme.

La route bleue, c'est aussi le fleuve — en l'occurrence le Saint-Laurent — mais, de façon plus anonyme, le fleuve de l'esprit.

Dans un livre sur Schelling, *Liberté et Existence* de Jean-François Marquet, on lit ceci : « Un fleuve s'est frayé sa voie et cherche la mer où il pourra s'engloutir. [...] Les différents systèmes post-kantiens sont autant d'étapes au long de ce cours. »

J'ai suivi pendant de longues années (depuis mes premières lectures kantiennes à Glasgow) ce fleuve philosophique : les rapides de Nietzsche, les étangs de Heidegger, les tourbillons de Wittgenstein... On en trouvera des traces, des références, tout au long du livre.

On sait que les coudes du Mississipi sont extraordinairement réguliers — si réguliers que les Indiens le prenaient comme mesure de distance : un voyage de dix méandres, un voyage de vingt méandres. Dans mes livres-itinéraires, rien d'aussi régulier. Mais on suit, à partir de Montréal (« mon réel »), le cours du fleuve.

Là-bas, sur la rivière agitée, verte et étincelante, les gros cargos attendent :

Gaspé Transport

Athol Monarch

Overseas Aleutian...

Le sens du monde tout grand ouvert. Le sens de la matière brute. Le sens de l'espace. Les sens. On ne les approfondit jamais assez. Mais auparavant, il faut les ouvrir, tous. Peut-être, à la fin, un seul sens, immense. Cependant, il ne faut pas non plus trop se hâter de créer des unités. Mieux vaut garder tout pluriel et en mouvement. Une cohérence ouverte... Nous ne voulons pas que dieu, ou l'Un, s'immisce à nouveau en nous. Même si nous retournons à l'Un, ce ne sera pas le même.

Ces bribes de pensée me sautillent dans la tête — comme les scintillements du soleil sur le Saint-Laurent — alors que nous traversons :

Bout de l'Île

Louiseville

Pointe du Lac

Baie Jolie...

Ensuite, on passe par Cap Rouge avant d'arriver chez les Montagnais. Et on quitte la réserve (de la mémoire) pour monter dans le Labrador, compris, étymo-poétiquement, *(laborare adorare)* comme « le champ du grand travail » :

J'ai fait une promenade au cours de laquelle j'ai laissé toutes ces réflexions me traverser la tête, et maintenant je suis dans ma chambre au Labrador Hotel. Pour m'y sentir un peu plus chez moi, j'ai épinglé au mur mes grandes cartes du ministère de l'Énergie et du ministère des Terres et Forêts. Cela donne de l'espace, une atmosphère bleue et blanche.

Que suis-je venu faire ici ?

J'ai du mal à répondre. Disons : des méditations géomentales.

Alors je regarde mes cartes, je contemple, à travers la fenêtre, le ciel gris-bleu, et j'écris des poèmes — un, par exemple, sur le Grand hibou Gris qui, dans l'ouvrage de Taverner : *Birds of Eastern Canada*, est désigné sous le nom de *Scotiaptex nebulosa*, le rôdeur obscur.

Le travail en question consiste non seulement à lire l'espace, mais à « écouter le monde », dans le vide :

Chaque fois qu'un espace vide se présente quelque part dans notre civilisation, au lieu d'y voir une occasion d'approfondir notre sens de la vie, nous nous empressons de le remplir de bruit, de jouets et de « culture ».

C'est pourquoi nous avons besoin de lieux comme le lac des Huttes Sauvages.

Des lieux où nous pouvons *écouter le monde…*

Je pense à la grande vision d'Élan Noir :

« Tout d'un coup il n'y avait rien qu'un monde de nuages, et nous étions seuls au milieu d'une immense plaine blanche, et de hautes montagnes couvertes de neige nous dévisageaient. Un grand silence régnait, *mais il y avait des chuchotements.* »

Et je pense à ce poème :

Écoutez vieil homme écoutez

écoutez sans bouger

longtemps longtemps écoutez

sur les chemins où se ruent les vents écoutez

au cœur des vents où vous êtes assis écoutez

vieil homme écoutez

soyez très vieux et écoutez.

Nous sommes au milieu du *paysage archaïque*, parmi les éléments de l'*espace premier*, en pleine géopoétique.

*

Du lac des Huttes Sauvages aux *Cygnes sauvages*, il n'y a qu'un pas.

Dans *cygnes*, on entend aussi « signes ».

La phrase de Heidegger que j'ai déjà citée : « Il est long, le chemin le plus nécessaire à notre pensée », continue ainsi : « Peu de signes encore sont là pour nous montrer ce chemin. »

Les « signes » dont parle Heidegger relèvent de bien autre chose que de la « science des signes » qui a été pratiquée avec plus ou moins de bonheur et de subtilité ces derniers temps. Les « signes » vus par la sémiologie littéraire renvoient à un espace social, à un espace linguistique, à tel ou tel espace clos, à telle ou telle logique restreinte. Ici, ils renvoient au monde — à un monde non mondain, ouvert.

Le prologue aux *Cygnes sauvages* présente le propos, le projet :

> Depuis quelque temps, l'idée mûrissait dans mon esprit d'une virée au Japon qui serait un pèlerinage géopoétique de plus : un hommage aux choses du Japon (choses précieuses et précaires) et un voyage-haïku

dans le sillage de Bashô, un récit rêveur de routes et d'îles, un plongeon elliptique dans le Vide — bref, un petit livre nippon extravagant plein d'images et de pensées zigzagantes, écrit dans le « style blanc volant », comme disent les peintres.

Le livre accompagne, du moins un temps, sur son « chemin vers le Nord profond », le poète-haïkuïste, Matsuo Bashô. Je voulais en effet que le texte se déroule sous le signe du haïku, et soit marqué de haïkuité. Mais on sait que Bashô s'est arrêté, malade, à Kisagata, sur la mer du Japon. Je voulais essayer de prolonger le chemin, d'augmenter encore la sensation d'espace, d'entrer plus avant encore dans la profondeur du lieu.

Ne serait-ce que sur le plan pratique, pour trouver une nature aussi sauvage que celle qu'avait trouvée Bashô à quelque 300 km de Tokyo, il fallait aller plus loin, jusque dans le Hokkaïdo, « le chemin de la mer du Nord ».

À partir de Tokyo, l'itinéraire suit le chemin du Nord vers Matsushima, en passant par Shirakawa. On traverse alors le pays vers l'Ouest, pour s'enfoncer dans le Yamagata et longer la rivière Mogami, avant de pousser plus au nord vers le Hokkaïdo, en traversant le détroit de Tsugaru.

Tout au long du chemin, il y a ouverture d'espace et lecture de signes : signes de nature, signes de culture. Puis au Hokkaïdo, on plonge dans une tempête blanche :

> L'automne se changeait en hiver, le jaune-rouge en blanc, la feuille en flocon, à mesure que je gravissais les pentes du Daisetsuzan.
>
> À un certain endroit, la neige tombait si dru que je voyais à peine la route et me suis mis à craindre de m'enfoncer dans le vide neigeux et de m'enfouir pour de bon dans une congère.

Après cette expérience limite sur les hauteurs du Mont de la Grande Neige, l'itinéraire continue vers un lac du Hokkaïdo, là où viennent, de Sibérie, hiverner les cygnes sauvages. L'arrivée de ces cygnes est l'équivalent, dans un contexte religieux, d'une apothéose, d'une épiphanie. J'ai commencé dans ce contexte mais, pas à pas, texte après texte, il s'est dégagé, clarifié, vidé, tout en gardant les mêmes éléments de base, l'évolution s'étant faite en cercles concentriques. Le contexte actuel, celui que j'appelle géopoétique, est présenté à la fin de l'itinéraire nippon de la manière suivante :

Ce n'est que lorsque le soleil s'est levé que les oiseaux à tête blanche se sont réveillés, déployant leurs puissantes ailes, et commençant à pousser un cri, tantôt ici, tantôt là.

Je restais tapi au milieu des roseaux, à les regarder, à les écouter — puis l'un d'eux s'est élevé dans l'air, suivi d'un petit groupe, tous criant en chœur.

Ils ont tourné, tourné.

Ils ont tourné, tourné dans l'air vif et clair.

Je les ai suivis des yeux et de l'esprit.

Sur le lac vide

Ce matin du monde

Les cygnes sauvages.

C'est l'étape ultime de la route laurasienne.

Bibliographie

BASHÔ, Matsuo, *The Narrow Road to the Deep North*, trad. Nobuyuki Yuasa, Angleterre, Penguin, Harmondsworth, 1966.

BLACK-ELK et John Gneisenau NEIHARDT, *Élan-noir*, trad. Jean-Claude Muller, Paris, Stock, 1977.

COOMARASWAMY, Ananda K., «The Pilgrim's Way», *Journal of the Bihar and Orissa Ressearch Society*, vol. XXIII, 1937.

CORBIN, Henry, *L'homme de lumière dans le soufisme iranien*, Chambery, Présence, coll. «Soleil dans le cœur», 1971.

HEIDEGGER, Martin, *Chemins qui ne mènent nulle part*, trad. Wolfgang Brokmeier, Paris, Gallimard, coll. «Tel», 1986.

HÖLDERLIN, Friedrich, *Hyperion*, Lausanne, Mermod, 1957.

KEROUAC, Jack, *Sur la route*, trad. Jacques Houbard, Paris, Gallimard, coll. «Du monde entier», 1960.

_____, *Le vagabond solitaire*, trad. Jean Autret, Paris, Gallimard, coll. «Folio», 1990.

MARQUET, Jean-François, *Liberté et existence*, Paris, Gallimard, 1973.

MUSUME, Nakanoin Mustada no, *The Confession of Lady Nijo*, trad. Karen Brazell, Stanford, Stanford University Press, 1976.

NIETZSCHE, Friedrich Wilhelm, *Aurore*, trad. Henri Albert, Paris, Librairie générale française, 1995.

NOVALIS, *Henri d'Ofterdingen*, trad. Marcel Camus, Paris, Aubier, 1988.

TCHOUANG-TSEU, *Œuvre complète*, trad. Liou Kia-hway, Paris, Gallimard, 1985.

THOREAU, Henry David, *Journal*, trad. R. Michaud et S. David, Paris, Presses d'Aujourd'hui, coll. «L'arbre double», 1981.

TOYNBEE, Arnold Joseph, *A Study of History*, 12 vol., London, Oxford University, 1948-61.

WEGENER, Alfred Lothar, *La genèse des continents et des océans*, trad. Armand Lerner, Paris, Christian Bourgois, 1990 [1915].

WHITE, Kenneth, *Les cygnes sauvages*, trad. Marie-Claude White, Paris Bernard Grasset, 1990.

_____, *La route bleue*, trad. Marie-Claude White, Paris, Bernard Grasset, 1983.

WHITMAN, Walt, *The Complete Poetry*, London, The Nonesuch Press, 1938.

Du parcours nomade à l'errance : une figure de l'entre-deux

Rachel Bouvet

Université du Québec à Montréal

Parcours… le terme suscite d'emblée une image de mouvement, une trace, un chemin, déjà balisé ou dessiné en cours de route, une marche, un voyage ou une traversée. Transposée sur un plan plus général, en termes anthropologiques par exemple, l'idée de parcours évoque le nomadisme et renvoie ainsi au temps des origines, ou aux tribus de plus en plus rares qui arpentent encore la planète. Du nomadisme à l'errance, il n'y a qu'un pas, semble-t-il, mais ce pas est lourdement chargé de sens. Le dictionnaire lui-même fait du nomade et de l'errant des synonymes[1]. Pourtant, à y regarder de près, la conception de l'espace sous-jacente à ces deux êtres du mouvement diffère grandement. Le premier sait où il va, il suit un tracé déjà connu, ou en partie, un itinéraire conservé dans la mémoire de la tribu ; il connaît l'environnement et y trouve des repères facilement, des signes qui lui permettent de continuer son chemin. Le parcours nomade est tributaire des ressources, de la présence d'îles, de forêts ou d'oasis, de la végétation ou de la force des vents, des puits ou des courants, des habitudes aussi, qui sont fortement ancrées dans la mémoire des communautés. Le second, au contraire, ignore encore où ses pas le mèneront ; soit il est en fuite, et dans ce cas le moment marquant de son parcours est le point de départ, ce lieu qui reviendra hanter la mémoire, de manière lancinante, chargé des peines, des souffrances, des rancœurs liées aux motifs de la rupture ; soit il est en quête d'autre chose, et dans ce cas il se laisse facilement distraire de la route par le paysage, par une idée, par des mots ; son regard s'oriente vers l'avant, vers l'inconnu, il est tendu vers l'horizon. Si l'on connaît des histoires tragiques de peuples déplacés, voués à l'errance, le trajet erratique peut également prendre la forme du parcours solitaire, non fixé d'avance, inventé en cours de route et allant de pair avec le mouvement de l'écriture. Pour bien comprendre les liens qui à la fois unissent et séparent le nomadisme

---

[1] *Petit Robert* : NOMADE : Qui n'a pas d'établissement, d'habitation fixe, en parlant d'un groupe humain. **V. Ambulant, errant, instable, mobile.** *Peuple, population, tribu nomade.*

et l'errance, pour bien saisir les caractéristiques distinctes de chacun des parcours en jeu, il s'avère nécessaire de faire un détour par une autre opposition, beaucoup plus forte celle-là, puisqu'elle confronte deux frères ennemis depuis la nuit des temps (depuis la Bible, au moins) : le nomade et le sédentaire. Cette étude vise donc à observer un phénomène relativement récent : la superposition des figures du nomade et de l'errant, la relance qui s'effectue de l'une à l'autre, l'élaboration d'une figure de l'entre-deux. Je m'appuierai sur la fiction, particulièrement sur deux romans de Malika Mokeddem, écrivaine algérienne d'origine nomade : *Les hommes qui marchent*, publié en 1990, et *Le siècle des sauterelles*, datant de 1992, qui évoquent chacun à leur manière le Sahara et la rupture avec le mode de vie nomade, avant d'aborder la question du nomadisme intellectuel.

Parcours et itinéraire nomade / surfaces et frontières de la sédentarité

Il est des espaces qui d'emblée appellent un parcours, qui impliquent un mode de vie nomade. Vivre dans le désert, sur l'océan, sur les flancs des hautes montagnes, dans le Grand Nord, nécessite une longue expérience des lieux et des manières de les traverser, des points de repère, des itinéraires établis d'avance. Les populations nomades, de même que les marins au long cours, possèdent ce savoir géographique, qu'ils se transmettent de génération en génération. Dans ce mode de vie en voie de disparition, l'être humain s'adapte à l'environnement plutôt que de le façonner de manière à le rendre habitable. Le parcours apparaît donc comme un élément essentiel du nomadisme, un élément *premier* ; il est issu du mouvement, de la mobilité, qui déterminent le rapport de l'être humain à son environnement. C'est en fonction de l'itinéraire à suivre, en fonction de la position des étoiles dans le ciel, des points cardinaux, des éléments du paysage servant de points de repère que le nomade appréhende les lieux. La catégorie mentale prépondérante dans sa construction sémiotique de l'espace est donc le parcours, l'itinéraire, une ligne dont il faut connaître tous les points avant de la suivre, une ligne qui se répète, de génération en génération, avec quelques nuances, quelques changements mineurs. Comme le rappelle Kenneth White dans ses *Déambulations dans l'espace nomade* :

> Dans le nomadisme, existe un rapport à la terre qui n'est ni de l'ordre de l'exploitation [...], ni de l'ordre de la sacralisation, que celle-ci prenne la forme d'un mythe généalogique [...], ou d'un rituel de sacrifices expiatoires aux dieux du sol. Le rapport est de l'ordre du par-

cours, de l'itinéraire. On ne plante pas, on ne prie pas — on prend des repères : tel rocher, telle crête, tel arbre...[2]

Le parcours ne se matérialise pas sous la forme de la route goudronnée, ou même du chemin creux, dans les régions sablonneuses ou pierreuses du désert – les routes qui sillonnent actuellement le désert n'ont pas été construites par des nomades – autrement dit, la catégorie mentale ne donne pas lieu à une construction d'ordre utilitaire, de même qu'elle ne s'élabore pas de manière mimétique à partir d'un objet réel. Si parfois elle donne lieu à des réalisations, celles-ci sont d'ordre esthétique, ainsi qu'en témoignent les différentes figures géométriques ornant les tissus, les tapis, les objets. La ligne demeure un signe abstrait, bien ancré dans la culture, elle fait office de guide pour la tribu. Lors du déplacement, d'autres signes se créent, mais ceux-ci sont de l'ordre de la trace, de l'éphémère, ce sont des signes destinés à s'effacer, à disparaître. Comment s'étonner du fait que la trace du campement laissée par la caravane ait pu en d'autres temps devenir le motif déclencheur du poème, que les cendres laissées par le feu de camp aient pu fournir à l'homme l'occasion d'évoquer la disparition de la bien-aimée, repartie avec sa tribu vers d'autres horizons ? Jusqu'à maintenant, ces traces évanescentes marquent l'imaginaire arabe de leur empreinte indélébile. Comme autre exemple du lien très étroit qui unit la littérature et l'espace nomade, on peut évoquer les chants des pistes des aborigènes australiens, qui ont tellement fasciné Bruce Chatwin. La mémoire des lieux a pour support le chant, appris par cœur dès le plus jeune âge, et chacun des membres de la tribu a la responsabilité d'incarner l'un de ces chants, autrement dit, de refaire l'itinéraire décrit par le chant afin d'assurer la vie de la terre. Le chant ne se borne pas à désigner le parcours, à donner des informations sur la route à suivre : l'aborigène doit à la fois chanter et marcher, les deux actions se complètent, le parcours se réalise physiquement en même temps que le chant se déploie. Le rapport à l'espace détermine en quelque sorte le rapport à la parole, puisque c'est dans le but de garder la terre en vie, la tribu en vie, que l'aborigène australien part sur les pistes, guidé par le chant[3].

---

[2] Kenneth White, *Déambulations dans l'espace nomade*, Arles, Crestet Centre d'art/Actes sud, 1995, p. 20.
[3] Voir à ce sujet Bruce Chatwin, *The songlines*, New York, Penguin Books, 1988; de même que l'étude que lui a consacrée Jean-François Gaudreau, «Texte littéraire et nomadisme: le paradoxal récit de Bruce Chatwin», Mémoire de Maîtrise en Études Littéraires, Montréal, Université du Québec à Montréal, 2002.

Cette conception de l'espace en termes de parcours et d'itinéraire s'oppose bien entendu à celle qui est la plus largement répandue sur la planète, à savoir la conception sédentaire, qui privilégie la surface plutôt que l'itinéraire et qui fait de la ligne une ligne fermée, fixe, un tracé sur le plan du cadastre, un pointillé indiquant précisément la frontière entre deux pays, une ligne qui se matérialise sous la forme de la route, du chemin de fer ou du chemin creux, mais aussi sous la forme de barrières délimitant les propriétés, de haies séparant les champs, de murs érigés par mesure de protection ou d'intimidation. L'espace est ici conçu comme une surface à occuper, à habiter, à remplir d'une présence humaine, à aménager dans le but d'y construire des habitations, bref comme un lieu. Provenant du latin « locus », le lieu est l'endroit que l'on habite, qui nous est familier, à l'opposé de l'espace, du latin « spatium », qui désigne un intervalle chronologique ou topographique séparant deux repères, ce qui est éloigné, distant, mal connu. Selon Paul Zumthor, c'est « un vide à remplir. On ne le fait exister qu'en le parsemant de sites[4]. » Dans un univers sédentaire, le parcours se fait d'un lieu à un autre et occasionne la construction de voies, l'élaboration de balises.

La coexistence sur la planète de deux conceptions aussi différentes de l'espace a donné lieu à toute une série de réactions, de part et d'autre ; elle a notamment joué un rôle important dans l'évolution de l'imaginaire du désert, dans lequel la figure du nomade occupe une place prépondérante. En tant que mode de vie diamétralement opposé au mode de vie sédentaire, le nomadisme est vite apparu comme une figure de choix, dans laquelle l'altérité pouvait se réfléchir, un miroir dont le rayonnement susciterait une meilleure connaissance de soi. Car il ne faut pas se leurrer, la fascination pour le nomadisme a longtemps servi aux sédentaires à mieux se définir, à mieux comprendre leur propre relation à l'environnement, leur propre rapport au monde ; le désir de l'ailleurs, de découvrir un autre mode de vie, de faire l'expérience de l'altérité n'ont joué dans la constitution de cet imaginaire collectif qu'un rôle tout à fait secondaire. Ceci est particulièrement vérifiable dans le cas des nomades du Sahara, qui ont été vus successivement comme des barbares, puis comme des philosophes, avant d'être considérés comme les derniers hommes libres — ce qui avec le recul peut paraître un véritable tour de force. Au moment où les sociétés européennes commençaient à se définir comme des sociétés civilisées, à s'appuyer sur le concept de civilisation pour justifier leur développement, les bédouins ont été identifiés comme

---

[4] Paul Zumthor, *La mesure du monde*, Paris, Seuil, coll. « Poétique », 1993, p. 51.

des individus n'ayant pas encore accédé à ce stade, comme des barbares restés au stade primaire de l'évolution humaine. Quelques décennies plus tard, alors que les esprits s'échauffaient autour du fameux débat entre nature et culture, les Touaregs ont donné l'image de philosophes innés, passant leurs journées à méditer, à recueillir la sagesse du désert. Puis, l'imaginaire européen a fait d'eux des hommes libres et rebelles ne connaissant pas les chaînes du progrès et de l'industrialisation dont les Occidentaux se sentaient de plus en plus prisonniers[5]. Dévalorisée ou fantasmée, la figure du nomade a donc connu plusieurs avatars, dont le dernier en date révèle une certaine confusion entre nomadisme et errance.

L'errance et le nomadisme fantasmé

Comme le souligne Jean-Didier Urbain, sociologue et auteur d'essais sur l'imaginaire du tourisme et du voyage,

> Un nomade, c'est tout sauf un errant, un vagabond. Sa circulation est réglée, anticipée, programmée en quelque sorte, par des impératifs très précis, qu'ils soient pastoraux, commerciaux ou autres. C'est un homme de la répétition, ce n'est pas un aventurier [...]. Autant l'Orient a été fantasmé par l'Occident au XIXe siècle, autant c'est le nomadisme qui est fantasmé aujourd'hui.[6]

Le nomadisme et l'errance semblent donc relever d'une opposition tranchée : d'un côté, une série d'habitudes culturelles, une connaissance du terrain, une mémoire des lieux conservée dans la communauté, servant à guider, à orienter la marche de la tribu. Un mouvement effectué par un groupe humain, un itinéraire répétitif, d'abord suivi par les ancêtres, puis modifié en fonction des nouveaux impératifs, du tarissement des puits, de la désertification de certaines régions, de la construction d'agglomérations, de conflits, etc. De l'autre côté, l'errance, un parcours qui se définit avant tout par la rupture, avec un groupe ou un lieu, par l'absence d'itinéraire fixe, par le caractère imprévisible du trajet, fluctuant au gré des objets rencontrés en cours de route. L'errance peut concerner un peuple, contraint à quitter son territoire, voire sa cité, ou encore un individu isolé, quittant un univers sédentaire ou nomade. Les cas de figure sont beaucoup plus nombreux que dans le cas du nomadisme qui, s'il est vécu différemment selon les peuples concernés, repose

---

[5] Voir l'article de Sarga Moussa, «Le bédouin, le voyageur, le philosophe», *Dix-huitième siècle*, n°28, 1996, p. 141-158, de même que le livre d'Hélène Claudot-Haward, *Touaregs. Apprivoiser le désert*, Paris Gallimard, coll. «Découvertes», 2002.
[6] Jean-Didier Urbain, « Entretiens avec Jean-Marie Porte », *Trek magazine*, n° 4, sept.-oct. 1999, p. 51.

toujours sur certaines caractéristiques. Impossible de faire la même chose dans le cas de l'errance, qui peut se produire au cours d'un voyage, ou encore d'une promenade. Comment en est-on venu à confondre ces deux types de parcours ? Jean-Didier Urbain affirme que

> L'Occident trouve aujourd'hui dans le nomade la substance à une rêverie qui est celle-ci : la mobilité, c'est l'acte anti-social par définition. […] C'est ça, la force de cristallisation de l'image du nomade, par opposition à notre culture du territoire, de l'installation, de la cartographie, de la délimitation des espaces et de leurs usages, etc.[7]

La figure du nomade serait donc liée à une certaine rébellion envers l'ordre établi chez les sédentaires, à un désir de se soustraire au lieu habité, modèle gouvernant le rapport à l'espace. Du même coup, le nomadisme fantasmé n'a que peu de choses à voir avec le nomadisme tel qu'il est pratiqué depuis l'aube des temps. Lorsque l'Occidental se rend dans le désert, c'est parce qu'il est épris d'aventure et qu'il recherche le dépaysement. Lorsque le nomade parcourt le désert, ce n'est pas par choix, c'est par habitude. L'articulation repose sur l'antithèse entre le sédentaire, contraint d'habiter un lieu, et le nomade, libre soi-disant de se rendre là où il veut. À cette structure antithétique qui gouverne très souvent les rapports d'altérité, il faut ajouter que le nomadisme peut maintenant être considéré comme un mode de vie en voie de disparition : en effet, au cours des derniers siècles, les populations nomades ont été soit décimées, soit forcées à se sédentariser. D'où une tendance à l'idéalisation du nomade, qui disparaît du monde réel pour mieux s'ancrer dans l'imaginaire. Le trait principal de cette figure, la mobilité, se voit dès lors associée à des traits forgés dans un univers sédentaire : l'errance, la rébellion, la liberté.

Le point de vue nomade

Si l'on peut ainsi étudier la figure du nomade, notamment dans les cultures occidentales, qu'en est-il maintenant de la figure du sédentaire ? Quels sont ses traits ? Se construit-elle, elle aussi, à partir d'une logique binaire de l'altérité ? Étant donné que les communautés nomades s'appuient généralement sur des traditions orales, qui ne traversent que de manière exceptionnelle les limites de la tribu, il est très difficile de connaître ce point de vue. Cela devient possible lorsque des auteurs d'origine nomade, comme Malika Mokeddem, font part de cette perspective autre, où le sédentaire représente la figure de l'altérité par excel-

---

[7] *Ibid.*

lence. Ces textes, relevant non pas de l'oral mais de l'écrit — qui comme on le sait, est une invention des sédentaires[8]—, se situent d'emblée à la croisée de deux imaginaires. Le point de vue initial dans son roman intitulé *Les hommes qui marchent* est celui d'une vieille femme nomade dénommée Zohra, qui a dû se fixer avec sa tribu dans un village en bordure du désert, à Kénadsa. Cette sédentarisation forcée est vue comme une déchéance :

> La plus grande épidémie s'était abattue sur les nomades. Une épidémie paralysante. Celle qui mange la liberté, qui rétrécit l'horizon à des murs fermés sur eux-mêmes comme une tombe. Celle qui met du noir devant les yeux et dans la tête : l'immobilité du sédentaire ! [9]

L'isotopie de la maladie, de la paralysie, de la mort et de la noirceur gouverne ici le paradigme de l'immobilité, qui devient le trait caractéristique principal du sédentaire. Face aux « hommes qui marchent », l'autre est d'abord perçu dans son caractère immobile, ainsi que le révèle la phrase suivante : « Les immobiles s'ennuient tellement qu'ils fractionnent même les journées comme j'égrène les perles de mon chapelet pour prier. » (*HM*, p. 33). La conception temporelle qui prévaut chez les sédentaires étonne en premier lieu Zohra, la conteuse, qui passe son temps à ressasser ses souvenirs de la vie nomade et à les faire partager à sa petite-fille, Leïla. Car la conception de l'espace comme itinéraire, comme parcours effectué génération après génération, va de pair avec une conception cyclique du temps, avec une mémoire qui ne fractionne pas la durée, mais qui se transmet par la littérature orale, seule dépositaire du savoir et des légendes de la tribu.

> Ils n'avaient que leurs yeux et leur mémoire pour tout instrument d'orientation. Mais ils ne pouvaient pas se perdre. La marche était leur respiration. Le seul risque qui les guettait était le piège de l'immobilité des citadins. Loin d'elle, ils étaient partout dans leur élément. Gens d'espaces et de mouvements, ils n'en admettaient pas les limites. (*HM*, p. 114)

Si les hommes qui marchent sont d'abord et avant tout des « gens d'espaces et de mouvements », en revanche les sédentaires sont des « gens du temps et de l'immobilité », des êtres prisonniers du temps

---

[8] On sait que l'écriture est née dans un univers sédentaire, mue par le besoin de répertorier tous les biens. Voir Georges Jean, *L'écriture, mémoire des hommes*, Paris, Gallimard, coll. «Découvertes», 1987.
[9] Malika Mokeddem, *Les hommes qui marchent*, Paris, Grasset & Fasquelle, coll. « Le livre de poche », 1997, p. 31. Désormais, les références à cet ouvrage seront indiquées par le sigle *HM*, suivi du numéro de la page entre parenthèses dans le texte.

qu'ils cherchent à maîtriser : « Le temps a toujours été le plus serré des nœuds qui enchaînent les rêves des sédentaires. Eux, les perclus en un lieu donné, leur vie durant, ne pensent que vitesse et maîtrise du temps qui fuit[10]. »

Immobile, le sédentaire apparaît comme un être qui se cache entre des murs, et dont la vie est dépravée : « Curieux personnages que ceux qui vivent entre des murs. Ils doivent y cacher bien des actes licencieux. » (*HM*, p. 17). Zohra apprendra malgré tout à vivre entre des murs, à y trouver refuge notamment lors des agressions de l'armée coloniale, mais ce qui subsiste dans ses rêves, c'est l'image idéalisée du nomade :

> Des gens droits et généreux, mais si fiers et si durs ! […] Peut-être qu'ils ont l'intelligence des premiers humains qui comprirent que la survie était dans le déplacement. Celle des derniers hommes qui fuiront les apocalypses des cités. Celle des rebelles de toujours qui jamais n'adhèrent à aucun système établi. Maintenant je crois que leur marche est une certaine conception de la liberté. (*HM*, p. 24-25)

Toile de fond de cette évocation, le mythe des origines nomades de l'humanité relaie les images du rebelle et de la liberté, dans lesquelles semblent se cristalliser aujourd'hui la figure du nomade. Si l'on doit se garder d'assimiler le nomade à l'errant, geste qui entraîne inévitablement une réduction de l'autre, il serait dommage de ne pas tirer profit de la réflexion sur le nomadisme, mode de vie plaçant le parcours au centre de l'activité humaine, pour s'interroger sur les limites de la vie sédentaire et sur les différentes manières d'être au monde. Envisager le nomadisme autrement dit dans le cadre d'une démarche heuristique, qui tente de revisiter le rapport à l'espace, de s'inscrire dans cet entre-deux qui se dessine entre le nomadisme et la sédentarité, entre le nomadisme et l'errance. Pour explorer cette figure de l'entre-deux, commençons par nous tourner vers certains personnages de la fiction.

Une figure de l'entre-deux

Le siècle des sauterelles raconte l'histoire d'un homme, Mahmoud, ayant quitté très jeune sa tribu pour compléter ses études au Caire. À son retour en Algérie, il tente de fonder une medersa, une école, mais cette entreprise apparaît vite impossible en raison de la colonisation. Il décide alors de réaliser le souhait de sa grand-mère qui voulait être enterrée dans

---

[10] Malika Mokeddem, *Le siècle des sauterelles*, Paris, Ramsay, coll. « Le livre de poche », 1992, p. 234-235. Désormais, les références à cet ouvrage seront indiquées par le sigle *SS*, suivi du numéro de la page entre parenthèses dans le texte.

son village natal. Pour ce faire, il se rend à la ferme que possédaient jadis ses ancêtres, désormais occupée par une famille de colons français. L'exhumation du squelette entraîne une série de malheurs, un véritable déchaînement des éléments naturels : tout d'abord, une nuée de sauterelles dévaste la région, ensuite un incendie détruit complètement la maison des colons et tue l'un d'entre eux, des battues sont organisées pour retrouver Mahmoud, considéré à tort comme l'incendiaire, un orage terrible le force à se réfugier dans une maison, où il fera la rencontre de Nedjma, une esclave noire avec qui il s'enfuira, pour vivre en poète en plein milieu du désert. Coupé de sa tribu, recherché par les policiers, le jeune homme est condamné à l'errance, en quelque sorte. Mais cette contrainte l'arrange parce qu'elle lui permet d'habiter la frontière entre le nomadisme et la sédentarité :

> Mahmoud ne se percevait qu'entre le sédentaire et le nomade ; entre l'oralité, la convivialité des contes et l'envoûtement solitaire de l'écrit ; entre fuite et révolte, à la jonction des complémentarités, au point de rupture des contraires... Les entre-deux lui convenaient. (*SS*, p. 59)

Le désert s'avère être le seul espace à sa mesure, ou à sa démesure, c'est selon.

> Au rythme de ses pas ou à la cadence des méharées, il ausculte la démesure des infinis pour se dépouiller des prétentions, des soucis, pour réduire les démangeaisons de l'orgueil. Il puise dans la marche un épuisement salvateur, une sorte d'ivresse des grands espaces dans laquelle il s'absorbe tout entier. Et la nudité des *regs* et *hamadas* épure ses pensées [...]. (*SS*, p. 210)

L'étendue désertique joue un rôle prépondérant dans la survie physique et morale des personnages[11]. Si Mahmoud et Nedjma reproduisent à peu de choses près le mode de vie des pasteurs nomades, qui se déplacent avec leur troupeau de moutons, ils ne bénéficient pas de la protection d'une tribu, qui aurait pu empêcher le drame de se produire. En effet, l'événement principal du récit, celui qui ouvre le roman, est un meurtre : Nedjma, restée seule avec son bébé et sa fille de huit ans, Yasmine, pen-

---

[11] Ceci est vrai pour la plupart des romans de Mokeddem. Voir à ce sujet les articles de Lucy Stone McNeece, « La sirène des sables : le degré zéro de l'écriture chez Malika Mokeddem », de Michèle Bacholle, « Écrits sur le sable : le désert chez Malika Mokeddem » et de Mildred Mortimer, « Le désert intérieur et extérieur dans l'œuvre romanesque de Malika Mokeddem » dans le collectif dirigé par Yolande Aline Helm, *Malika Mokeddem : envers et contre tout*, Paris, L'Harmattan, 2000, p. 53-67; p. 69-80; p. 81-92.

dant que Mahmoud se rend au souk le plus proche pour y vendre des brebis, se fait sauvagement agresser par deux hommes, qui l'étranglent sous les yeux de sa fille, cachée derrière le seul arbre des alentours. Cette dernière en perd l'usage de la parole, et si elle reste en vie, c'est parce qu'elle est comme son père, intimement liée au désert :

> La marche lui est un autre corps à corps nécessaire. Un besoin charnel d'éprouver le désert ; de se heurter à la pierre, peine des *regs*, de sentir la brûlure de la lumière comme un regard insistant, un appel à la liberté faite divinité. (*SS*, p. 202)

Le couple formé par le père et la fille, Mahmoud et Yasmine, rappelle celui formé par l'oncle et sa nièce, Khelil et Leïla, dans l'autre roman. En effet, ces quatre personnages se situent en porte-à-faux par rapport à leur origine nomade, en raison de leur attirance pour l'écrit et leur propension au rêve, deux attitudes non admises au sein de la communauté nomade. Hormis quelques passages qui idéalisent la condition nomade, il faut noter que son portrait est tracé sans complaisance. Les interdits, les brimades, les agressions sont le lot quotidien des nomades, qui refusent les libertés prises par certains membres du groupe, en particulier ceux qui rêvent :

> dans ce Sahara où les horizontalités tissent à l'infini des mirages propices aux songes hantés, où l'esprit a un besoin vital d'extravagance pour habiller les aridités, rêver, c'est faire montre d'un manque de bravoure et de virilité. (*HM*, p. 13)

Le rêve n'est pas toléré dans cet univers, comme le montre bien l'histoire d'un certain Bouhaloufa, exclus de la communauté en raison de ce penchant, un événement déterminant pour la vieille Zohra, qui se plaît à la raconter à qui veut bien l'entendre. C'est d'ailleurs à partir des récits de sa grand-mère que Leïla, qui n'a jamais connu la condition nomade, se l'imagine. Son refuge préféré se situe sur la Barga, la dune, où elle contemple les immensités sablonneuses, seule ou en compagnie de son oncle Khelil :

> C'était surtout l'*erg*, océan de sable à la longue houle pétrifiée, qu'ils fixaient, subjugués. Seul le vent délivrait ce mouvement de sa paralysie. Sous son souffle, les dunes se mettaient à écumer. Se dressaient en grandes lames rouges. Déferlaient avec rage. […] Face à l'erg, l'horizontalité du reg dévidait le silence. Et l'on n'avait que le songe pour ranimer les pensées. Que le rêve pour habiller tant d'aridité. (*HM*, p. 101)

Une description qui n'est pas sans rappeler celles d'Isabelle Eberhardt, évoquée à plusieurs reprises dans *Le siècle des sauterelles* et apparaissant elle aussi comme une figure de l'entre-deux. D'ailleurs, une citation provenant de ses *Écrits sur le sable* est mise en exergue : « Et je comprends aussi que l'on puisse finir dans la paix et le silence de quelque zaouïa du Sud, finir en extase, sans regret ni désir, en face des horizons splendides. » Est-ce vraiment un hasard si le protagoniste principal a pour nom celui qu'elle se donnait lors de ses pérégrinations dans le désert algérien, Si Mahmoud ? Pas vraiment, puisque Mahmoud raconte souvent à sa fille l'histoire de cette étrangère venue vagabonder dans le désert et que la petite Yasmine en vient à s'identifier complètement à ce personnage légendaire :

> […] à l'évocation de ce nom, un doux songe de filiation englobe sa raison. Un songe où une femme marche et écrit. Une *roumia* habillée en bédouin et nimbée de toutes les étrangetés. Alors, déguisée en garçon et mue par une singulière envie d'identification, Yasmine marche sur ses traces, dans la même contrée et dans l'écrit. (*SS*, p. 157-8)

Devenue adolescente, Yasmine s'habille en garçon pour se soustraire au regard des hommes, elle se rend avec son père à l'oued d'Aïn-Sefra, dans lequel Isabelle Eberhardt s'est noyée, puis au cimetière où elle a été enterrée. Et surtout, son mode d'expression privilégié est l'écriture. Elle devient elle aussi une femme qui marche et qui écrit, ce qui n'est pas bien vu par la communauté nomade. Lorsque son père la laisse aux soins de la tribu, pour tenter de retrouver les assassins de sa femme, elle fait comprendre aux nomades qu'elle veut du papier, ce qui leur semble totalement incongru :

> Qu'a-t-on besoin de l'écriture, du linceul du papier pour transmettre des faits ? Au royaume de l'oralité et du nomadisme, les seuls vestiges humains sont les tombes […]. Les sables ne gardent mémoire que des vents. Les sables sont écrits d'éternité. La parole, elle, est une mémoire vivante. Elle tisse les chaînons brûlants des regards, au fil des générations. (*SS*, p. 225)

Oralité et nomadisme, écriture et sédentarité, décidément il semble bien difficile de sortir de la structure d'opposition[12]. Comme le rappelle Zohra

---

[12] Voir à ce sujet les articles de Nicole Jaouich, « L'immobilité sédentaire et le nomadisme des mots : étude de deux romans de Malika Mokeddem », dans Rachel Bouvet, Virginie Turcotte, Jean-François Gaudreau (dir.), *Désert, nomadisme, altérité*, Montréal, UQAM, Département d'études littéraires, coll. « Cahiers Figura. Texte et imaginaire », n° 1, p. 51-65, et de Yolande Helm, « Malika Mokeddem : oralité, nomadisme, écriture et transgressions », *Présence francophone*, n° 53, 1999, p. 59-72.

la conteuse, au début des *Hommes qui marchent* : « Notre histoire ne se couche pas entre l'encre et le papier. Elle fouille sans cesse nos mémoires et habite nos voix. » (*HM*, p. 16) Obligée de mettre fin à sa vie de nomade, la parole devient pour elle l'unique refuge, le seul lieu qu'elle accepte d'habiter parce qu'il lui permet de parcourir à nouveau, dans l'imaginaire cette fois, l'espace perdu : « L'immobilité du sédentaire, c'est la mort qui m'a saisie par les pieds. Elle m'a dépossédée de ma quête. Maintenant, il ne me reste plus que le nomadisme des mots. Comme tout exilé. » (*HM*, p. 11) Si la vieille Zohra n'apparaît pas comme une figure de l'entre-deux, elle joue pourtant un rôle important dans la mesure où elle soutient son fils Khelil, et plus tard sa petite-fille Leïla, dans leur apprentissage de l'écrit, comprenant qu'il s'agit là pour eux du seul moyen de se soustraire à « la paralysie », à « l'immobilité du sédentaire ».

D'autres figures de l'entre-deux pourraient également être examinées dans cette optique : il suffit de penser à Lalla, l'héroïne de *Désert*, de Le Clézio, née dans un bidonville et d'origine nomade elle aussi, attirée par le désert et s'enfuyant à Marseille pour échapper aux lois brutales de la Cité. Son errance recoupe en quelque sorte celle de ses ancêtres, les Hommes bleus dirigés par le cheikh Ma el Aïnine, dont l'histoire est relatée par bribes, dans un entrecroisement de récits. À l'errance d'un peuple, un départ forcé, un exode douloureux connaissant une fin tragique, se superpose l'errance d'une jeune fille, à travers le désert et la cité, les rues de Marseille, une errance magnifiée par le rêve, la contemplation des horizons, les instants magiques où l'être fait corps avec l'environnement.

On pourrait aussi évoquer les figures de l'entre-deux que l'on rencontre dans le roman de Tahar Ben Jelloun, *La prière de l'absent,* qui relate une longue errance du nord au sud du Maroc, un parcours qui n'a rien du parcours nomade, sauf qu'il fait resurgir lui aussi de la mémoire l'image du cheikh Ma el Aïnine et qu'il prend fin avec la silhouette des nomades venus recueillir l'enfant que les personnages étaient chargés de conduire. Des personnages énigmatiques, faits de papier et de rêves, impossibles à confondre avec des êtres de chair et d'os, des personnages se définissant avant tout par une force qui les habite, un besoin de partir, de se mettre en route, sans savoir pourquoi, sans savoir ce qu'ils cherchent, des sédentaires qui se soustraient à leur univers pour toutes sortes de raisons.

Ce que ces figures de l'entre-deux ont en commun, c'est la mobilité comme trait fondamental du rapport à l'espace, l'alliance de la marche et de l'écriture, du parcours et du rêve, un trajet qui s'oriente vers le dehors plutôt que vers l'espace du dedans, de la maison, du grenier, de la cave, du tiroir. En cela, elles se rapprochent d'une autre figure de l'entre-deux située elle aussi à la frontière du nomadisme et de l'errance, mais au niveau de la réflexion plutôt que de la fiction, la figure du nomade intellectuel.

Inspiré, du moins en partie, par les réflexions anthropologiques, sociologiques et philosophiques sur le nomadisme, Kenneth White déploie cette notion à travers ses essais, notamment dans *L'esprit nomade*. Le mouvement, considéré comme le principe premier de la pensée, gouverne également le rapport à l'espace en cela qu'il favorise l'interaction avec le paysage, l'adaptation à l'environnement plutôt que la maîtrise du territoire. C'est précisément ce va-et-vient entre le mouvement physique et le mouvement intellectuel qui crée le sens :

> Le nomade qui est en chacun de nous comme une nostalgie, comme une potentialité, n'a pas la notion d'identité personnelle [...]. Ne disant ni « je pense », ni « je suis », il se met en mouvement et, en chemin, il fait mieux que « penser », au sens pondéreux du mot, il énonce, il articule un espace-temps aux focalisations multiples qui est comme une ébauche de monde.[13]

Être du mouvement, le nomade intellectuel s'engage dans un parcours qui allie découverte et répétition : découverte d'auteurs de toutes les époques, de textes de traditions différentes, de contrées, de paysages, de communautés, de cultures, autres, qui seront revisités, maintes et maintes fois.

> Le mouvement nomade ne suit pas une logique droite, avec un début, un milieu et une fin. Tout, ici, est milieu. Le nomade ne va pas quelque part, surtout en droite ligne, il évolue dans un espace et il revient souvent sur les mêmes pistes, les éclairant peut-être, s'il est nomade intellectuel, de nouvelles lumières.[14]

Pourquoi remettre les pieds là où on les a déjà mis afin d'ouvrir un espace propre aux déambulations de l'esprit ? Est-ce une manière de retrouver une harmonie secrète et oubliée avec la Terre que connaissaient les premiers humains? Peut-être. Un immense besoin de liberté dans ce monde qui sombre dans l'immobilité ? Sûrement. Et puis il y a le besoin d'être en route, d'avancer, de répondre à l'appel de l'ailleurs. Parce que

---

[13] Kenneth White, *L'esprit nomade*, Paris, Grasset, 1987, p. 12.
[14] *Ibid.*

la réflexion a tendance à se prendre dans un mouvement spiralique, à revenir sur elle-même mais à un niveau chaque fois différent. Parce que l'écoute des palpitations secrètes de l'univers, de même que les étendues livresques, suscitent toujours de nouvelles lectures. Parce que nous avons chacun nos paysages d'élection — le rivage, la banquise, les îles, les montagnes, les déserts…—, des paysages qui exercent sur nous une fascination, une force d'attraction telle qu'elle nous pousse à rechercher les mêmes formes étonnantes un peu partout sur la planète et dans les livres, un peu plus loin, ailleurs.

Victor Segalen écrivait en 1906 : « Je suis né pour vagabonder, voir et sentir tout ce qu'il y a à voir et à sentir au monde[15] » ; Isabelle Eberhardt, quelques années plus tôt affirmait quant à elle : « Je sens que je ne supporterai plus jamais la vie sédentaire et que l'attirance de l'ailleurs ensoleillé me hantera toujours[16] ». Ces « transfuges » ont ouvert la voie à ce que j'appellerai l'errance voyageuse, par opposition avec l'errance contrainte, imposée, vécue comme une brimade, une perte irrémédiable, une rupture inadmissible, un destin tragique ; celle des peuples chassés de leur territoire, celle des individus expulsés hors d'une communauté. L'errance voyageuse, l'être la recherche, il ne s'agit pas de fuir un lieu — du moins pas seulement —, il s'agit aussi de désirer l'ailleurs et de s'y rendre, de ne pas savoir ce que l'on cherche, mais de le chercher tout de même, de se laisser aller au plaisir du vagabondage, le long des routes et des chemins, en quête de paysages, attentif aux éclats de joie que la découverte de la terre peut susciter, de jouir du contact privilégié qui se noue avec certains lieux, désertiques, océaniques ou nordiques, vivifiés par le noroît, le vent du large ou le vent de sable, la respiration gênée par le manque d'oxygène alors que « le regard par-dessus le col » se réjouit du divers, le visage devenu rocher où se jettent les embruns, le pied qui glisse et désarçonne, un instant, la pensée du néant. Une errance voyageuse, parce que joyeuse, toute au plaisir de découvrir les « horizons splendides », heureuse de se sentir en route, de dessiner un parcours à l'aide de ses pas, un parcours qui mène toujours un peu plus loin, qui ramène aussi bien souvent sur les mêmes lieux, mais avec un regard différent, une distance qui multiplie les perspectives, entraînant les paysages tour à tour dans un tourbillon incessant.

---

[15] Victor Segalen, lettre à Charles Guibier du 28 février 1906, cité dans Gilles Manceron, *Segalen*, Paris, J.-C. Lattès, 1991, p. 257.
[16] Isabelle Eberhardt, citée dans Ferny Besson «Écrivains du désert: Saint-Exupéry et Isabelle Eberhardt», *Revue générale belge*, septembre 1963, p. 26.

Bibliographie

BESSON, Ferny, «Écrivains du désert: Saint-Exupéry et Isabelle Eberhardt», *Revue générale belge*, septembre 1963, p. 3-27

CHATWIN, Bruce, *The songlines*, New York, Penguin Books, 1988.

CLAUDOT-HAWARD, Hélène, *Touaregs. Apprivoiser le désert*, Paris Gallimard, coll. «Découvertes», 2002.

GAUDREAU, Jean-François, «Texte littéraire et nomadisme : le paradoxal récit de Bruce Chatwin», Mémoire en Études littéraires, Montréal, Université du Québec à Montréal, 2002.

JAOUICH, Nicole, « L'immobilité sédentaire et le nomadisme des mots : étude de deux romans de Malika Mokeddem », Rachel Bouvet, Virginie Turcotte, Jean-François Gaudreau (dir. publ.), *Désert, nomadisme, altérité*, Montréal, UQAM, Département d'études littéraires, coll. « Cahiers Figura. Texte et imaginaire », n° 1, p. 51-65.

HELM, Yolande (dir.), *Malika Mokeddem : envers et contre tout*, Paris/Montréal, L'Harmattan, 2000.

HELM, Yolande, « Malika Mokeddem : oralité, nomadisme, écriture et transgressions », *Présence francophone*, n° 53, 1999, p. 59-72.

JEAN, Georges, *L'écriture, mémoire des hommes*, Paris, Gallimard, coll. «Découvertes», 1987.

MANCERON, Gilles, *Segalen*, Paris, J.-C. Lattès, 1991.

MOKEDDEM, Malika, *Les hommes qui marchent*, Paris, Grasset & Fasquelle, coll. « Le livre de poche », 1997 [1990].

_____, *Le siècle des sauterelles*, Paris, Ramsay, coll. « Le livre de poche », 1992.

MOUSSA, Sarga, «Le nomadisme chez Potocki: des récits de voyage au *Manuscrit trouvé à Saragosse*», *Revue de littérature comparée*, n° 3, 1998, p. 331-353.

_____. «Le bédouin, le voyageur, le philosophe», *Dix-huitième siècle*, n° 28, 1996, p. 141-158.

URBAIN, Jean-Didier, « Entretiens avec Jean-Marie Porte », *Trek magazine*, n° 4, sept-oct. 1999, p. 51.

WHITE, Kenneth, *Déambulations dans l'espace nomade*, Arles, Crestet Centre d'art/Actes sud, 1995.

_____, *L'esprit nomade*, Paris, Grasset, 1987.

ZUMTHOR, Paul, *La mesure du monde*, Paris, Seuil, coll. « Poétique », 1993.

Enjamber le désert : l'écriture nomade chez Serge Patrice Thibodeau

Denise Brassard
Université du Québec à Montréal

> *Et je sais que je m'échapperai : je ne fais que passer ; Les murailles de la ville sont fragiles, et ses griffes s'écaillent. J'aspire à la réconciliation des lumières, à l'harmonie des vallons et des pôles.*
>
> Serge Patrice Thibodeau, *La traversée du désert*

Si l'on peut dire de tous les livres de Serge Patrice Thibodeau qu'ils répondent à l'appel de l'espace, c'est sans doute dans *Le quatuor de l'errance* suivi de *La traversée du désert* que l'esthétique nomade pratiquée par le poète atteint sa plus grande portée. Ce récit d'un voyage en Orient, qui prend la forme d'un pèlerinage, est l'occasion d'une exploration de la mémoire et de ses limites. À la faveur d'une observation minutieuse et d'un patient travail d'archéologie, la mémoire du voyageur entre en résonance avec celles des lieux où il se trouve et des cultures qui s'y rencontrent.

Partant de l'exigence du parcours dont témoigne cette œuvre, soit une quête de l'espace doublée d'une quête spirituelle, je propose d'observer la correspondance entre l'appel de l'espace et « l'appel des mots », pour reprendre ceux de Saint-Denys-Garneau[1].

L'être-ailleurs

« Une pierre à la main, aussi, une pierre sur le cœur, m'en aller, / Je ne connais que ça[2] », lit-on dans le poème qui ouvre la dernière section de *La traversée du désert*, intitulée « Nomades ». Dans cette même partie, l'auteur évoque son peuple, le peuple acadien, dont on connaît l'histoire tragique de la déportation. Il le décrit comme un peuple de passants qui, pendant « quatre siècles », s'est ingénié à « raffiner l'exil » :

---

[1] Cette citation sert de titre à l'essai que Thibodeau lui a consacré : *L'appel des mots. Lecture de Saint-Denys-Garneau*, Montréal, Éditions de l'Hexagone, 1993.
[2] Serge Patrice Thibodeau, *Le quatuor de l'errance*, suivi *de La traversée du désert*, Montréal, Éditions de l'Hexagone, 1995, p. 227. Dorénavant, les citations de ce livre seront suivies du folio entre parenthèses.

> Et nous sommes partis, et nous sommes repartis, et nous partons encore,
>
> Et nous partons toujours ; nous scandons de nos pas
>
> Les limites du départ, toujours repoussées, toujours s'éloignant.
>
> Et l'horizon est un aimant, et derrière nous, aucun sillage,
>
> […] que l'abus d'une étoile nous indiquant le nord.
>
> […] Et si nous ouvrons un livre,
>
> Nous lisons le passage où il est question d'émigrer. (p. 236)

Et un peu plus loin :

> L'appétit motive les nomades, les guide d'une oasis à l'autre,
>
> D'un livre à un lit, d'un rêve à un brusque réveil.
>
> Mus par l'inépuisable besoin de vivre, ils vont ; je vais comme je veux. (p. 237)

Le voyageur revendique donc une identité de nomade. En effet, on ne compte plus, dans ce livre, les passages où il est question du désir, de la soif, de l'urgence de partir, de fuir. Et si la tentation de la sédentarisation, si l'envie de vider son sac et de se reposer se font parfois pressantes, jamais il ne cède à l'attrait de l'enracinement. Parcourir le monde, c'est bien sûr aussi une façon de l'habiter, de le reconstruire, d'en retracer pour soi-même les limites et les bornes. Nommer les choses et les êtres qui peuplent le monde, c'est apprendre à les connaître et, en quelque sorte, les posséder : « Nous reverrons le monde pour l'avoir reconstruit / Dans la pupille de nos yeux ; pour l'avoir bâti de notre salive » (p. 245).

Sont-ce ses origines acadiennes qui poussent Serge Patrice Thibodeau au départ perpétuel et lui inspirent, à l'instar d'Edmond Jabès, cité deux fois en épigraphe, l'horreur de l'enracinement[3] ? Pour qui a été chassé de chez soi, mieux vaut, peut-être, ne pas s'incruster et quitter les lieux d'accueil avant qu'on l'en chasse à nouveau. Quoi qu'il en soit, cette expérience volontaire de l'exil semble faire partie de son pro-

---

[3] À propos de son refus d'aller vivre en Israël, Edmond Jabès parle de sa « répugnance viscérale à tout enracinement. J'ai l'impression de n'avoir d'existence que hors de toute appartenance. Cette non-appartenance est ma substance même. Peut-être n'ai-je rien d'autre à dire que cette contradiction douloureuse : j'aspire comme chacun à un lieu, à une demeure, et ne puis, en même temps, accepter ce qui s'offre. » Edmond Jabès, *Du désert au livre. Entretiens avec Marcel Cohen*, Paris, Belfond, 1980, p. 52.

gramme, puisqu'elle apparaît elle aussi en épigraphe de la section intitulée « Prologue : les adieux » :

> *Ami de l'égarement, place ton pas dans le pas qui déchiffre le sens. Le sens de ta vie est dans l'exil ? Apprends à connaître l'exilé de l'exileur. Cherche l'exil, son sens, et ton pourquoi sera comblé.* (Sayd Bahodine Majrouh, poète afghan, 1928-1988) (p. 13)

Ainsi le poète, en proie à « la fièvre originelle du nomade » (p. 206)[4], répond à l'appel de l'espace et part vers l'Orient, dont il sillonnera les routes en quête d'une connaissance intime de l'exil. Partir vers l'Orient, ce peut être partir à la recherche de l'aventure, à la découverte de paysages exotiques. C'est certainement, ici, aller à la rencontre de l'autre, le prochain, l'*exileur*, celui dont on ne connaît ni la langue ni la culture. Le motif du voyage est donc clair : investir l'ailleurs afin de se mettre à l'épreuve, apprendre l'humilité, l'amour du prochain et de Dieu, pratiquer le recueillement.

« J'adhère aux mesures de l'appel, écrit-il, et cette allègre captivité m'exalte. » (p. 233) On le suit volontiers au gré de cette poésie ample, chantante, foisonnante de détails, soucieuse de nommer chaque chose, chaque être, chaque sensation avec précision et justesse, pleine de détours patients, maniérée par endroits, avide de rythmes, soutenue par l'ardeur de la marche, jamais très loin de la prière et de l'oraison ; « l'écriture est passante » (p. 42) et nous invite à lui emboîter le pas.

> J'observe mûrir les blés ; c'est que le voyage dure,
>
> Les jambes lasses, et dure l'envie de reprendre la route ;
>
> Un matin, la fougue revient, un départ s'impose. (p. 109)

À la fois semblable et différent, toujours-déjà-ailleurs, c'est peut-être là la nature de l'être nomade chez Serge Patrice Thibodeau. Et l'écriture à son image est déplacement, glisse ; mimant la vibration des pas, elle joue de l'assonance, de la répétition, de l'exclamation, de l'interpellation, de tout procédé propre à ébranler le sens. C'est par déplacements (reprise d'un vers ou d'une portion de vers dans un contexte différent, allers-retours de la périphérie au centre), distanciation (phrases longues, sinueuses, comptant de nombreuses inversions ; usage fréquent de la métonymie) et écarts identitaires (jeu sur la paronymie, rejet des marques de

---

[4] Cette fièvre originelle fait écho au récit de la Genèse, alors qu'Adam et Ève sont chassés de l'Éden, en posant cette double fatalité qui marque le destin du poète : son identité de « déporté » et « le don » de poésie dont la nature l'a pourvu. Les Acadiens sont reconnus pour être superstitieux : il en est d'ailleurs fait mention dans le livre.

l'identité, fusion et métamorphose) que procède l'avancée poétique du sujet. L'écriture nomade se dépense, se disperse, frottant les mots aux paysages rugueux, les soumettant aux rigueurs du vent et de la pierre. Il faut brûler le langage, mettre le feu aux mots, en faire des ruines afin que de leurs cendres renaisse le sens:

> Ô paisible effacement !
>
> Et les ruines s'enfouiront sous le sol et nous les lui laisserons (p. 179)
>
> À la musique je dirai : *feu* ! et reviendra la flamme
>
> […] si le corps est une flûte, c'est que troué de balles,
>
> De jurons, de regards mauvais, de déportations :
>
> Je me souviens soudainement de mon nom. (p. 180)

Pour le nomade, la mémoire est à faire : « la mémoire est chose à créer, pierre massive à pétrir » (p. 251). Il doit de lui-même et constamment *dé-signer* les lieux où il se trouve, qu'il délaisse, sitôt nommés, pour reprendre la route, abandonnant les signes au prochain passant. Ainsi le nomade sécrète l'oubli, et cet oubli est à la fois le sens et le drame de son existence, effacement du chemin et moteur de la quête. D'où la nécessité du Livre, signe transportable, issu de la mémoire et des profondeurs de la terre par le recours à la fouille et à l'écriture ; signe phare, repère dans la tempête ou la blancheur aveuglante du soleil.

Mémoire, « pierre massive à pétrir ». Sa plurivocité fait de la pierre l'une des figures centrales du livre. Elle apparaît sous diverses formes selon lesquelles son rôle varie. Instrument de mesure du temps géologique, elle lance un constant défi au pèlerin sous la forme tantôt d'un sentier escarpé, tantôt d'une grotte où descendre, tantôt d'une montagne à gravir. Proche parente du feu avec lequel elle se trouve souvent liée, elle représente tour à tour l'éternité, la fidélité, la lumière, le luxe, la fermeté, la mémoire, et, à l'opposé, l'oubli, le sombre, la souffrance, la violence, l'indifférence, la trahison. Enfin, elle se présente soit comme une menace ou un instrument de purification (on s'y frotte les genoux, les coudes, les mains, comme pour expier une faute ou se laver de la tache originelle), soit comme une source de consolation, un lieu de repos, un guide. Et si elle finit par céder au passage[5], toujours elle rappelle à l'homme

---

[5] « Les ravins s'ouvrent au passage ; tant de distances à parcourir, / Tant de mots auxquels rendre la vie. » (p. 38)

l'importance de l'apprivoisement de l'espace, et la nature de l'errance, qui est une quête et non une conquête.

> À chaque tercet, du lest tombe ; verte l'encre,
>
> Et tu dictes les motifs vifs de l'insomnie.
>
> Croire à la puissance du doute, passer à l'ennemi […].
>
> Une pierre, dans la poitrine, une améthyste. Veiller.
>
> Dehors, les cris des oiseaux ; la défiance du monde […].
>
> Misérablement, la nuit jette ses pierres, la nuit règle ses comptes. (p. 17)

Les mots du nomade ne sont-ils pas en effet semblables aux pierres qu'on laisse derrière soi pour retrouver son chemin ? Mais ces mots, s'ils se comptent comme les pierres, aussi bien les jette-t-on à la ronde, à la manière d'un décompte, d'un décours du temps permettant de délester, de libérer sa mémoire.

Habiter l'écart

Adhérer « aux mesures de l'appel » signifie encore se laisser étreindre par les lieux, par le paysage, comme on l'étreint des yeux. « Ô liberté ! t'étreindre ! » écrit le poète.

> En route vers le sommet ; […] en bas, un aigle plane ;
>
> Et sans penser à rien, suivre des yeux son vol curviligne.
>
> […] bonheur de me retrouver seul, au sommet,
>
> À chercher dans le brouillard la Montagne sainte, les cimes rarescentes
>
> De l'exacte pureté. Son auguste présence s'effaçant dans le vide. (p. 39)

Étreinte étant le mot privilégié pour désigner les gestes de l'amour, lesquels suscitent des émotions contradictoires, le verbe *étreindre* doit être entendu au double sens de contraindre et de caresser. Le pèlerin est l'élu. Il a reçu la grâce de la foi et le don de la poésie[6]. Ainsi, gravissant puis descendant de la montagne tibétaine, par le jeu des regards et le déplacement des points de vue, le narrateur s'unit au paysage et trouve le « sens

---

[6] On notera que dans le soufisme, dont la pensée imprègne tout le livre, l'attraction de Dieu est essentielle. C'est-à-dire que l'amour de Dieu pour le moine a préséance, précède et transcende l'amour du moine pour Dieu. Ce n'est qu'à la condition d'être élu par Dieu que le moine peut accéder aux stades supérieurs de la vie mystique.

de l'attente » : « Devant l'évidence et le doute, donner forme à l'altérité. » (p. 40)

> Contempler ces neiges intouchées, y laisser ma vue
>
> Dans l'éblouissement de ce qui dépasse l'entendement ;
>
> M'installer à jamais, serein, dans l'ultime vision.
>
> […] descendre et m'unir […] à la silhouette du vent
>
> […]
>
> Pour saisir la profondeur de l'élan,
>
> Que le corps soit debout, droit, éveillé, consentant au départ. (p. 45)

Bien que participant du vertige, l'écriture permet de ne pas se perdre[7], d'apprivoiser l'écart. Cet écart, c'est, bien sûr, la distance qui sépare le voyageur du pays où il se trouve et de ses habitants. C'est aussi la distance qui sépare la langue de la tribu du langage poétique, d'abord associé au Verbe[8], et donc supposé y faire écho. Enfin, c'est la distance entre la poésie et le Verbe, puisque cette adéquation, peu à peu remise en question, est finalement rejetée. Mais quelle que soit la signification qu'on lui trouve, cet écart travaille l'écriture de multiples façons, notamment par l'usage très fréquent de la métonymie, figure nomade s'il en est, et qui ouvre la voie à la métamorphose.

Qu'elle emprunte l'ossature, l'œil, la main, l'oreille, le dos, la croupe, les reins, le geste, la voix, le souffle, etc., la métonymie est la figure privilégiée pour représenter l'humain en général et le narrateur en particulier. On pourrait voir là une influence de la littérature mystique musulmane, laquelle s'attache souvent aux attributs de Dieu et s'en sert pour le désigner. Thibodeau ne manque d'ailleurs pas à cette coutume. Mais il y a là surtout, semble-t-il, une manière de se distancier de soi-même et de renoncer, du moins en partie, à sa volonté, la cédant pour le coup à la partie individualisée, sinon personnifiée. Cette distance, ce détachement de soi-même serait une façon de maintenir l'écart, de demeurer sur le seuil, en instance de fuite, en somme d'habiter l'absence. Se désignant par ses membres, le narrateur crée en outre une indécision quant à l'identité de celui dont il parle. Le récit enfin change souvent de pronom sans transition ; écrit tantôt à la première personne, tantôt à la troisième, il s'y opère, entre les instances discursives, une circulation

---

[7] « Écrire pour ne pas me perdre; partir sans raison signifie déraison. » (p. 19)
[8] « Rompre ces liens, mais se lier au Verbe, / Soumis à la poésie, à ce lien donné : / La Parole vive, et ces mots, à servir le Lieu Unique. » (p. 17)

permettant au sujet d'endosser d'autres identités, si bien qu'à la fin du poème, il est lui-même devenu cet « homme », ce passant de Delhi, par exemple, qu'il observait.

> Apprivoiser l'ossature en fuite, le somme,
>
> Le passant assommant. Voir dans le noir de la ville l'aube à venir,
>
> L'aube fugace, et surtout, surtout, ne pas obéir. (p. 20)

À la faveur de cette oscillation entre *je* et *il* s'anime l'écart et se transfère le regard de *lui* à *l'autre*. Ainsi ce qui sonnait, au premier vers, comme un impératif formulé à lui-même (« Apprivoiser l'ossature en fuite, rejoindre l'Autre sans craindre l'écart », p. 19), paraît, à la fin du poème, être repris par l'Autre et le désigner lui-même comme Autre.

Les particularités syntaxiques, notamment l'inversion, jouent un rôle apparenté à celui de la métonymie. Très souvent le verbe est coupé de son sujet. Tantôt il est placé avant, et parfois en tête de vers (« Parfume la myrrhe, et s'éloignent, confuses, les pistes moroses. », p. 40). Ces déplacements mettent l'accent sur le mouvement, tout en donnant l'impression que l'action est coupée de son agent, créant ainsi un effet de vertige. Tantôt il est placé très loin derrière, et parfois en finale de vers (« les bottes de l'Ordre, bien cirées, / Astiquées de glaviots délétères, de graves caillots, surgissent », p. 102). Il agit alors un peu comme un ressort, une impulsion invitant à reprendre la marche.

L'infinitif, abondamment employé, joue un rôle similaire. Bien que sous-entendu, le sujet de l'infinitif demeure à l'état de virtualité, son accomplissement, son être même dépendant, semble-t-il, de la réalisation, de l'actualisation du verbe. L'infinitif agit donc tout à la fois comme un moteur et un obstacle, marquant l'écart entre le sujet du verbe et son accomplissement. C'est dans cette parfaite adhésion au mouvement qui crée l'écart d'abord et l'éloigne de lui-même, puis au paysage tout entier, qui oblitère son identité, que le sujet se fait géopoéticien.

L'élection de l'Autre

Comme il semble y avoir, au départ, identité de la poésie et du Verbe, la mise à l'épreuve de soi se mue en quête du divin. Ainsi, au cours du voyage, le pèlerin entend l'appel de l'islam et se convertit[9]. À

---

[9] « L'attrait de l'étrange exilé me confond, je me soumets à l'unique Splendeur, / Et répète trois fois les sept mots : *Lâ ilâha illa'Llâh, Mohammed rasûlu'Llâh*. / Le cœur migrant, nous nous abreuvons de cette *Lumière sur lumière !* » (p. 61)

partir de là, une partie de l'entreprise poétique sera consacrée à la recherche de l'union mystique.

Sans vouloir mettre en doute la foi du narrateur ou l'authenticité des faits rapportés, ni diminuer l'importance de l'islam dans la démarche de l'auteur, je voudrais attirer l'attention sur les enjeux littéraires que soulève cette conversion, sur ce qui pourrait, dans l'optique de l'entreprise poétique, l'avoir poussé à embrasser l'islam. Parmi les facteurs qui ont pu déterminer ce choix, il y a d'abord l'absence d'intermédiaire. Le musulman est seul avec Dieu, en relation intime avec le Bien-Aimé, ce qui, pour le voyageur solitaire, comporte un avantage certain. Ensuite, devenir musulman signifie changer de nom (le narrateur adopte le prénom Abdallâh), ce qui représente, pour qui part à la recherche de la connaissance de l'exil, la réalisation d'une partie de son objectif. Une fois qu'on a renoncé au baptême et qu'on s'est dépouillé de son nom, qu'on s'est, en somme, délesté des signes de l'identité, seuls demeurent le rythme de la marche et la musique du chant :

> J'ai perdu une adresse, un lieu, un nom de personne ;
>
> La main de Dieu sera mon viatique, par voies et par chemins,
>
> La musique partout me suit, que Dieu a créée ! (p. 178)

Enfin, que l'islam soit une religion du Livre interpelle certainement le poète. Cela par ailleurs est vrai aussi de la religion juive. Chez les musulmans comme chez les juifs, les écritures ont en outre valeur de loi. La vision du Livre de Thibodeau étant très proche de celle d'Edmond Jabès, elle s'avère autant tributaire du judaïsme que de l'islam. En fait, au fil de sa quête, le pèlerin élabore une sorte de syncrétisme religieux, où divers cultes, symboles, figures mythiques des trois grandes religions monothéistes (le christianisme n'étant pas en reste) sont tour à tour convoqués et dont certains, se trouvant du fait surdéterminés, acquièrent une valeur éminemment poétique. C'est le cas par exemple pour le chant, le Livre, le désert.

J'ai donné l'intimité avec Dieu comme premier motif possible de la conversion. Outre son aspect pratique, le voyageur étant solitaire, cette intimité lui permet d'assimiler le Bien-Aimé à la figure de l'amant. Le discours amoureux — et ce n'est pas exclusif aux mystiques musulmans — est souvent utilisé pour rendre compte ou simplement parler du ravissement, de l'extase, de l'union mystiques. Thibodeau, qui fréquente les grands textes mystiques, le sait et il ne se prive pas pour jouer sur cette ambiguïté. Toutefois, il ne s'agit pas tant pour lui de puiser dans le langage humain pour décrire une expérience de nature divine que de tirer l'amour humain du côté du divin.

Si cette constante ambiguïté entre Dieu et l'amant peut passer, à petite échelle (dans une strophe, par exemple, sans qu'elle s'étende à tout le poème), pour la manifestation d'un simple désir de brouiller les pistes, quand on la considère à l'échelle de l'œuvre (soit poème par poème), on constate qu'elle subit une modulation. Dans *Le quatuor de l'errance*, le désir apparaît comme une tentation à laquelle le narrateur s'efforce de résister ; il est donc vécu sur le mode de la culpabilité. Tandis que dans *La traversée du désert*, si la culpabilité le visite encore, il cède et s'abandonne au plaisir ; et c'est alors seulement qu'on peut parler d'une confusion délibérée et maintenue entre l'élu et l'Élu, entre discours amoureux et adresse à Dieu.

Chez les mystiques musulmans, l'omniprésente identification de Dieu à l'aimée est fondée sur un rapport d'altérité : ces mystiques étant des hommes, la féminité symbolise à la fois la distance et la proximité de Dieu et sert de médiation au Tout Autre. Ainsi, non seulement le discours amoureux, mais la relation intime elle-même ouvrent sur l'expérience mystique : on aime Dieu à travers la femme. Or ici, fût-il converti à l'islam, nous sommes en présence d'un sujet occidental, et de surcroît l'être aimé n'est pas une femme. Voyons donc comment procède cette identification du Bien-Aimé et de l'amant.

Disons d'abord que dans le contexte où il se trouve, soit celui de pays où sévissent la discrimination, la violence, la guerre, l'homme que le narrateur désire sera le gardien du poste frontière, le soldat peut-être sanguinaire, le bourreau, le traître à son frère, dont le désir l'oblige, dans une certaine mesure, à endosser la traîtrise et les crimes. La trahison, d'ailleurs, est presque toujours associée à l'amour. Il y a donc une déchirure, voire une impossibilité qui se pose à la base de l'expérience amoureuse. Dans de telles circonstances, désigner l'amant comme l'Élu, c'est non seulement le tirer du côté de l'exception, y voir un objet de sélection patiente et heureuse, mais encore ne voir que sa beauté, son âme, la part divine de son être, et ainsi le blanchir, en quelque sorte, de ses fautes, comme on le fait pour soi-même en frottant ses membres sur les pierres. On remarque d'ailleurs que les lexèmes relatifs à la pierre et à la minéralité se retrouvent souvent dans le discours érotique, notamment pour désigner le corps de l'amant. On note également que l'expérience amoureuse est, pour ainsi dire, noyée dans le cours du voyage, si bien qu'on ne sait jamais s'il s'agit d'une expérience réelle ou d'un fantasme. On y est en outre toujours soit dans l'*avant*, l'expectative et le désir, soit dans l'*après*, le remords, la solitude et le déchirement de la séparation. Il semble donc y avoir une correspondance entre l'impossibilité de demeurer en présence de l'amant et le désir du départ qui empêche le nomade de se fixer quelque part.

À cette impossibilité, on peut associer, bien sûr, la difficulté de vivre dans la marge, puisqu'il y a toujours, chez Thibodeau, une insistance sur la clandestinité de l'acte amoureux, comme si le caractère marginal de l'amour entre hommes augmentait le plaisir. Mais il y a autre chose. Désirer un homme, c'est réclamer la ressemblance. Or cela est contraire à son programme, qui vise à faire l'expérience de l'altérité, et nie le principe d'altérité qui fonde le rapprochement de Dieu et de l'être aimé qu'on trouve chez les mystiques musulmans. Ainsi on assiste non pas à une *assimilation de Dieu à l'amant*, mais à *une altération de la nature de l'amant*, dès lors tiré du côté de l'Autre, ce qui du coup donne à la relation amoureuse un caractère paradoxal, en la rendant à la fois conforme à la quête et impossible : on ne peut s'attacher à l'Autre sans en faire du même. On ne saurait donc s'arrêter trop longtemps auprès de l'amant. On ne fait, là encore, que passer.

Et quand, dans *La traversée du désert*, le narrateur se laisse emporter par le désir et le plaisir amoureux, c'est lui qui voit sa nature altérée. Déjà présente dans la première partie du livre, alors que le voyageur voit peu à peu s'estomper les marques de son identité[10], la métamorphose prend toute sa force dans la seconde partie où s'opère une véritable transformation. C'est alors que le poète désire l'étreinte du paysage. Plutôt que de chercher à modifier sa vision du monde, il consent à l'oubli de celle-ci et soumet son corps — où il descend et se tient de plein gré — aux mouvements du désir, à l'attraction de la terre et de l'ombre.

> Qu'une nuit efface l'image qui m'habite, et vidé de mon souffle,
>
> Qu'une nuit me transforme et qu'une nuit me sangle ;

---

[10] « Ma voix a changé : j'en suis sûr, ma voix me fait peur.
La poussière l'a rendue rauque et grave, elle a perdu son iridescence.
Plus rien ne la supporte, le vent me l'a ravie.

J'écoute le chanteur de qawwâli : tant mieux si ma voix s'est perdue
dans la sienne. La parole me suffit, comme elle se donne à la musique. » (p. 74)
Aussi :
« Quand je fuirai, oubliez-moi comme d'autres ont oublié leur chant,
Leur histoire, leur patrimoine en débris,
Les lignes de leurs mains, le giron déserté de leur mémoire. » (p. 159)

> Oh ! que vienne le cycle des métamorphoses ! (p. 185)
>
> La lumière fuit en mon corps : arrive au sous-bois, voyageur,
>
> Que mes branches t'enlacent comme des algues sublimes. (p. 193)

Prenant place dans le paysage, il prend a place du paysage. Une fois le voyageur métamorphosé et prenant sur lui les attributs de l'altérité, il n'y a plus d'obstacle à l'identité de l'Amant et de Dieu, et dès lors il peut s'abandonner aux plaisirs amoureux sans cultiver le remords.

Cette actualisation de l'expérience amoureuse est une autre façon de maintenir l'écart, de vivre l'exil et de relancer l'écriture, puisque « [é]crire serait, dit Edmond Jabès, [...] se tenir sur le fil de la coupure – coupure dans le mot, coupure dans le sens – ou, mieux, au sein même de la rupture sans laquelle je n'aurais, quant à moi, jamais accouché d'une ligne.[11] »

Le centre du discours

Le voyageur se soumet à une véritable ascèse, se contraignant à poursuivre la marche malgré la fatigue, refusant tour à tour l'ivresse, la complaisance, le mensonge. Cette rigueur du parcours a sans doute déterminé la forme du livre, résultant d'une construction méthodique qu'on pourrait attribuer au regard d'un cartographe soucieux de tracer des limites, des frontières, de se donner des repères afin de ne pas se perdre dans son errance.

Si l'on exclut l'année séparant la rédaction des deux parties du livre – où l'on pourrait voir, du reste, la traversée d'un désert poétique –, l'ensemble présente un trajet continu[12]. Chaque section est datée et située. *Le quatuor de l'errance* est écrit entre le 1er avril et le 1er août 1992, alors que le poète se trouve successivement à New Delhi, au Népal, au Pakistan, en Iran, en Turquie, en Grèce, puis à Rivière-Verte, en Acadie. *La traversée du désert* est écrit du 26 mai au 23 août 1993, alors que le poète se trouve à Ammân, Wâdi al'Mujib, Pétra, Jéricho, Jérusalem, et enfin Montréal.

Cette régularité spatiotemporelle est assortie d'un apparent désir de clarté. Minutieusement ponctuée, respectueuse des règles syntaxiques, la poésie de Thibodeau ne cherche pas à miner ou à déconstruire le sens, mais à le décupler pour mieux le disséminer. De même que la vérité ne

---

[11] Edmond Jabès, *op. cit.*, p. 135.
[12] Considérant le livre comme un tout, je désignerai *Le quatuor de l'errance* et *La traversée du désert* comme les *parties* du livre, et leurs subdivisions comme ses *sections*.

s'oppose pas au mensonge mais à une autre vérité, comme le fait remarquer Jabès, de même, dans cette poésie, l'élévation de la voix et l'ouverture sémantique ne viennent pas d'un effort de déconstruction ou de transgression de la syntaxe, mais de l'enchaînement des phrases, de leur juxtaposition, d'une construction dialogique, en somme, fondée sur ce double rapport de proximité et d'éloignement qui anime l'ensemble de l'oeuvre.

Fixées à partir de nombres et de thèmes précis, les contraintes d'écriture sont très rigides. *Le quatuor de l'errance* est divisé en sept sections, dont quatre chants (chacun de ces chants, par son titre et son thème, correspond plus ou moins à l'une des quatre étapes de la contemplation de la rose mystique). Chaque « Chant » est constitué de 21 poèmes ; chaque poème compte sept tercets, pour un total de 21 vers. Les chants sont précédés d'un « Prologue », séparés en leur centre par un « Intervalle » et suivis d'une « Épilogue », lesquels comptent sept poèmes de sept tercets chacun. *La traversée du désert* est composé de cinq sections, dont la première et la dernière comptent une seule page de longs versets. Les trois sections centrales, numérotées et titrées, comptent chacune 21 poèmes de sept tercets chacun. Ainsi reviennent sans cesse des nombres impairs (1, 3, 5, 7, 21), dont on peut par conséquent identifier clairement le centre, figure absolument essentielle au livre. Il s'agit en outre de nombres souvent associés à la mystique.

Chaque poème est construit suivant un cycle de rapprochement et d'éloignement du divin. Au début et à la fin du poème, nous sommes à la périphérie, dans le monde profane, dans l'étalement de l'ordre temporel. Plus on se rapproche de son centre, donc de la quatrième strophe, et plus le discours s'intensifie, plus il gagne en profondeur et plus on se rapproche de la lumière, du sacré. Chaque poème suit également une courbe ascendante puis descendante. Le même phénomène s'observe à l'échelle de chaque « Chant », à savoir que plus on se rapproche du onzième poème, plus le discours se densifie. Et au deuxième vers de la quatrième strophe de chaque onzième poème, le poète se demande : est-ce le centre du discours[13] ?

---

[13] Voici les strophes où cette question est posée :
« Chant premier » :
   « Et là venu quand plus personne, plus rien n'importait :
   Serait-ce le centre du discours ? le vertige est éteint,
   Les vêtements à l'abandon s'agitent dans le vent, dans le vide. » (p. 42)
« Chant deuxième » :
   « D'atteindre à de nouvelles certitudes, des accès se précisent :

Courbe ascendante, donc, dans *Le quatuor de l'errance*. Car dans *La traversée du désert*, le mouvement, pour reprendre le même schéma, se trouve inversé, le poème observant alors une courbe descendante. Il se produit dans cette seconde partie plusieurs choses déterminantes, à commencer par l'abandon au plaisir déjà évoqué. On n'y recherche plus Dieu en hauteur, dans les nuances ou la fulgurance de la lumière, mais « dans le sombre », pour reprendre les mots de Fernand Ouellette, dans les profondeurs de la chair. Si bien que cette traversée du désert est aussi bien une descente, non pas aux enfers mais en soi, dans l'humble consentement à l'appel de la chair, l'expérience de la soif, la douleur du déchirement, la conscience aiguë et exacerbée de l'absence, du silence, de l'attente. C'est qu'en chemin, l'identité entre le Verbe et la poésie a été soumise au doute qui s'est immiscé dans l'esprit du pèlerin. L'assimilation sans partage de l'élu et de l'Élu qui prévaut dans *La traversée du désert* agirait donc peut-être aussi comme un baume : baume de la consolation divine sur la déchirure face à l'imminence de la rupture ; baume de la caresse sur l'angoisse devant le silence de Dieu. Si l'on se représente maintenant les deux courbes en les effilant, chacune formant ainsi une pointe, l'une vers le haut, l'autre vers le bas, et qu'on les place l'une sur l'autre, suivant la construction du livre, on obtient une étoile, celle-là même qu'on trouve, doublée et superposée en croix, dans la rose des vents.

Cette représentation graphique aurait l'air d'un jeu gratuit si le mouvement n'était repris constamment sur le plan sémantique (dans *La traversée du désert*, le lexique relatif à la descente, à la chute abonde) et si, par deux fois, la clé de cette construction ne nous était donnée dans *Le quatuor de l'errance*. Dans le « Chant troisième », d'abord, dont le titre est « La descente dans la caverne », et qui semble tracer le programme de *La traversée du désert*, on lit les vers suivants :

Serait-ce le centre du discours, là où l'arcane du secret se dévoile ?
Se recueillir, se fondre dans l'instant de l'Union. » (p. 69)
« Chant troisième » :
 « Ô Lumière ! je me repose sur Toi ! J'imagine des hymnes :
Serait-ce le centre du discours, cette nef souterraine,
Cette icône abîmée, profanée, cette pièce d'albâtre antédiluvienne ? » (p. 108)
« Chant quatrième » :
 « Être le lieu même où s'épanouit l'indicible relation
Menant de la connaissance à l'amour de Dieu. Être au centre du discours ?
En atteindre le cœur, boire à la coupe de Vie l'essence de l'Union. » (p. 137)

> Parois de l'intériorité, *miroir* du Son vital *au centre* de l'Amour. (p. 104)[14]
>
> On numérote des pierres, on les dispose en rangées
>
> Avant de les assembler ; on s'accroche au passé que la nature a défait.
>
> On se trompe ; sur un bloc, *l'écriture inversée*. (p. 118)[15]

Ensuite, dans le poème final, dont les derniers mots serviront de seuils aux trois étapes de *La traversée du désert* :

> Le poème s'évanouit, oh dépossession ! tout m'échappe : l'errance,
>
> L'ébauche d'un échec, ma vie entière s'égarant, courant à sa perte,
>
> Comme un chant du cygne dans le *miroitement des sables nomades*. (p. 160)[16]

« Miroitement », « Sables », « Nomades » : voilà les titres des trois sections de la seconde partie du livre. On l'a vu, l'errance, la solitude et surtout la quête spirituelle posent la question de la médiation poétique. Le poète a cherché le centre du discours dans un poème qu'il croyait susceptible de faire écho au Verbe, d'en rendre le souffle, capable, en somme, de le représenter, mais *Le quatuor de l'errance*, au cours duquel cette croyance est ébranlée, se termine sur un constat d'échec : tout fuit, à commencer par la poésie, tout échappe au poète nomade et ce centre qu'il a cherché sans cesse, il ne l'a pas trouvé.

S'il ne peut trouver le centre hors de lui, s'il ne peut l'atteindre par le discours, sans doute lui faut-il abandonner toute prétention à la représentation. Témoigner, ce n'est peut-être pas tant rendre compte d'une relation avec l'extérieur, pas tant configurer un *dit*, que descendre et se tenir présent en soi, maintenir la présence dans un *dire*. Or c'est là le projet de *La traversée du désert*. Trois mots, donc, marquant trois étapes au cours desquelles le narrateur sera amené à envisager le centre autrement, non plus comme une élévation, mais comme un approfondissement.

> Élégantes courbes des fascinations ! J'y adhère sur parole,
>
> Et non ! je ne suis pas au centre du discours,
>
> Son silence excite mes réserves de caresses et d'effusions sacrées ! (p. 184)

---

[14] C'est moi qui souligne.
[15] C'est moi qui souligne.
[16] C'est moi qui souligne.

Le miroitement des sables nomades

Miroitement. Reflet de la lumière, il apparaît à la conscience comme une révélation intermittente, un clignotement, ainsi que l'indique cette formule reprise à la façon d'un leitmotiv dans toute cette partie : « Et Dieu part, et Dieu reste. » L'idée du mensonge, de la tromperie, et par résonance de la trahison, connote également le vocable : faire miroiter quelque chose, créer de faux espoirs. N'est-ce pas d'ailleurs ce à quoi le narrateur est confronté, lui qui fait face à l'impuissance de la poésie après y avoir placé sa foi ? Mais ce miroitement, c'est aussi le projet même de *La traversée du désert*, le reflet inversé (qu'on songe au reflet des arbres sur un lac tranquille), la projection en creux du *Quatuor de l'errance* dans lequel il se trouve dès lors imbriqué. C'est une errance dans la parole même que cette traversée, une errance à l'intérieur du livre plutôt que dans ses marges ou dans le paysage.

> Souvenez-vous que le nom de Dieu est la juxtaposition de tous les mots de la langue. Chaque mot n'est qu'un fragment détaché de ce nom. […] Tout rapport entre l'homme et Dieu passe par le vocable. C'est pourquoi le juif, ne supportant pas les silences du Livre, s'est toujours employé à le commenter. Tout commentaire est d'abord commentaire d'un silence.[17]

La traversée du désert serait donc en quelque sorte un commentaire du *Quatuor de l'errance* en vue de l'approfondir. Or en glosant sur le silence qu'on reconnaît comme fondement du livre, on lui oppose une résistance.

> […] croyant pouvoir m'unir à vous, par les mots ;
>
> Je […] n'ai erré que par amour pour l'errance,
>
> Et voici qu'en vérité je vous le dis : je n'ai pas fini.
>
> Un soutien inébranlable m'active, et jamais sevré de départs,
>
> Malgré l'erreur, la déroute qu'engloutissent le souffle
>
> Et la marche, je repasse, j'arrache l'écorce des ifs. (p. 160)

Sables, c'est le sol du désert qui s'étend à perte de vue, également caractérisé par sa fluidité, sa malléabilité, sa fuyance : le sable glisse entre les doigts, se dérobe sous les pieds, laissant en proie au vertige, aux effets trompeurs du miroitement, aux mirages. Balayé par le vent, il est prêt à tout engloutir, le moindre souvenir, la moindre trace. Ainsi, remar-

---

[17] Edmond Jabès, *op. cit.*, 142.

que Gabriel Bounoure, « [p]our le nomade, l'espace s'annule lui-même. Il devient un lieu nul dont les parties indifférenciées s'ajoutent inutilement aux parties.[18] » Dans le paysage désertique, le même ne s'oppose pas, n'est pas annulé par l'autre, mais par le même additionné au même, succédant au même. Ainsi l'étendue des sables, question creusée à même le livre, espace du nomadisme poétique, n'est pas animée par un rapport d'opposition, mais plutôt par un rapport de consécution qui se mue en rapport d'inclusion.

> On n'a pas assez approfondi, me semble-t-il, la métaphore essentielle que constitue le sable dans la Genèse. C'est seulement dans le désert, dans la poussière de nos paroles, que la parole divine pouvait être révélée. Nudité, transparence d'une parole qu'il nous faut, à chaque fois, retrouver pour espérer parler. L'errance crée le désert.[19]

Le désert que traverse le voyageur ne serait donc pas un lieu habitable, mais une mesure de la distance qui le sépare du monde et de Dieu. À l'image de la mémoire, le désert se donne comme un lieu à sécréter, à créer, mais aussi bien à oblitérer, ou plutôt à enjamber, de manière à ne pas l'entamer et à le reporter sans cesse devant soi, à le projeter sur l'horizon. Marcher sur les « sables nomades » est une façon de demeurer au seuil du désert.

> Un jour, *incha'Allâh !* je connaîtrai la paix, et ce jour-là, *macha'Allâh !*
>
> Tu m'auras épargné le retour, car Tu es le Centre, Tu es le Discours,
>
> Et nous serons unis pour l'Éternité, comme la pierre et le feu. (p. 240)

Ainsi l'espace nomade s'ouvre sans cesse devant soi, il est ce lieu encore innommé, où la voix ne s'est pas encore déployée. Le vide gardé à l'état de vide, la poésie maintenue à l'état de virtualité. « *M'arrêter en chemin signifierait privilégier ce chemin au détriment d'un autre. J'avance, incertain. L'avenir, je le sais désormais, est sans trace* » (p. 165), écrit Jabès, dans une épigraphe à *La traversée du désert* où il est également question de « l'oubli du chemin ».

Nomades, pour qualifier non pas *le* sens mais *les* sens du parcours, la sagesse du livre qui, se donnant comme lieu du déplacement et mode de questionnement, coïncide avec le désert, crée le désert. En hébreu, le mot

---

[18] Gabriel Bounoure, *E.J. ou la guérison par le livre. Lettres Nouvelles*, juillet-sept. 1966, cité par Edmond Jabès, *Le livre des marges*, Paris, Fata Morgana, 1984 [1975], p. 21.
[19] Edmond Jabès, *op. cit.*, p. 101.

« désert » signifie littéralement « dans la parole ». Par ailleurs, Jabès rappelle que

> l'un des noms de Dieu en hébreu est *Hamakom* qui signifie : Lieu. Dieu est le lieu – comme le livre. […] Dieu, à travers Son Nom, est le livre. C'est pourquoi j'ai noté dans l'un de mes ouvrages qu'on n'écrit que dans l'effacement du Nom divin – du lieu.[20]

Le retournement

Des rabbins qui reviennent constamment dans ses livres, Jabès dit qu'ils sont

> les interprètes privilégiés du livre. Pour eux, trouver Dieu c'est le trouver dans le livre, à travers le mot qui se cache derrière le mot, comme s'il y avait toujours un livre dans le livre et que c'était bien celui-ci qu'il s'agissait, en fin de compte, de décrypter au-delà du texte, du signe même. Écriture blanche, en somme, dans l'écriture.[21]

Le désert serait donc, à l'intérieur du livre, ce « paysage mental », pour reprendre l'expression de Kenneth White, cette plage ouverte dans la présence de la voix à l'écoute du vide et accueillante de l'oubli. Et traverser le désert serait en définitive descendre à l'intérieur du discours, lequel du coup se trouve affranchi de sa fonction de représentation pour devenir pur mouvement. Ce serait, à la manière de ce dernier vers qui s'invagine, revenir sur ses pas, retourner le langage sur lui-même, creuser le livre avec un autre livre à la recherche du sens.

« L'écrivain, dit encore Jabès, comme l'historien, prête un sens au passé mais, contrairement à ce dernier, il détruit le passé en lui donnant forme. L'écrivain ne cherche pas à être le témoin. Il est seulement à l'écoute des mots qui tracent son avenir. »[22] Ce que ce non-séjour dans le désert lui donne à vivre, c'est l'oubli nécessaire à la métamorphose ; ce que « le miroitement des sables nomades » lui donne à voir, c'est le reflet de son altérité.

> Désertifiée […] la mémoire […] ; la source est tarie,
>
> Le retour vers Dieu n'est plus possible. Et je sais que bientôt
>
> Je me sentirai encore plus étranger chez les miens.
>
> […]

---

[20] *Ibid.*, p. 35.
[21] *Ibid.*, p. 74-75.
[22] *Ibid.*, p. 54.

> Ô vous que j'aime ! la vie me déchire comme le rideau d'un Temple,
>
> Et mon ciel s'obscurcit parmi vous, vous que j'aime. (p. 239)

Devenu impossible, le retour à Dieu par la poésie ; cette dernière, dont il a cru qu'elle le rapprocherait de Dieu et des hommes, l'a trahi : elle n'atteint que le vide.

> Ma vie ne sera toujours que l'esquisse d'une vie ;
>
> L'horizon, qu'un désir itératif ; *ce qui manque ne peut être compté* ;
>
> Obsédant, le vivant horizon goûte le sable et la cendre. (p. 250)

« *[C]e qui manque ne peut être compté* » : les paroles ne sont pas des pierres. Dieu, le désert, le livre, à jamais insaisissables, à jamais fuyants : voilà la déchirante révélation, ce que dévoile « le rideau [du] Temple » ; mais voilà aussi le salut de la poésie, ce qui la rend viable en dépit de son impuissance et qui la rapproche ultimement de Dieu : son caractère utopique qui la donne comme espace nomade, pure tension, mouvement, orientation, conversion.

> D'un amour à l'autre va le nomade, va, sans s'interrompre,
>
> Et l'odeur du jasmin l'accompagne dans sa ronde ; il s'en remet à Dieu,
>
> Tout Amour est divin : l'Amour va et vient, de l'homme à Dieu. (p. 245)

Alors qu'au début du parcours le doute mine la présence divine, au terme de la traversée, il mine la poésie, mais ce minage même, ce fouissement, cet affouillement en assure l'intégrité en la faisant coïncider avec le désert, en la rendant, en somme, au silence qui est à la source du chant. « Et sur toutes les routes du monde s'effacent mes traces » (p. 240)

> Entre-temps le désert. Notre amour comme une sonde,
>
> Le travail est fini. Le rêve m'encercle, s'épand ;
>
> Je m'éprends de la tâche à refaire entre chacun de nos pas, entre tes pas. (p. 245)

Ainsi s'accomplit la métamorphose, par laquelle le poète, en position d'ouverture et de total abandon, se laisse traverser, pénétrer par le désert comme par l'amour et le corps de l'amant, devenant lui-même le Lieu, le Livre.

> Entre le monde et nous va le nomade, va, et son allure est la mienne,
>
> D'une jambe à l'autre, et son maintien à contre-jour,

Son maintien calqué sur tes hanches me fascine et me coupe le souffle. (p. 245)

Et puisque « *ce qui manque ne peut être compté* », il importe enfin de se « libérer des griffes du Livre, pour trouver enfin le Lieu » (p. 250). Alors quand le poète écrit « [m]a vie ne sera toujours que l'esquisse d'une vie » (p. 250), il ne faut pas voir là un constat d'échec, mais plutôt un souhait, plus encore, un programme : faire de sa vie un avenir inentamé, une pure offrande à la présence, un chant. Rien devant que le désert, plus rien derrière que des traces s'effaçant[23], la poésie elle-même remise à Dieu[24], ainsi le livre se termine, comme il a commencé, sur des adieux, formant un cycle qui le désigne comme centre et renvoie le poète au désert.

Bibliographie

JABÈS, Edmond, *Du désert au livre. Entretiens avec Marcel Cohen*, Paris, Belfond, 1980.

_____, *Le livre des marges*, Paris, Fata Morgana, 1984 [1975].

THIBODEAU, Serge Patrice, *Le quatuor de l'errance,* suivi de *La traversée du désert*, Montréal, Hexagone, 1995.

_____, *L'appel des mots. Lecture de Saint-Denys Garneau*, Montréal, Hexagone, 1993.

---

[23] « Si vous saviez comme vous êtes loin, si petits ; je regarde par-dessus mon épaule et vous disparaissez, et tout est bien ainsi, je vous fais mes adieux, j'ai de la terre sous l'ongle et je m'en servirai pour signer. » (p. 255)
[24] « Ce que Tu m'a prêté, la Poésie, je Te le rends. » (p. 255)

Voyage, pèlerinage : La mort, le double et l'image dans *Pèlerinage d'un artiste amoureux* d'Abdelkébir Khatibi

Farid ZAHI,

Institut universitaire de la recherche scientifique, Rabat, Maroc

> *La lumière est venue à toi, prends-la donc, ne t'arrête pas au parchemin !*
>
> *Car celui à qui l'or a apporté son éclat fait peu de cas de ce qui est écrit avec l'encre. [...]*
>
> *Celui qui était mort et qui est devenu vivant est dès lors au-dessus des distances*
>
> Ibn Arabi[1]

> *Les mouvements de départ, de voyage et d'exode excitent mon imagination. Et il est bien connu que le mouvement d'écrire rappelle le voyage. Il est séparation, nostalgie, va-et-vient des traces et leur effacement, même en quelque sorte, avec des « pas assis».*
>
> Abdelkébir Khatibi et Jacques Hassoun[2],

De tous les romans d'Abdelkébir Khatibi, *Pèlerinage d'un artiste amoureux* semble le plus proche d'un autre texte qui a marqué l'histoire de la littérature maghrébine de langue française : *Le livre du sang*, publié chez Gallimard en 1979. Il s'agit de deux textes où le jeu du sacré et de l'érotisme, du double et de l'altérité active organise le récit. Car, soulignons-le d'abord, l'écriture chez Khatibi est une mouvance permanente de la pensée et de la mise en image d'une réflexion sur l'être et les choses, sur la mémoire personnelle et ses traces réelles et imaginaires. Si *Le livre du sang* est une incantation mystique traversée par la passion du corps et travaillée par la figure du double, *Pèlerinage d'un artiste amoureux* est construit autour de l'interface (souvent invoquée par Khatibi) du religieux et du mystique, du voyage et de la pensée, de l'art, de l'érotisme et de la mort. Dans ce récit, les personnages obéissent au rythme de la

---

[1] Ibn Arabi, *La profession de foi*, trad. Roger Deladrière, Paris, Sindbad, 1985, p. 258-259.

[2] Abdelkébir Khatibi et Jacques Hassoun, *Le Même livre*, Paris, éd. De l'éclat, 1985, p. 106.

quête généalogique et à l'exploration de la mémoire personnelle. En effet, ce texte reprend de façon romanesque l'histoire personnelle du grand-père de l'écrivain et sa migration de Fès vers la ville portugaise du littoral atlantique, Mogador (El Jadida), à la fin du 19e siècle.

Comme le montrent bien ses divers écrits sur l'islam, la sexualité dans le Coran, le personnage du prophète et la calligraphie islamique[3], Khatibi est l'un des rares écrivains maghrébins à s'être intéressé à l'héritage arabo-musulman, au couple religion-mystique et aux diverses manifestations marginales de la pensée musulmane, qu'elles prennent la forme d'écrits mystiques ou d'écrits érotiques[4]. Son parcours si varié nous donne à penser qu'un travail minutieux sur la langue et sur toutes ses potentialités pensantes fut mis à contribution pour soutenir une telle production textuelle qui semble suivre les divers mouvements de sa pensée, de ses propres interrogations. Chez Khatibi, la notion globalisante de l'écriture est poussée à son paroxysme, de telle sorte que le récit s'érige d'abord comme un essai et tente par la suite d'élaborer inlassablement des traversées fictionnelles. Ce qui crée en fin de compte une écriture fragmentaire aux tons divers, nourrie de diverses sources imaginaires.

Par ailleurs, force est d'insister sur l'inscription de ce roman dans une tendance nouvelle de la littérature maghrébine de langue française qui vise à s'approprier de façon profonde l'islamité du Maghreb et à mettre en fiction un aspect fondateur de l'imaginaire maghrébin, à savoir la religiosité intrinsèque à l'individu et ses dimensions existentielles et imaginaires. Ainsi, à l'instar de *Loin de Médine* d'Assia Djebbar (1992) et de *L'Homme du livre* de Driss Chraïbi (1994), Khatibi, sans se dessaisir de sa passion pour l'autobiographique, s'oriente vers une mise en récit de son rapport à l'islam. Ainsi qu'il le mentionne lui-même dans le prologue du commentaire de la révélation au prophète Mohammed :

> Je ne ferais pas le tour d'une généalogie si je précisais que le prénom de mon père, Ahmad, est lui-même un des surnoms du prophète Mohammad. Mohammad et Ahmad ont le même radical, le verbe hamida : louer. Je suis né le jour d'une fête sacrée, Aïd el Kébir, d'où mon prénom, qui est un des mythes de tout ce que j'écris.[5]

---

[3] Voir notamment: Abdelkébir Khatibi et Mohamed Sijelmassi, *L'art calligraphique de l'Islam*, Paris, Gallimard, 1994; « Du message prophétique, argument » et « Profession d'Iblis » dans Abdelkébir Khatibi, *Par-dessus l'épaule*, Paris, Aubier, 1988, et «La sexualité en Islam», dans *Idem, Maghreb pluriel*, Paris-Casablanca, Denoël-SMER, 1983.
[4] Voir à ce propos: *Idem, La blessure du nom propre*, Paris, Denoël, 1974.
[5] *Par-dessus l'épaule, op. cit.*, p. 89.

À cet égard, il est significatif de mentionner que le désir autobiographique s'est manifesté sous cette forme depuis *La Mémoire tatouée* (1971). Ce texte emblématique de la littérature maghrébine de langue française traduit un intérêt pour l'islam par le biais d'une quête qui met en perspective une double généalogie, à savoir personnelle et prophétique (parce qu'on ne partage le nom du prophète que pour en suivre l'image symbolique). Se construire un passé et, par la même occasion, repenser le devenir d'un pays, telle est la double visée de ce roman où la mémoire se met en scène et en mouvement à travers le voyage et l'interprétation.

Le récit comme énigme, le voyage comme quête de soi

Nous sommes en 1898. C'est à la suite de pluies diluviennes que Raïssi, artisan de renommée à Fès, entreprend la restauration du patio de sa maison traditionnelle et, à sa grande surprise, fait une découverte imprévisible qui va changer radicalement sa vie. De citadin moyen et casanier, il va se retrouver sur le chemin du voyage. Un voyage qui va l'amener à la Mecque, puis vers une ville du littoral atlantique où il s'installe définitivement. Ainsi, de voyage en voyage, le protagoniste reconstruit lui-même ses raisons d'être, sa conduite, et expérimente ses potentialités en tant qu'homme moderne, assimilant profondément les changements qui affectaient, à l'aube du siècle dernier, le Maroc et la totalité du monde arabo-musulman.

La plongée dans les méandres inextricables de cette période cruciale du passage du 19e au 20e siècle, période qui allait connaître les prémisses de la domination occidentale sur le Maroc, de l'entrée du pays manu militari dans une modernité forgée à coup de canons et de mitraillettes, est une invocation d'une mémoire généalogique et d'une passion pour l'ère coloniale que Khatibi n'a cessé d'interroger en tant que sociologue et écrivain[6].

Raïssi, personnage principal du roman dont le nom est dérivé du mot arabe ra'asa (guider, présider) et dont les ramifications tournent autour de cette signification primordiale, semble dès l'abord indiquer aussi la racine (la tête). Ce sens étymologique (la tête étant considérée dans la langue et la culture arabe comme la racine du corps) fait vaciller le nom entre le passé et le présent : le passé du récit et le présent de l'écriture, de l'écrivain et de sa mémoire en mouvement. Racine, en effet, qui se transforme

---

[6] On doit à Khatibi, du temps de son « exercice de sociologue », plusieurs textes sur l'ère coloniale, dont: « Bilan de la sociologie au Maroc: 1912-1967 », « Décolonisation de la sociologie », « De la hiérarchie précoloniale », réédités dans *Chemins de traverse, essais de sociologie*, Rabat, IURS, 2002.

en source du récit et de sa généalogie personnifiée et personnelle. Comme si à travers la quête narrative de cette « mémoire tatouée » par l'histoire d'un Maroc autre (celui dont Raïssi est le témoin vivant) se construisait l'histoire individuelle (le récit), écrite au rythme de cette quête et de ses possibilités revivificatrices. Aussi, la trouvaille (le kanz, le trésor) déclenche-t-elle à la fois la quête (réelle, telle que l'écrivain l'entreprend) et le récit (tel que tout un chacun peut le lire). Il s'agit d'une double quête qui met en perspective l'acte d'écriture en tant que textualité construite et reconstruite au gré des voyages multiples d'un personnage dont le destin a été forgé (pour notre plaisir de lecteurs) par un message, mais également par un autre récit.

C'est donc sous le signe du double que le roman s'esquisse, nous transportant d'emblée dans la sphère du mystère et de l'interprétation, plus particulièrement avec le passage étrange de la lettre que Madroub trouve dans le mur de la maison, à côté de laquelle se trouvent aussi les ossements d'une femme non moins mystérieuse :

> Cette lettre est accompagnée d'une autre, adressée au prophète Mohammed. Elle est posée près de la tête de la femme qui est là, là où tu as mis la main. Cette femme est emmurée. Pourquoi l'ai-je fait? L'ai-je assassinée? Avant de porter ton jugement, écoute-moi, écoute mon ami, car celui qui découvre le secret d'un mort devient son ami. Oui, désormais tu es mon confident ultime.[7]

Le protagoniste se trouve contraint de comprendre et d'interpréter le récit énigmatique de cette personne surgissant de la mémoire du passé, d'une part, et d'accomplir les visées de son message, d'autre part. Devenu messager malgré lui, Raïssi va vivre d'entrée de jeu l'expérience d'une mission et, inconsciemment, se trouver dans une position similaire à tout messager, voire au Messager par excellence, soit Mohammed le Prophète. Ce jeu de substitution nuancée que nous éclaircirons plus tard s'avère une donnée principale de toute traversée, si ce n'est de toute initiation mystique. Mystique, elle l'est notamment par cette mimésis incontournable de l'être mohammadien, qu'Ibn Arabi et bien d'autres mystiques musulmans ont mis en exergue tant dans leurs écrits que dans leur vécu.

Revenons tout d'abord à la vie mystérieuse de Madroub relatée dans sa lettre-récit. Comme il est noté judicieusement dans le roman (p. 21), Madroub est un mot du dialecte arabe qui signifie : frappé (par la dé-

---

[7] Abdelkébir Khatibi, *Pèlerinage d'un artiste amoureux*, Paris, Du Rocher, 2002, p. 11. Dorénavant, les citations issues de ce livre seront suivies du folio entre parenthèses.

mence), fou ou majdoub. Si l'on se réfère effectivement à la mystique populaire, les majadibs, les hommes en transe permanente, sont de par les situations qu'ils vivent au quotidien, à la limite de la folie et de la sagesse. La femme que Madroub aimait est elle-même une sorte de fantôme, un fantasme révélateur d'un amour paroxystique. Elle se nomme « Caftan tacheté de passion », véritable métaphore de l'amour impossible qui consiste à propulser son amant dans les méandres de la déraison fatale. Ainsi, on se trouve devant un conte populaire marocain sorti derechef des *Mille et une nuits* et ayant été adapté au grand et petit écran par des cinéastes marocains[8]. Un conte fatal en dernière instance, puisqu'il débouche sur la mort de Madroub frappé par la folie et interné durant toute sa vie, et sur la vie que constitue la mission dont se chargerait toute personne découvrant la lettre emmurée. Cependant, il s'agit également d'un conte qui trouve ses origines séculaires dans l'imaginaire arabo-musulman depuis la période préislamique. Maints savants, dont le fameux Al Jahiz dans sa célèbre encyclopédie *Al Hayawân* (Les Animaux)[9], en ont rapporté la véracité. Le mariage des humains avec les djinns, leur passion pour la beauté ineffable des djinns femelles a été l'objet de plusieurs chroniques, corroborées dans leur « véracité » par une littérature musulmane abondante sur le pouvoir de ceux-ci à prendre une forme visible et à séduire les êtres humains.

Entre l'Histoire et l'histoire, comme le note parfaitement Paul Ricœur[10], il y a bien une complicité active, laquelle réinvente la vie des morts dans celle des vivants et vice-versa. Comme programmé par la lettre, Raïssi se trouve investi par une mission qu'il accomplit non pas exclusivement pour la paix de l'âme de Madroub comme le stipule la lettre, mais aussi pour son propre compte, puisque en tant que messager, il va accomplir un voyage rituel qui changera complètement le cours de sa vie. En fait, sa vie était déjà en cours de changement, car Raïssi allait vivre un parcours amoureux similaire à celui de Madroub, plus marqué par le double que par la mort, mais sans pour autant échapper à son tra-

---

[8] En effet, le film de Moumen Smihi (*Le Caftan d'amour*, 1987) porte ce nom comme titre. Un autre téléfilm de Hamid Bennani (*Echo dans le miroir*) reprend le même thème à partir du conte « Aziz et Aziza » des *Mille et une nuits*. Ce qui conforte la similitude des deux contes et leur parenté possible.

[9] *Les Mille et nuits* portent les traces de ces mariages hybrides. À ce propos Jamal Eddine Bencheikh écrit: « seul un pacte d'amour peut lier un homme à un génie et sceller l'alliance de leurs mondes respectifs.» (*Les Mille et une nuits ou la parole prisonnière*, Paris, Gallimard, 1988, p. 208.)

[10] Paul Ricœur, *Temps et récit*, Tome I, Paris, Seuil, 1983, p. 114-115.

vail feutré, puisque l'amour impossible débouche immanquablement sur la mort, comme le confirme une pléiade de récits dont le célèbre recueil de Sarraj : *Masâri' al uchâq* (La mort guette les amoureux). Tombé amoureux d'une Sicilienne (à cette époque les femmes roumies, turques et grecques étaient les privilégiées parmi les courtisanes des grandes maisons du pays), femme mariée sans enfants, il lui révèle l'histoire de la lettre. La mise en garde de celle-ci est sans équivoque :

- Réfléchis, c'est la parole d'un fou !

- Oui, mais elle m'ouvre un horizon, elle m'offre un pèlerinage, un voyage à l'étranger, à l'orient. Je guérirai peut-être… (p. 27).

La décision finale que prend Raïssi de se rendre à la Mecque s'avère une possibilité d'ouverture sur l'autre, dans toutes les acceptions du terme : l'étranger, le divin, la terre sacrée… Elle survient après la fête de naissance de son « fils », un fils qui ne portera jamais son nom et qu'il partagera avec le mari de la Sicilienne. Sa mère commente cette décision : « Une femme t'a ensorcelé ». N'était-ce pas le cas également pour Madroub ? La folie de Raïssi allait-elle être levée par le pèlerinage ?

À l'instar de Madroub, Raïssi tombe amoureux d'une femme qui ne peut lui appartenir, pas plus que sa progéniture issue de cette union amoureuse illicite. Une femme aventureuse qui, d'ailleurs, le rejette dès qu'elle a un enfant de lui (la stérilité de son mari ne lui permettant pas d'engendrer). Une telle situation fait corroborer des points de similitude entre les deux personnages et déclenche dans le roman une structure événementielle et signifiante de parallélisme conforté entre le détenteur du message, le messager, et le destinataire du message. Il s'agit d'une similitude qui trouve son origine dans la conception soufie du divin, du prophète et du Saint, telle qu'elle a été élaborée par exemple dans le soufisme d'Ibn Arabi, et qui transforme le roman en une multitude de couches de sens que le lecteur est appelé à « déchiffrer » tout au long des itinéraires qu'emprunte Raïssi, lui-même lecteur-interprète de son parcours de voyage comme parcours initiatique.

Ainsi l'on est de prime abord introduit dans un univers où l'auteur associe l'imaginaire populaire et les canons de l'islam (le pèlerinage étant le cinquième pilier de l'islam à accomplir), comme si la vie n'était qu'une fiction inventée par l'autre, dont la pérennité est due à l'écriture, à la communication secrète des morts et des vivants. La lettre de Madroub étant la métaphore de son corps et de son destin se transforme en un appel à la quête de soi, laquelle est sous-tendue par l'intentionnalité mythique de retrouver les origines. Ce roman tente de réécrire le mythe de soi par la remontée aux origines de la famille, en usant de l'énigme et du conte. Une quête imaginaire qui exprime un désir de co-naissance[11].

Le désir autobiographique est en effet une renaissance à soi du récit et de l'écriture qui prend en charge sa formulation lisible. C'est en effet ce désir qui met en scène la vie personnelle, la met en fiction et l'appelle à une concrétisation nouvelle par le biais de l'écriture. Il intervient comme texte et pré-texte, parcours spatial et historique, en une période cruciale dans la naissance du Maroc moderne. Il s'agit d'une occasion renouvelée pour l'auteur de mettre en scène des thèmes récurrents dans ses écrits : l'amour impossible, le jeu des langues, le double, la mort comme limite de la pensée, le voyage comme écriture ou réécriture en mouvement, etc. Cependant, ce roman est aussi une tentative de mettre en scène un nouveau rapport entre la religion et la mystique, basé sur un jeu de substitution et de perspectivisme alternatif.

Le double et les traces imaginaires

Une pluralité de dimensions se greffe à ce voyage, notamment lorsque l'on considère le titre du chapitre réservé au départ du protagoniste : « Voyage vers Dieu ». Selon les pèlerins et la littérature consacrée à ce pilier de la religion, ce périple, ce « voyage vers Dieu », se traduit communément par la visite de la tombe du prophète. Rappelons à cet égard que le premier voyage du prophète ou, plus exactement, son pèlerinage exceptionnel, était vers Al Qods (Jérusalem) qui était la première qibla (orientation pour la prière). Ce voyage s'est effectué à dos d'un cheval ailé, nommé Bouraq, qui atteignit le septième ciel selon la sira (récit de vie) du prophète. Il s'agissait en effet d'un voyage (imaginaire) vers Dieu. D'un autre côté, toutes les expressions consacrées relatives à la mort dans le monde arabo-musulman évoquent, d'une façon implicite ou explicite, un voyage vers Dieu. L'amitié avec le mort (Madroub) était-elle le signe de ce voyage dans sa double acception ou est-ce que tout voyage vers l'autre n'est pas en lui-même, à cette époque du moins, une expérience « périlleuse » de l'altérité absolue, d'autant plus que le vœu de tout pèlerin est effectivement de mourir en terre du prophète et de trouver tombe à ses côtés?

Tout concorde dans le texte pour ériger cette mort pensée et assimilée en une vie imaginaire, celle revivifiée dans le corps du pèlerin, celle encore d'une renaissance dans la figure mystique de l'image du prophète. Le pèlerinage vers la Mecque et Médine (lieu du tombeau du prophète)

---

[11] Jean-Paul Valabrega, *Phantasme, mythe, corps et sens*, Paris, Payot, 1980, p. 52.

est, d'une façon ou d'une autre, la répétition d'un acte originel, d'un rite que le premier homme de l'islam accomplit pour lui et pour ceux qui viendront après lui. Ainsi interprété, le pèlerinage révèle en tout un chacun, comme tout rite analogue, l'invocation en soi du Modèle archétypal, celui du prophète de l'islam. Ce n'est point un hasard, d'ailleurs, si le cheval que prend Raïssi dans son second voyage de Fès à Mazagan (El Jadida, lieu de naissance de l'auteur), s'appelle Barq (éclair) ; nom qui provient de la même racine que Boraq, qui est la monture du prophète de son ascension nocturne aux cieux si chantée par les mystiques de l'islam. Sa couleur noire corrobore bien notre propos. L'auteur parle également à plusieurs reprises de l'Ange qui guide les pas du pèlerin et veille sur sa destinée. Il s'agit d'un compagnonnage initiatique qui révèle au personnage, à chaque étape de son périple, les lois à respecter. À Malte par exemple : « Foule le pays de l'étranger en respectant sa loi » (p. 58) et en Alexandrie, alors qu'il allait succomber au charme d'une belle prostituée copte : « Ne te perds pas. Retiens ton souffle » (p. 101). Poussée à son paroxysme, cette identification à la figure du prophète à la Mecque, le jour de Arafat (mont sacré où le Coran a été révélé au prophète), couronne le processus d'intériorisation de l'acte religieux dans son origine mythique :

> La station commence à midi et se termine au coucher du soleil. Oui reste debout et ferme dans ta station. Approche-toi de l'esprit et fais confiance à ton endurance, à ta foi intime. […] Les mots que tu entends en ce moment sont proférés au fur et à mesure par l'ange qui te parle. […] il est le messager d'un texte, et non le scribe lui-même. L'ange n'écrit rien, il inspire… (p. 111)[12]

Identification frontale, certes, mais qui brise les règles de la narration pour établir un face à face discursif entre le voyageur et son image (son ange), et aboutir, par un jeu de substitution, à instituer cette démarche comme une finalité de la religiosité et du pèlerinage. C'est, par conséquent, cette fusion mystique médiatisée par le pèlerinage qui rend à Raïssi son moi perdu et lui donne goût au voyage. Rescapé d'un naufrage, il renaît à lui-même deux fois : par la vie reprise et par la fusion avec l'Autre acquise.

---

[12] Dans son analyse de la vie du prophète, Khatibi note: « Dès qu'il y a de l'écrit, il y a de l'illisible. Or s'identifiant au message et au Livre qui n'a été écrit par personne, Mohammed en devint habité. Il est, dans ce sens, le livre, le Livre qu'il ne peut ni lire ni écrire. Le livre il l'attribue à l'autre.» *Par-dessus l'épaule, op. cit.*, p. 88.

La conduite mystique impose au personnage un parcours parallèle, intérieur, un voyage dans l'espace et le temps, qui vise à démystifier les nouveautés des temps modernes, sans pour autant les nier (à partir d'une position traditionaliste), comme cela a été le cas des fuqaha (docteurs en théologie) de l'époque. À l'écoute de l'altérité artistique plutôt que du renouveau technique, le personnage tend à traduire les effets modernistes selon une esthétique mystique.

La première découverte de Raïssi qui le confronte à sa propre modernité n'est autre que l'électricité qui éclaire les rues de Tanger, invention inconnue à l'époque à Fès, sa ville natale, et dont seul le Palais royal en bénéficiait, selon les écrits de l'époque[13]. Lisons comment Raïssi intériorise cette innovation, sans pour autant exprimer l'enchantement attendu :

> Prétendre aussi qu'il ne prêta pas toute l'attention qu'il fallait pour découvrir Tanger, telle qu'elle était éclairée par l'électricité inconnue alors à Fès, ne mettait pas en cause son esprit observateur. Il se nourrissait d'une seconde lumière technique [...], lorsque debout sur l'échelle [...] il décorait le mur avec une extrême précision du geste. (p. 33)

C'est en effet cet esprit mystique tourné vers les traces intérieures qui va ordonner le voyage et ses péripéties, et lui conférer une double dimension : celle du «voir de vision optique » et celle du «voir de vision intérieure». Partagé entre les diverses expériences intérieures, le pèlerin trouve dans son parcours une doublure narrative et thématique à travers la réversibilité du regard et de la vision (du basar et de la basîra dirait le mystique). Le texte définit clairement cet aspect du personnage : « la foi mystique correspond à son tempérament hésitant et inquiet » (p. 33).

Le pèlerin se trouve constamment dans une position médiane entre le rêve et l'éveil. C'est ce que traduit cette parole adressée aux pèlerins par un Cadi près du bateau : « Le pèlerin est comme un aveugle qui voyage [...] Le pèlerin deviendra le voyage lui-même. Chacun sera sa propre Kaaba.» (p. 37). Défini ainsi, le pèlerinage comme voyage rituel et mystique devient une répétition infinie du voyage vers Dieu, comme l'auteur l'évoque au départ, et ce, avec toute la multiplicité de ses sens cachés et apparents : mort, ascension, rite initiatique, parcours réel et imaginaire dans l'espace.

---

[13] Gabriel Veyre, *Au Maroc, dans l'intimité du sultan*, trad. arabe de A. Hozal, Rabat, Joudour, 2003 [1905], p. 60-61.

D'ailleurs, lorsque Raïssi voit la mer pour la première fois, il se met à adopter cette stratégie cognitive particulière, qui s'applique instamment à interpréter le vu et le vécu, l'espace et la parole à travers une passion subjectivement hissée au rang de langage esthétique référentiel :

> Raïssi voyait se composer des formes géométriques dansantes entre l'eau et la montagne et la clarté du ciel. Naissance d'un monde nouveau qui se présentait à son regard captif, au point qu'il s'était demandé s'il ne devait pas ajouter ces figures vivantes aux dessins et décors, aux différentes formes qu'il extrayait du stuc. (p. 34)

Le voyage en mer est ainsi une invitation au silence, car « sous hypnose » (p. 46), le voyageur pèlerin vit ses rêves et réactualise sa mémoire. Une mémoire habitée par deux choses: son art et l'amour inextinguible pour la Sicilienne (d'ailleurs jamais nommée). D'autre part, Raïssi reproduit un acte très répandu et souvent relaté par les pèlerins lors de leurs voyages à la Mecque. Tout au long du parcours emprunté, il s'agit de visiter tous les Saints réputés des régions traversées. Ces visites rythment le voyage et accroissent la foi et la sécurité spirituelle du pèlerin. En somme, ce dernier accomplit plusieurs petits pèlerinages sur la route du grand pèlerinage. Les saints ne sont-ils pas considérés comme étant les personnes les plus proches d'Allah après le prophète? D'où l'intérêt pour les initiés de prendre contact avec les saints vivants ou morts, et de séjourner en leur compagnie pendant une durée déterminée pour acquérir le savoir nécessaire à la Voie mystique.

À Alger, le premier réflexe de Raïssi est de visiter le tombeau de Sidi Abderrahman, Saint protecteur de la ville. Puisque la renommée des saints est généralement relative à leurs prodiges, voici un récit qui expliquerait probablement les raisons de cette visite à Alger et la filiation mystique qui en découle :

> Sidi Ben 'Aouda [le dompteur des lions] était venu très fier voir Sidi Abderrahman, monté sur un lion, et comptait l'écraser de sa supériorité.
>
> - Où dois-je conduire mon lion pour la nuit? demanda t-il à son hôte.
>
> - À l'étable avec la vache.
>
> Rentrant dans la maison de Sidi 'Abderrahman, l'Oranais le trouve en compagnie de jolies jeunes filles et manifeste quelque étonnement.
>
> - La présence divine, dit Sidi 'Abderrahman, se laisse percevoir plutôt entre les pendants d'oreille et les tresses qu'entre les pics des montagnes.

> Le lendemain matin, Ben 'Aouda veut partir et va chercher sa monture à l'étable. Le lion n'était plus : la vache l'avait mangé ![14]

Cette légende en dit long sur ce que notre roman appelle l'amour. En effet, l'amour des femmes n'est nullement dissociable de l'amour divin. Pour Ibn Arabi, l'unio mystica est, elle-même, une unio sympathetica qui opère une permutation entre Dieu et la créature humaine, entre l'amour divin et l'amour de la femme, puisqu'on ne peut aimer Dieu — qu'on ne peut voir — qu'à travers une image sensible. D'une telle réconciliation naît la possibilité de voir Dieu. L'amour (mystique) se transforme alors lui-même en voyage, en pèlerinage spirituel[15].

Toutefois, ce qui ravive le regard presque aveugle de Raïssi n'est autre que la richesse visuelle de la nouvelle civilisation. Fasciné par le foisonnement des images, il se sent interpellé, lui l'artiste des images-signes, de la forme et de leurs associations secrètes :

> Raïssi s'attarda un moment devant une affiche publicitaire : un palmier, une gazelle, une femme voilée, une dune de sable [...].
>
> Après l'ombre et la photo, la carte postale, voici la publicité : où mène ce kaléidoscope? Artiste de la décoration, Raïssi était captivé par ce défilé de signes et d'images. (p. 48-49)

À l'instar des voyageurs musulmans en terre européenne, notamment au 18ᵉ et 19ᵉ siècles, ambassadeurs ou messagers officiels, le pèlerin n'éprouve pas de fascination immense pour ces images figuratives, qu'il ne peut que remarquer dans les places publiques sous forme de statues et dans les espaces privés sous forme de tableaux. Seuls quelques voyageurs ont fait l'éloge de leur surprenante analogie avec le réel. Question ardue, puisque l'islam malékite, ou plus exactement une certaine interprétation des dits du prophète, a prohibé la représentation imagée des êtres vivants.

C'est plutôt à Malte que cette question est soulevée de façon plus explicite, puisque durant plusieurs siècles l'empire ottoman n'a cessé d'encourager la pratique des miniatures, voire même de la peinture. Questionné par l'Imam de Malte sur le portrait de Soliman le Magnifique, pro-

---

[14] Émile Dermenghem, *Le Culte des saints dans l'islam maghrébin*, Paris, Gallimard, coll. «Tel», 1980, p. 12.

[15] Henry Corbin écrit à ce propos: « C'est donc l'imagination active qui réalise la mise en sympathie de l'invisible et du visible, du spirituel et du physique. C'est par elle qu'il est possible déclare notre Cheikh, 'd'aimer un être du monde sensible dans lequel on aime la manifestation de l'Aimé divin' » *L'imagination créatrice dans le soufisme d'Ibn Arabi*, Paris, Flammarion, 1977 [1958], p. 124.

tecteur ottoman des arts, notre personnage fait plutôt l'éloge de l'artisanat :

- Non. Au Maroc, nous ne fabriquons pas d'images, mais de l'imaginaire réalisé.

- Réalisé?

[…]

- Oui, mon art est celui de l'harmonie stable, entre la matière, la forme et le signe décoratif.

- C'est cela même que nous devons chercher dans la vie et devant la mort. (p. 57)

Avec ses formes épurées, ses traits minutieusement dessinés au-delà (ou en deçà) de la luxure mimétique de la peinture figurative, telle qu'elle s'est développée en miniature orientale et notamment dans l'art occidental, d'une part, et le goût attesté pour la mystique — qui, elle-même, est une abstraction transcendantale de la figure réelle du corps —, d'autre part, les arts traditionnels du Maroc font concorder l'abstraction géométrique et florale. Étant l'un des rares écrivains maghrébins à s'être penché sur la question, Khatibi est l'auteur de trois beaux livres sur l'art musulman et le corps oriental et de plusieurs textes où il ne cesse de mettre en exergue cette relation entre l'art et le divin[16].

De fait, entre la réalité imaginaire des effigies, des statues ou des fresques et peintures occidentales et l'imaginaire réalisé de la calligraphie et des arts de l'architecture arabo-musulmane se dresse une conception du divin et du Paradis. Le prophète n'a-t-il pas promis aux fidèles, selon Ghazali, un marché d'images au Paradis qui sera la récompense iconophile de leur acte de chasteté envers les images[17]? Rappelons à ce propos que le mot sura (image) en langue arabe veut dire aussi bien corps, qu'image proprement dite, ou visage, écriture, idole, ombre, représentation, signe. Cette polysémie explique bien, dans la mémoire de la langue arabe, pourquoi l'interdit de l'image, tel qu'il a été énoncé par la loi musulmane, touchait l'identité du corps humain en tant qu'il est émanation animée et figurale du divin. L'échange entamé avec le prêtre maltais introduit Raïssi à la tolérance et au respect de la différence. Aussi, aucun refus ou autre forme de dénégation ne vient s'installer dans sa parole ou

---

[16] Abdelkébir Khatibi, *L'Art calligraphique de l'Islam*; Abdelkébir Khatibi et Ali Amahan, *Du signe à l'image*, Casablanca, Lak international, 1995.
[17] Cf. notre livre: *Le corps, le sacré et l'image en Islam*, (en arabe), Casablanca-Beyrouth, Afrique-Orient, 1999, p. 115 et supra.

sa réflexion. Ce qui permet d'engager le dialogue et de maintenir la différence avec l'autre :

- Oui, nous aimons contempler nos images.

- [...] L'art est créé par l'homme, lequel est créé par Allah. Aucune idole figurée n'est licite.

- Il y a des miniatures persanes, turques, irakiennes.

- Nous n'avons pas d'images consacrées au prophète, ni à sa fille Fatima. Le prophète est orphelin d'image représentée. (p. 63)

Le voyage étant le parcours menant à l'autre, la découverte de cette altérité devient la visée immanente au déplacement, lequel instaure un dialogue fructueux autour des questions essentielles (pour l'artisan-artiste). Comme l'ont fait avant lui plusieurs voyageurs et émissaires marocains en Orient, le narrateur s'interroge : « Peut-être, plus il s'orientera vers la Mecque plus il connaîtra l'Occident dans sa face extérieure. Alors sa foi sera réceptive aux autres croyances. » (p. 52)

Cette réception reprend les célèbres vers d'Ibn Arabi chantant l'union ultime entre les trois religions monothéistes et qui conforte la position tolérante de l'artiste amoureux au-delà du fanatisme et de la différence sauvage caractéristique des écrits des Marocains de l'époque. En effet, sans être un roman historique, ce texte est une relecture d'une des grandes problématiques qui ont marqué la renaissance arabe au début du siècle dernier, à savoir le rapport avec l'Occident. Dans le contexte historique actuel, cette position met en exergue la coexistence séculaire des religions en Andalousie et en terre maghrébine et arabe, celle chantée par Ibn Arabi dans son célèbre *Interprète des passions* et que Khatibi considère comme une expérience de l'hospitalité et comme horizon et promesse de l'autre[18].

La réinvention du désert

Reprenant pour notre propre compte le titre de l'un des chapitres de ce roman, « l'invention du désert », nous pouvons à présent étendre notre proposition selon laquelle le pèlerinage de Raïssi est imaginaire dans la mesure où il réinvente non seulement le départ mais aussi l'espace. Aussi l'espace (mer, ciel, navire) semble-t-il obéir à ce qu'on pourrait nommer la transcendance du sensible. L'auteur avait ailleurs insisté sur le rapport problématique de la description : « La description : je n'ai jamais su

---

[18] « Politique et tolérance » dans Abdelkébir Khatibi, *Chemins de traverse*, op. cit., p. 277.

l'exercer avec une acuité anatomique. Poser le regard sur chaque détail, le construire en ligne de pensée »[19]. Animé par une recherche de l'intériorité, le regard du voyageur est en perpétuelle posture d'interprétation du monde extérieur, ce qui exprime sans aucun doute une appropriation esthétique et mystique de la nature. Ainsi, face à la mer, avant le naufrage qui constitue une rupture et une expérience de la mort, la contemplation esthétique et mystique s'active intensément au point de transformer le personnage en artiste moderne :

> Il aimait cette démesure fluide qui résistait à la folie bleue du ciel, à ses turbulences extensibles... [...] Aimantation d'où pouvait jaillir toute beauté sidérale, tant la couleur fascinait Raïssi qui jouait avec son regard et sa force scopique, sensibilité si fine qu'il était attentif au moindre trait qui dérange l'ordre de la ligne de l'horizon et ses turbulences. (p. 65)

Traduisons ainsi : l'artiste naît de la lumière, il en meurt. Ce passage introduit une confrontation de la perception et de la méditation, une transfiguration du sensible qui donne naissance à l'image, à la nature comme métaphore en mouvement de la création. D'où ce « double pas du texte » dont parle Khatibi à propos de Segalen[20], lequel est la face lisible du double pas du voyageur vivant la double expérience du regard et de l'image de soi. Cette expérience d'écriture de voyage inscrit le vécu imaginaire des personnages dans un processus de métaphorisation qui rallie la subjectivité de la narration et sa tendance à instaurer une relation spéculaire complexe avec le « réel ». Le roman actualise cette démarche selon deux dimensions connexes lesquelles, dans ce qu'elles présentent comme jeu pour le lecteur, se révèlent plutôt jeu de miroir intérieur qu'extérieur. En effet, Khatibi considère le voyage comme une promesse comparable au rêve. Entendons-le : comme un don et une ouverture. Il est une révélation de soi sinon une transfiguration du voyageur puisque celui-ci se découvre hors de ses propres limites[21]. Aucune différence donc entre l'acte d'écrire et l'acte de voyager, si ce n'est celle d'inventer son propre parcours et ses visées tant intimes qu'ultimes. En témoigne fortement cette assertion du narrateur, dont le plaisir d'approfondir ce jeu de miroir et du double est on ne peut plus apparent : « C'était un double voyage, ils allaient vers la Mecque et la Mecque allait vers eux » (p. 104). C'est cette même situation qui amena Hallaj, l'un des plus grands

---

[19] *Idem, Par-dessus l'épaule*, p. 66.
[20] « Célébration de l'exote », dans *Idem, Figures de l'étranger dans la littérature française*, Paris, Denoël, 1987, p. 42.
[21] *Ibid.*, p. 34-35.

mystiques arabes, à se construire une Kaaba en miniature et à effectuer le pèlerinage sur place.

Par ailleurs, ce double regard et cette réversibilité de l'espace intérieur et extérieur témoignent d'une expérience esthétique que plusieurs peintres modernes ont vécue. Merleau-Ponty parle à cet égard de la « métamorphose du voyant et du visible »[22]. De là vient ce vocabulaire de la plénitude et de l'anéantissement, ce langage qui fait alterner l'image réelle et l'image pensée, vécue intérieurement comme transcendance.

Le naufrage du bateau introduit un nouveau parcours et une expérience de la mort et de la survie, de « la mort vivante » (p. 67). Les rescapés échouent sur une plage qui borde le désert (celui de l'actuelle Libye probablement). De la mer au désert, l'expérience du vide et du silence sidéral prend toute son ampleur existentielle et les traces du visible et de l'invisible deviennent interchangeables selon la perception du voyageur. « Ce silence extraordinaire du désert » (p. 75) est aussi une épreuve du vide et de l'oubli et une envolée vers les empreintes célestes de la méditation :

> Il regarda le ciel, les constellations orientaient ses yeux, les libérant lentement de leur dissymétrie. Aussi fut-il guéri par ce transport onirique. Chaque signe qui lui parvenait du ciel était instantanément enregistré dans sa mémoire astrale. Elle lui ouvrait un des secrets du monde, révélée par cette insolation. (p. 78)

Errant dans le désert, en proie aux mirages, Raïssi érige le silence en phénomène essentiel du désert duquel tout découle. Car, en effet, c'est « ce silence [même qui] crée des mirages de la vue et de l'ouïe » (p. 79), non le soleil ou le sable. Expérience fondamentale de l'errance, le désert désoriente, et son silence « nettoie, déplace les perspectives [et] encourage le marcheur à aller d'un pas furtif » (p. 79). Cependant le guide de la caravane qui prend les rescapés sur sa route fascine cet errant sorti de la détresse :

> Un personnage qui à son tour invente le désert et lui donne forme, un architecte de la trace mobile, frère du vent et de la constellation. Il guide la caravane par la lecture du ciel, et quand le vent efface tout chemin visible, il est sur la trace de la trace. Le premier détective de la filature professionnelle. (p. 81)

Raïssi s'approprie le désert et ses secrets par le truchement de ces voyageurs professionnels, maîtres des dunes et des routes non battues. Il

---
[22] Maurice Merleau-Ponty, *L'Œil et l'esprit*, Paris, Gallimard, 1964, p. 31.

met en forme leur expérience et leur art de lire les traces du ciel et de la terre, se laisse attirer par le désert et ses nuits (p. 86). Une nuit blanche et une apparition lui voilent ou plutôt lui dévoilent la face de cette immensité où la mémoire s'active et la méditation prend les rênes de son esprit. Son passé se transforme subitement en une trace du présent, de cette aventure qui lui donne un sentiment d'orphelinat et de voyage éternel :

> Ce fut le premier mirage nocturne de Raïssi. Il vit l'image de la Sicilienne apparaître et disparaître derrière une dune. […] Ce mirage nocturne sera suivi par un autre, auditif : il entendit un fragment de la voix de la Sicilienne, suivi d'une note de luth, suspendue dans le désert. Un fragment ténu, oppressé par le passage du vent qui, à cette heure de la nuit, porte ombrage à toute obscurité. (p. 86-87)

Seul rescapé du pèlerinage, voyageur solitaire malgré les apparences, Raïssi vit ce voyage comme une expérience de la vie et de la mort, du moi et du double. Ce qui en fait une expérience cristalline puisque sa renaissance le rend à l'amour illicite (avec la Sicilienne, puis avec Mademoiselle Matisse), à une conception de la vie très proche de son maître mystique Sidi Abderrahman. Comme si le pèlerinage, qui le rapproche de Dieu jusqu'à se sentir habité par lui, constitue ce qui le rapproche encore plus du plaisir charnel et de l'érotisme. La réincarnation de notre personnage se concrétise par une prise en charge de son destin et de celui du roman. Il devient le narrateur de sa propre migration, cette fois vers le sud du Maroc : un autre voyage qui le conduit à Marrakech, puis à Mogador. Ainsi, du voyage imaginaire en soi qu'est le pèlerinage au voyage imaginaire réalisé en dehors de soi, le roman construit une boucle qui s'ouvre sur l'émergence de l'individu, sur le Moi suprême — celui qui s'intègre pleinement, lui et sa descendance, dans les problèmes cruciaux de son temps. Un double roman, donc, qui nous révèle les deux faces du personnage : l'une sacré et l'autre profane. Ce qui pourrait faire l'objet d'une autre analyse.

Bibliographie

AMAHAN, Ali et Abdelkébir KHATIBI, *Du signe à l'image*, Casablanca, Lak international, 1995.

BENCHEIKH, Jamal Eddine, *Les Mille et une nuits ou la parole prisonnière*, Paris, Gallimard, 1988.

CORBIN, Henry, *L'imagination créatrice dans le soufisme d'Ibn Arabi*, Paris, Flammarion, 1977 [1958].

DERMENGHEM, Émile, *Le Culte des saints dans l'islam maghrébin*, Paris, Gallimard, coll. «Tel», 1980.

IBN ARABI, *La profession de foi*, trad. Roger Deladrière, Paris, Sindbad, 1985

HASSOUN, Jacques et Abdelkébir KHATIBI, *Le Même livre*, Paris, De l'éclat, 1985.

KHATIBI, Abdelkébir, *Pèlerinage d'un artiste amoureux*, Paris, Du Rocher, 2002.

_____, *Chemins de traverse, essais de sociologie*, Rabat, IURS, 2002.

_____, *Par-dessus l'épaule*, Paris, Aubier, 1988.

_____, *Figures de l'étranger dans la littérature française*, Paris, Denoël, 1987.

_____, *Maghreb pluriel*, Paris-Casablanca, Denöel-SMER, 1983.

_____, *La blessure du nom propre*, Paris, Denoël, 1974.

KHATIBI, Abdelkébir et Mohamed SIJELMASSI, *L'art calligraphique de l'Islam*, Paris, Gallimard, 1994.

MERLEAU-PONTY, Maurice, *L'Œil et l'esprit*, Paris, Gallimard, 1964.

RICOEUR, Paul, *Temps et récit*, Tome I, Paris, Seuil, 1983.

VALABREGA, Jean-Paul, *Phantasme, mythe, corps et sens*, Paris, Payot, 1980.

VEYRE, Gabriel, *Au Maroc, dans l'intimité du sultan*, trad arabe de A. Hozal, Rabat, Joudour, 2003 [1905].

ZAHI, Farid, *Le corps, le sacré et l'image en Islam*, (en arabe), Casablanca-Beyrouth, Afrique-Orient, 1999.

Naissance et mort d'un pays rêvé : itinéraires de l'écrivain-voyageur dans l'Égypte du XIXe siècle

François Foley

Université du Québec à Montréal

> *Quittez donc Paris, volez n'importe qui ou n'importe quoi, — si les fonds sont bas — et venez avec nous. Quel soleil ! quel ciel, quels terrains, quel* tout *! Si vous saviez ! Il est temps de se dépêcher. D'ici à peu l'Orient n'existera plus. Nous sommes peut-être des derniers contemplateurs.*
>
> Lettre de Flaubert à Gautier

Dans un récit de voyage en Égypte paru à l'orée du XIXe siècle, Dominique Vivant Denon débute son texte par une phrase qui deviendra emblématique pour toute une génération d'écrivains : « J'avais toute ma vie rêvé de faire le voyage d'Égypte [...] [1] ». Un peu plus d'un siècle plus tard, l'écrivain Pierre Loti, dans un esprit plutôt *fin de siècle*, clôt son récit de voyage de la façon suivante :

> Et soudain, [...] encore des choses qui s'éboulent, de précieuses pierres qui se désagrègent, qui tombent, et alors, à la surface de l'eau, mille cercles concentriques [...] ne finissent plus de troubler ce miroir, encaissé dans les granits terribles, où l'Isis se regardait tristement...[2]

Qu'a-t-il bien pu se passer entre ces deux regards particuliers, entre la naissance du rêve d'Égypte dont témoigne l'enthousiasme de Denon et le regard plutôt pessimiste de Loti, qui voit une Égypte presque moribonde s'écrouler sous le poids des siècles ? Même si les deux textes appartiennent à des époques différentes et que le récit de voyage comme genre a subi des transformations durant cette période, il faut admettre d'emblée que le regard porté sur ce pays longtemps rêvé par les écrivains

---

[1] Dominique Vivant Denon, *Voyage dans la Basse et la Haute Égypte pendant les campagnes du Général Bonaparte*, Paris, Le Promeneur, 1998 [1802], p. 35. Désormais, les références à cet ouvrage seront indiquées par le sigle *VBHE*, suivi du numéro de la page entre parenthèses dans le texte.

[2] Pierre Loti, *La mort de Philae*, dans *Voyages (1872-1913)*, Paris, Laffont, coll. «Bouquins», 1991 [1909], p. 1349. Désormais, les références à cet ouvrage seront indiquées par le sigle *MP*, suivi du numéro de la page entre parenthèses dans le texte.

français ne semble plus tout à fait le même. Ainsi, par l'entremise de ces deux récits de voyage situés aux pôles du XIXe siècle que constituent *Voyage dans la Basse et la Haute Égypte* de Denon et *La mort de Philae* de Loti, je me propose de présenter un bref parcours de la représentation de l'Égypte ancienne chez l'écrivain-voyageur français de ce temps[3]. D'une part, la comparaison entre ces deux itinéraires montrera que l'Égypte constitue un imaginaire fondamentalement basé sur le visuel et ce, malgré le recours constant que feront les écrivains aux récits de voyage de prédécesseurs, ce qu'on nommera, à la suite de Christine Montalbetti, la bibliothèque[4] ; d'autre part, elle soulignera l'importance de l'exotisme dans la construction de cet imaginaire. Cependant, afin de mieux comprendre la singularité des auteurs de cette période, je propose de présenter d'abord un bref résumé de ce que représentait l'Égypte à l'orée du siècle de Napoléon.

L'Égypte : un imaginaire protéiforme

Bien que l'Égypte soit une destination de prédilection pour les voyageurs en quête d'exotisme depuis l'Antiquité, c'est surtout à la suite de l'expédition de Bonaparte (1798-1801) qu'elle a suscité une manifestation artistique et culturelle sans précédent en France, ce qui a produit un phénomène que l'on nomme égyptomanie[5]. L'Égypte, pour les écrivains du XIXe siècle, c'est d'abord un attrait pour un monde antique et mystérieux, avec ses pyramides, son sphinx et ses monuments couverts de hiéroglyphes ; puis, une fascination pour la mort et l'éternité, représentées surtout par les momies et tombeaux ; enfin, une attirance pour un espace-temps à la fois mythique et réel, car l'itinéraire habituel que suit le voya-

---

[3] Il s'agit en fait de deux limites extrêmes. D'une part, de par son style et sa pensée, Vivant Denon appartient autant au siècle des Lumières qu'au XIXe siècle. Cependant, ce qui constitue sa singularité — et, par le fait même, sa pertinence pour mon propos — est qu'il a été le premier écrivain-voyageur français important à avoir publié un récit de voyage en Égypte au XIXe siècle. D'autre part, bien que le récit de Pierre Loti ait paru en 1909, on peut considérer sans faute ce dernier comme un écrivain appartenant à la fois aux XIXe et XXe siècles. Enfin, je souligne qu'il ne s'agira ici ni de porter une réflexion sur le récit de voyage comme genre, ce qui a déjà été entrepris maintes fois, ni d'établir un compte-rendu des récits de voyage en Égypte au XIXe siècle. Pour ce dernier point, voir l'indispensable anthologie de Sarga Moussa, *Le Voyage en Égypte — De Bonaparte à l'occupation anglaise*, Paris, Robert Laffont, « Bouquins », 2004.

[4] Christine Montalbetti, *Le Voyage, le monde et la bibliothèque*, Paris, PUF, coll. « Écriture », 1997.

[5] Sur ce sujet, voir Jean-Marcel Humbert, *L'Égyptomanie dans l'art occidental*, Paris, ACR, 1989.

geur en Égypte, qui va d'Alexandrie au Caire, puis du Caire à Abou Simbel, est aussi un voyage dans le passé de l'Égypte pharaonique.

En effet, l'apport du XIXe siècle dans la construction de l'imaginaire de l'Égypte ancienne consiste justement dans l'importance accordée au monde *pharaonique*, en particulier aux monuments et aux objets, bref à l'aspect visuel. Par rapport au XVIIIe siècle, on assiste à une relative distanciation vis-à-vis de l'Égypte biblique, même si, pour beaucoup d'écrivains du XIXe siècle, un passage obligé sur les traces de Joseph ou de Moïse sera de mise[6]. On assiste aussi à une certaine marginalisation de la perception qu'en avait donné la franc-maçonnerie ou la littérature ésotérique de l'époque, voyant volontiers dans l'Égypte le lieu où Orphée, Pythagore, Hermès Trismégiste, Zoroastre et Moïse, pour ne nommer que les plus connus, avaient reçu la sagesse initiale, celle-ci se retrouvant maintenant cachée sous le langage secret et sacré des hiéroglyphes. Enfin, on voit s'amoindrir la fascination pour les cultes isiaques dont le XVIIIe siècle a été plutôt friand, ce qui avait d'ailleurs culminé avec la *Flûte enchantée* de Mozart en 1791, et ce, même si plus d'une cinquantaine d'années plus tard, Gérard de Nerval transformera son ascension de la grande pyramide en un voyage initiatique à l'intérieur même de cette dernière, en compagnie d'un initié rencontré sur le sommet[7]. Du côté des philosophes des Lumières cette fois, l'Égypte ancienne est plutôt devenue un mythe qui, comme celui du bon sauvage, permet une réflexion sur la double doctrine[8] : l'Égypte a-t-elle été la terre où naquit la sagesse, avant que les prêtres, soucieux d'en préserver le secret, ne cachent celle-ci sous une écriture hiératique, en maintenant par ce biais le peuple non initié dans l'ignorance et la servitude ? Au XVIIIe siècle, on a beaucoup réflé-

---

[6] Cette perception de l'Égypte comme « cité de passage », ainsi que le thème de l'itinérance qui lui est associé, ont notamment été analysés par Gilbert Durand dans « Une autre cité : l'Égypte », dans *Cahiers de l'Université St-Jean de Jérusalem*, Paris, Berg, 1976, p. 155-176. L'Égypte biblique est, en effet, à la fois terre d'exode et d'exil, comme le démontrent les épisodes de Moïse et Joseph de l'Ancien Testament, de même que la fuite en Égypte de la Sainte-Famille dans le Nouveau Testament.
[7] Gérard de Nerval, *Voyage en Orient*, vol. 1, Paris, Garnier-Flammarion, 1980 [1851], p. 281-296. Il faut dire que ce mythe a la vie dure; même Jomard, le respecté géographe et maître d'œuvre de la célèbre *Description de l'Égypte* y a succombé : « Se départissant de l'objectivité scientifique, Jomard laisse son imagination évoquer la probabilité, sinon la certitude de la tenue, dans la pyramide, de mystères, de rites initiatiques et religieux [...] », (Patrice Bret, « L'Égypte de Jomard : la construction d'un mythe orientaliste, de Bonaparte à Méhémet-Ali », *Romantisme*, n° 120, 2003, p. 8.)
[8] Pour cette question, voir Henri Coulet, « Quelques aspects du mythe de l'Égypte pharaonique en France au XVIIIe siècle », dans Robert Ilbert et Philippe Joutard (dir.), *Le Miroir égyptien*, Marseille, Éditions Jeanne Laffitte, 1984, p. 21-28.

chi sur la question du despotisme : c'est donc sans surprise que Volney[9], par exemple, dans le sillage d'un Voltaire, posera la question morale de la construction des pyramides, ce qui deviendra un topos dans le récit de voyage du XIXe siècle.

Prise entre un débat philosophique, dont les conclusions la présentent généralement comme une terre où a sévi le despotisme, et sa perspective ésotérique, l'Égypte est déjà une terre connue pour le voyageur qui parcourt le pays à l'aube du XIXe siècle, comme le montre Chateaubriand en 1806 quand il s'écrie : « Mais que dirais-je de l'Égypte ? Qui ne l'a point vue aujourd'hui ?[10] » Le recours à la bibliothèque[11] constitue probablement le principal élément issu de la tradition qui caractérise le récit de voyage en Orient de l'écrivain français du XIXe siècle. Si quelques écrivains-voyageurs ont cherché au Caire à vivre la vie orientale, comme Gérard de Nerval marchant sur les traces livresques des *Mille et Une Nuits* ; si certains ne peuvent s'empêcher de rechercher en Égypte les traces laissées par la Bible, comme un Chateaubriand par exemple, la plupart d'entre eux marchent dans les traces livresques de leurs prédécesseurs. En premier lieu, les Grecs : Hérodote surtout, puis Diodore de Sicile, à qui Chateaubriand par exemple emprunte un passage entier sur les mœurs des Égyptiens. Aussi, les références à Homère et à la littérature épique grecque ne seront pas dédaignées, d'autant plus que les voyageurs grecs ont voulu voir dans certains monuments égyptiens des traces de leur propre culture. Le plus célèbre d'entre eux demeure sans doute les fameux colosses de Memnon, dans lesquels on a cru remarquer une représentation du héros de la guerre de Troie à cause du son qu'il émettait chaque matin, qu'on a interprété comme un salut à sa mère l'Aurore, mais qui sont en réalité les seuls vestiges du temple funéraire du pharaon Amenhotep III[12]. Enfin, certains récits de voyage du XVIIIe siècle trou-

---

[9] Volney, *Voyage en Syrie et en Égypte pendant les années 1783, 1784 et 1785*, Paris, Volland, 1787 [réédition Paris, Fayard, 1998].
[10] Chateaubriand, *Itinéraire de Paris à Jérusalem*, Paris, Garnier-Flammarion, 1968 [1811], p. 374.
[11] Montalbetti, *op. cit.* Bien que ce soit l'ensemble de son ouvrage qui constitue une réflexion sur le terme, et le rapport de ce dernier à la fois au réel et au récit de voyage, on pourrait définir de façon très générale la bibliothèque comme suit : « Car le réel, indicible, a aussi la particularité paradoxale d'avoir été déjà dit. Les bibliothèques contiennent les descriptions qui le consignent. Récits d'explorateurs, d'autres voyageurs; discours des géographes ; fictions, qui choisissent comme cadre de l'histoire qu'elles dévident l'espace même que je me proposais de décrire — ou un espace homonyme […]. » (p. 53-54).
[12] Pharaon de la XVIIIe dynastie, qui a régné vers 1390-1352 avant J.-C.

vent leur place dans la besace du voyageur, entre autres ceux de Savary et Volney[13], ce dernier ayant fortement impressionné Bonaparte au moment de ses préparatifs en vue de son expédition militaire d'Égypte.

C'est d'ailleurs cette célèbre expédition qui marque un tournant dans la perception de cet imaginaire. De façon plus précise, c'est la contribution des savants qui transformera ce relatif échec militaire en victoire, donnant naissance, par le fait même, au mythe de Napoléon. La célèbre *Description de l'Égypte*[14], somme monumentale des recherches effectuées par les savants de l'expédition, constitue le principal témoin de cette victoire. Malgré qu'elle soit dépourvue de la clé donnant véritablement accès à la connaissance — c'est-à-dire à la maîtrise des hiéroglyphes qui ne viendra qu'avec Champollion en 1822[15] —, les planches qui l'accompagnent demeurent encore aujourd'hui un travail de précision inégalé, et malheureusement aussi, les seuls témoins qui nous restent de monuments ou sites disparus depuis lors. Le visuel fait alors son apparition et marquera par le fait même l'imaginaire durant tout le siècle, contribuant à l'éclosion du phénomène appelé égyptomanie[16].

Vivant Denon ou l'enthousiasme de la nouveauté

C'est donc dans cette effervescence que Dominique Vivant Denon, dessinateur et graveur, diplomate sous Louis XVI et qui, à cinquante et un ans, est le plus vieux savant[17] accompagnant l'expédition de Bona-

---

[13] Volney, *op. cit.* ; Claude Savary, *Lettres sur l'Égypte*, Paris, Onfroi, 1785.
[14] Edme Jomard (dir.), *Description de l'Égypte, ou recueil des observations et des recherches qui ont été faites en Égypte pendant l'expédition de l'Armée française, publié par les ordres de Sa Majesté Napoléon le Grand*, Paris, Imprimerie impériale, 1809-1828.
[15] Dans la *Lettre à M. Dacier, secrétaire perpétuel de l'Académie Royale des Inscriptions et Belles-Lettres, relatives à l'alphabet des hiéroglyphes phonétiques employés par les Égyptiens pour inscrire sur leurs monuments les titres, les noms et les surnoms des souverains grecs et romains*, Paris, Didot, octobre 1822.
[16] Cf. note 5. On peut aussi mentionner brièvement l'apport de la photographie comme moyen ayant contribué à l'éclosion du visuel dans l'imaginaire de l'Égypte ancienne. Un écrivain-voyageur comme Maxime Du Camp, par exemple, qui est allé en Égypte en compagnie de Flaubert (1849-1851), publiera à la fois un album de photographies (*Égypte, Nubie, Palestine et Syrie. Dessins photographiques recueillis pendant les années 1849, 1850 et 1851, accompagnés d'un texte explicatif et précédés d'une introduction*, Paris, Baudry, 1852, 2 vol.) et un récit de voyage (*Le Nil : Égypte et Nubie*, Paris, Imprimerie de Pillet fils aîné, 1854. Réédité par Michel Dewachter et Daniel Oster dans *Un voyageur en Égypte vers 1850. « Le Nil » de Maxime Du Camp*, Paris, Sand/Conti, 1987).
[17] La mention de « savant » concernant Denon peut faire sourire : en effet, selon toute vraisemblance, il s'est fait admettre parmi les savants de l'expédition par l'entremise de

parte, quitte la France en 1798. Son retour, qui s'effectue un peu plus d'un an plus tard, en fait le premier savant issu de l'expédition à publier son récit de voyage, qui paraît en 1802. La particularité de ce dernier, outre l'Atlas de gravures qui l'accompagne, réside justement dans les contraintes imposées par une expédition militaire, ce qui fera de son auteur un témoin privilégié de lieux et monuments qui étaient restés inconnus aux voyageurs précédents. En effet, ce qui constitue la nouveauté du récit de Denon est justement le fait qu'un écrivain et esthète de sa stature se retrouve dans une situation extraordinaire, ainsi que le souligne Jean-Claude Vatin :

> L'occasion lui était alors offerte de proclamer son érudition, sa culture classique, de mêler savoir historique et sens de l'esthétique. Et l'archéologue, le collectionneur pouvaient se laisser aller de la même manière : le terrain était aussi vierge que vaste[18].

Ainsi, après avoir accompagné l'armée du général Menou dans sa pacification du delta du Nil, il se retrouve au Caire en compagnie de la plupart des savants. « J'étais fort bien au Caire ; mais ce n'était pas pour être bien au Caire que j'étais sorti de Paris […] » (*VBHE*, p. 134), affirme cependant Denon, qui veut voir du pays et non vivre l'Orient des *Mille et Une Nuits*. Il décide alors d'accompagner le général Desaix dans une expédition en Haute Égypte destinée à poursuivre et traquer le chef mamelouk Mourat Bey, défait par Bonaparte lors de la célèbre « bataille des Pyramides »[19]. Dans son voyage, Denon lui-même insiste avec emphase sur la nouveauté qui caractérise son entreprise :

> J'étais peut-être le seul qui dans tout cela n'eût à acquérir ni gloire ni grade ; mais je ne pouvais me défendre de m'enorgueillir de mon énergie ; mon amour-propre était exalté de marcher avec une armée toute brillante de victoires, d'avoir repris mon poste à l'avant-garde de l'expédition, d'être sorti le premier de Toulon, et de marcher avec l'espoir d'arriver le premier à Syène, enfin de voir mes projets se réaliser, et de toucher au but de mon voyage : en effet, ce n'était que de là que commençait la partie importante de mon expédition particulière ; j'allais défricher, pour ainsi dire, un pays neuf ; j'allais voir le

---

Joséphine de Beauharnais, à qui il avait auparavant servi « de conseiller artistique » (Martine Reid et Adrien Goetz, « Préface » dans Dominique Vivant Denon, *op. cit.*, p. 15).
[18] Jean-Claude Vatin, « Une rupture dans la tradition du récit de voyage : Vivant Denon en Égypte », dans *La Fuite en Égypte*, Le Caire, CEDEJ, 1989, p. 207.
[19] Bataille qui a eu lieu le 21 juillet 1798 et qui constitue le haut fait d'armes de l'expédition. Elle a d'ailleurs été l'objet de nombreuses représentations picturales, entre autres par Gros et Lejeune.

premier, et voir sans préjugé ; j'allais fouler une terre couverte de tout temps du voile du mystère, et fermée depuis deux mille ans à tout Européen. (*VBHE*, p. 152-153)

L'importance de la campagne militaire ne doit pas être occultée. Même s'il est soumis aux contraintes inhérentes au genre du récit de voyage, le texte de Denon est d'abord lié aux aléas de la vie militaire. Cette expédition est, en effet, obligée de poursuivre un ennemi qui a opté pour la fuite plutôt que l'affrontement ; ainsi, l'espace entre les deux devient la résistance, l'obstacle à vaincre, à la fois pour les militaires et pour le dessinateur. Obligé de dessiner à cheval ou bien utilisant les genoux ou le dos d'un soldat comme table à dessin, Denon se transforme en aventurier du savoir : « Comment pouvoir laisser de si précieuses curiosités avant de les avoir dessinées ! comment revenir sans les montrer ! je demandai à hauts cris un quart d'heure ; on m'accorda vingt minutes la montre à la main […]. » (*VBHE*, p. 311) Ne nous y trompons pas : Denon doit en grande partie aux péripéties de l'expédition de Desaix la vivacité de son récit qui, plutôt que d'être découpé en chapitres ou selon une chronologie fortement marquée, suit les déplacements incessants du narrateur dans un style vif et concis.

Le sentiment d'être à l'avant-garde ne préserve toutefois pas Denon de faire usage des mêmes procédés que l'on retrouvera tout au long du XIXe siècle dans le récit de voyage en Orient. Ainsi, comme ses prédécesseurs, et comme la plupart de ses successeurs, Denon a recours à la bibliothèque : il ne manque pas de citer comme source la plupart des auteurs habituellement mentionnés, que ce soit le géographe grec Strabon ou des voyageurs comme Volney, sans toutefois leur emprunter des passages complets comme ce sera le cas, par exemple, chez Chateaubriand. Néanmoins, Denon fera usage d'un moyen que ses prédécesseurs n'ont pas exploité : malgré son habit d'aventurier et son titre de savant, c'est le dessinateur qui tirera de ce voyage un regard particulier, faisant du dessin sa principale médiation avec ce réel étranger. En effet, l'expression « J'en fis un dessin » revient dans le texte comme un leitmotiv, donnant même quelquefois l'impression que le discours lui est inférieur comme moyen de représentation du réel : « La gravure, plus que la description, donnera une idée précise de ce qui est conservé de cet édifice […]. » (*VBHE*, p. 161) ; ou encore : « Pendant mon séjour dans cette ville, mes dessins vont suppléer à mon journal et le remplacer. » (*VBHE*, p. 210) En revanche, il arrive aussi que le discours l'emporte, lorsque Denon cherche à rendre l'effet de surprise que lui a procuré la vue de certains sites ; ainsi, lorsqu'il se retrouve devant l'île de Philae :

> L'enthousiasme qu'éprouve à tout moment le voyageur à la vue des monuments de la haute Égypte peut paraître au lecteur une perpétuelle emphase […] ; c'est la défiance que j'ai de l'insuffisance de mes dessins pour donner l'idée de ce grand caractère, qui fait que je cherche par mes expressions à rendre à ces édifices le degré de surprise qu'ils inspirent, et celui d'admiration qui leur est dû. (*VBHE*, p. 220)

L'entreprise de Denon s'avère donc une nouveauté en ce sens : tour à tour, le voyageur, le dessinateur et l'écrivain prendront la parole, tentant par le biais du récit de rendre le plus parfaitement compte du réel étranger.

Comme je l'ai mentionné précédemment, le rapport qu'entretiendra le visuel avec le discours lui-même constitue une problématique importante dans le récit de voyage des écrivains de cette période. On peut effectivement se demander si le XIXe siècle n'a tout simplement pas ajouté au recours à la bibliothèque un recours à l'œuvre d'art, complexifiant ainsi la médiation avec le réel. Cette question reviendra tout au long du siècle, avec notamment Maxime Du Camp et ses photographies, et surtout avec Théophile Gautier, chez qui l'objet égyptien et le texte finissent par se confondre, au point que ce dernier devient même à son tour statue, tableau, camée, orfèvrerie, bref, un véritable objet de musée[20]. Du dessin à l'objet, en passant par la photographie, la peinture et l'architecture, l'Égypte devient, en quelque sorte, figée par la médiation de l'art, prenant la pose comme ces villes antiques que l'on aime à regarder dans des gravures, telles celles de Piranèse. Comme l'indique Paolo Tortonese, « [on] ne traverse pas l'Égypte, on la contemple. Elle est plate, elle est une image qui s'offre, une décoration immense qui dépasse les limites de tout champ visuel[21]. » C'est l'image d'Épinal qui hante toujours l'imaginaire associé à l'Égypte ancienne.

À première vue, Denon semble pourtant éviter cet écueil. Bien sûr, au moment où il est en Égypte, ni la *Description*, ni les Chateaubriand,

---

[20] Même s'il a effectué un voyage en Égypte (*Voyage en Égypte*, présentation et notes de Paolo Tortonese, Paris, La Boîte à Documents, 1991 [1869]), on pense surtout ici au *Roman de la momie*, Paris, Le Livre de Poche, 1997 [1858]. Dans ce texte, l'Égypte est décrite comme une suite d'iconographies dont s'est inspiré Gautier pour son roman. Voir à ce sujet mon article « La ville ancienne et la construction de l'espace romanesque dans *Le Roman de la momie* de Théophile Gautier », dans Hédia Abdelkéfi (dir.), *Agora. Les Cahiers de l'Ercilis*, n° 3, Tunisie, Équipe de Recherche en Civilisation et Littérature de Sfax (Ercilis), 2003, p. 117-142.
[21] Paolo Tortonese, « Présentation et notes » dans Théophile Gautier, *Voyage en Égypte*, Paris, La Boîte à Documents, 1991 [1869], p. 21.

Nerval, Du Camp ou Gautier ne sont encore apparus dans le paysage littéraire. Il reste que son récit fait montre d'une sorte de complémentarité entre l'acte de dessiner et celui d'écrire. Par conséquent, le dessin est soumis au même questionnement que le récit de voyage lui-même : que faire face à cet espace étranger et neuf qu'on découvre et qu'on doit parcourir rapidement ? Comment rendre ce dernier à la fois visible et lisible au lecteur ? À ces questions, Denon semble avoir trouvé une réponse, par le biais d'une adéquation satisfaisante entre les deux outils que sont le dessin et l'écriture, comme le souligne ce passage sur la ville de Thèbes :

> Je fis une vue de sa situation dès l'instant où je pus distinguer ses obélisques, et ses portiques si fameux : je pensais bien que, tout aussi empressés que moi, mes lecteurs verraient avec intérêt l'image d'un objet aussi curieux d'aussi loin qu'on peut l'apercevoir, et qu'en général le premier devoir d'un voyageur est de rendre compte de toutes ses sensations […]. C'est pourquoi […] j'ai tâché de conserver à mon journal la même naïveté que j'ai mise dans mes dessins. (*VBHE*, p. 194)

À l'enthousiasme d'être un pionnier se greffe donc celui de la nécessaire naïveté, celle-ci étant liée à la curiosité et à la découverte de la nouveauté. C'est ici toutefois que, tapie dans l'ombre, guette cette inévitable désillusion de tout récit de voyage qui prétend d'un même souffle présenter l'ailleurs et en proposer une analyse. Car pour effectuer cette dernière, il faut s'arrêter et observer l'objet plus attentivement. La rapidité de l'aventure, qui se traduit chez Denon par une rapidité dans l'écriture du récit, doit laisser le pas à la description qui, elle, nécessite une pause dans le déplacement. Or, c'est également le souhait du dessinateur, comme en témoigne ce passage sur l'île de Philae :

> Le lendemain fut le plus beau jour de mon voyage, j'étais possesseur de sept à huit monuments dans l'espace de trois cents toises […] ; seul enfin, et jouissant à mon aise, je me mis à faire la carte de l'île et le plan des édifices dont elle est couverte. (*VBHE*, p. 226)

Cependant, Denon se méfie de ce rapport entre la distance et l'attention au détail : en effet, s'il affirme qu'« il est souvent avantageux de prendre un premier aperçu des grandes choses avant de les détailler […] » (*VBHE*, p. 30), il ne manque pas d'ajouter plus loin : « Si quelquefois le dessin donne un grand aspect aux petites choses, il rapetisse toujours les grandes […]. » (*VBHE*, p. 160-161) Ainsi, il désire tour à tour se maintenir à distance pour conserver cette fraîche naïveté face à la nouveauté, et s'approcher de son objet, sa nature de dessinateur l'amenant à se pencher sur le détail. En ce sens, l'entreprise de Denon est emblématique de ce questionnement qui constitue l'une des principales problématiques du récit de voyage : l'écrivain-voyageur ne peut que réaliser la difficulté de rendre le réel par le biais d'un moyen d'expression, que celui-ci soit le langage scriptural ou pictural.

Par ailleurs, il importe de souligner que le rapport à la distance constitue le fondement nécessaire à toute forme d'exotisme. Selon Jean-Marc Moura, on peut effectivement définir de façon générale l'exotisme comme une tension entre l'ici et le lointain :

> Il y a un trajet exotique, et celui-ci ne s'accomplit pas entre deux *points*, pays et étranger, mais entre deux *valeurs* opposées, l'ici et le lointain, le lieu […] et l'espace […]. Ce monde où vit le rêveur, est son *lieu*, il s'oppose à tout ce qui est éloigné, distant, mal connu : l'*espace*. Le trajet exotique va de ce lieu vers cet espace[22].

Ainsi, l'effet d'exotisme n'est pas étranger à l'idée de distance entre le sujet et son objet : plus cette dernière est grande, plus l'effet d'exotisme sera perceptible ; au contraire, plus elle diminue, plus l'effet d'exotisme s'atténuera. C'est le lot du voyageur qui, une fois rendu sur la terre dont il a rêvé, a le sentiment qu'une partie de la rêverie exotique a diminué de pair avec la distance :

> En se mettant en communication avec les gens des contrées les plus étrangères, les points éloignés se rapprochent ; en comptant les jours de marche, et quand on voit les moyens de les franchir, les espaces diminuent, ils cessent d'être immenses, ils disparaissent, pour ainsi dire, lorsqu'on s'y trouve engagés ; la mer Rouge, Gidda, La Mekke, devenaient des lieux voisins du point que nous habitions ; et l'Inde semble leur être, pour ainsi dire, contiguë : de l'autre côté, les oasis n'étaient plus qu'à trois journées de nous ; elles cessaient d'être un pays perdu pour notre imagination […]. (*VBHE*, p. 274)

Ce *trajet exotique* se retrouve également dans le rapport aux monuments. Ces derniers sont presque toujours magnifiés vus de loin, mais plus on s'en approche, plus l'effet s'amoindrit, faisant place à l'analyse : « Nous passâmes près de la colonne de Pompée. Il en est de ce monument comme de presque toutes les réputations, qui perdent toujours dès qu'on s'approche de ce qui en est l'objet. » (*VBHE*, p. 60) C'est pourquoi, dans le but de recréer l'effet d'exotisme, Denon aura recours à quelques procédés, par exemple celui d'inclure des êtres humains dans le dessin pour

---

[22] Jean-Marc Moura, *La littérature des lointains : histoire de l'exotisme européen au 20ᵉ siècle*, Paris, Champion, 1998, p. 264. Moura souligne dans ce passage qu'il emprunte l'opposition entre lieu et espace à Paul Zumthor, *La Mesure du monde*, Paris, Seuil, 1993.

mettre en valeur le gigantisme des monuments, procédé qu'on retrouvera également dans la *Description de l'Égypte* :

> Je crois que pour donner, en peinture comme en dessin, une idée des dimensions de ces édifices, il faudrait dans la juste proportion représenter sur le même plan que l'édifice une cérémonie religieuse analogue à leurs antiques usages. Ces monuments, dénués d'échelle vivante, ou accompagnés seulement de quelques figures sur le devant du tableau, perdent et l'effet de leurs proportions et l'impression qu'ils doivent faire. (*VBHE*, p. 117)

Pour ce qui est du récit lui-même, Denon tentera de conserver l'impression de naïveté par la représentation d'une co-présence entre le narrateur et le lecteur, procédé que n'aurait pas dédaigné un Diderot, par exemple :

> Assis près de son bureau, la carte devant lui, l'impitoyable lecteur dit au pauvre voyageur, harassé, poursuivi, affamé, en butte à toutes les misères de la guerre, Il (sic) me faut ici Aphroditopolis, Crocodilopolis, Ptolémaïs ; qu'avez-vous fait de ces villes? Qu'êtes-vous allé faire là, si vous ne pouvez m'en rendre compte? [...] — À la bonne heure ; mais veuillez bien, lecteur, songer que nous sommes entourés d'Arabes, de Mamelouks, et que très probablement ils m'auraient enlevé, pillé, tué, si je m'étais avisé d'aller à cent pas de la colonne vous chercher quelques briques d'Aphroditopolis. (*VBHE*, p. 171)

L'adresse au lecteur vient, en quelque sorte, relancer l'intrigue et, par le fait même, contrebalancer les nécessaires descriptions et analyses, bref les haltes préconisées par le dessinateur[23].

La nécessaire distanciation caractérisant l'effet d'exotisme n'est toutefois pas sans conséquences : une sorte d'écart apparaît entre le rêve exotique et les données archéologiques. Le désir du voyageur en Égypte de voir dans tous les monuments — du moins dans les monuments non islamiques — des traces de la période pharaonique finit par faire écran à la réalité et contribue à faire du monument égyptien un cliché : si ce dernier est *nécessairement* pharaonique, il est par conséquent à la fois ancien

---

[23] On pourrait peut-être ajouter un autre procédé dont feront usage quelques autres célèbres voyageurs, en particulier Gérard de Nerval : l'invention. En effet, Jean-Claude Vatin (*loc. cit.*, p. 197) souligne que « Denon n'a assisté à aucun des affrontements importants. Il se trouvait encore au bord de la côte, lorsque les Français ont affronté les Mamelouks près du Caire, dans cette même ville quand Desaix les culbutait à Sediman, et il parcourait la Haute Égypte au moment où Bonaparte repoussait les Turcs débarqués à Aboukir. Mais tout donne l'impression qu'il se trouvait là, dans la mêlée. » En ajoutant un peu de piquant historique à l'intrigue, Denon ne déçoit certes pas ses lecteurs…

et grandiose. Ainsi, Denon s'extasie à plus d'une reprise sur des temples de l'époque ptolémaïque[24], confondant ceux-ci avec des monuments de la plus haute antiquité, comme le démontre ce passage concernant le temple d'Hermopolis :

> [...] en exceptant les pyramides, c'était le premier monument qui fût pour moi un type de l'antique architecture égyptienne, les premières pierres qui eussent conservé leur première destination, qui, sans mélange et altération, m'attendissent là depuis quatre mille ans pour me donner une idée immense des arts et de leur perfection dans cette contrée. (*VBHE*, p. 160)

Dans un même souffle, il affirme à propos du temple de Dendérah, un autre temple ptolémaïque :

> Les Égyptiens n'ayant rien emprunté des autres, ils n'ont ajouté aucun ornement étranger, aucune superfluité à ce qui était dicté par la nécessité : [...] je crus être, j'étais réellement dans le sanctuaire des arts et des sciences. [Jamais] d'une manière plus rapprochée le travail des hommes ne me les avait présentés si anciens et si grands : dans les ruines de Tintyra les Égyptiens me parurent des géants. (*VBHE*, p. 186-187)

À l'inverse, il juge certains monuments appartenant véritablement à l'Égypte pharaonique comme étant plus ou moins dépourvus d'intérêt, comme le temple du pharaon Séthi 1er, le père de Ramsès II :

> Nous arrivâmes un moment après à un temple, que je dus juger des plus anciens à son délabrement, à sa couleur de vétusté plus prononcée, à sa construction moins perfectionnée, à l'excessive simplicité de ses ornements, à l'irrégularité de ses lignes, de ses dimensions, et surtout à la grossièreté de sa sculpture. (*VBHE*, p. 195)

En effet, pourquoi s'extasier sur des ruines qui, bien que d'apparence ancienne, sont moins imposantes, moins ornées, en d'autres termes, moins spectaculaires ? Ce sera plutôt le lot des futurs égyptologues ; pour l'instant, l'Égypte impose d'emblée à l'imagination du voyageur le rêve exotique plutôt que le réel archéologique.

---

[24] C'est-à-dire l'Égypte sous les Ptolémées (de 332 à 30 av. J.-C. environ), qui ont pris le pouvoir en Égypte à la suite de la conquête d'Alexandre le Grand. Évidemment, le fait que ces temples appartiennent à la basse époque explique leur étonnant degré de conservation.

Dans un même ordre d'idées, le recours à la bibliothèque, qui constitue une médiation face au réel, occasionne son lot d'imprécisions[25]. Par exemple, Denon considère Thèbes comme étant la ville la plus ancienne d'Égypte ; or, elle n'a été la capitale de l'Égypte qu'au Nouvel Empire[26]. Cette erreur, bien de son temps et facilement pardonnable, provient du fait que, pour les voyageurs, la ville de Thèbes a longtemps été la fameuse « Thèbes aux cent portes » dont parle Homère dans l'*Iliade*. Il y a, de même, quelques erreurs d'interprétation qui sont dues à l'importance du filtre mis en place par la tradition ésotérique, notamment *L'Âne d'or* d'Apulée, ce qui amène Denon à croire que des sacrifices d'enfants ont pu être commis dans le culte d'Apis. Ainsi, le recours à la bibliothèque peut quelquefois fausser la lecture et propager des mythes qui auront la vie dure. Encore une fois, il faudra attendre Champollion et les avancées de l'égyptologie pour que ces mythes soient définitivement relégués dans le champ du symbolisme — et, par extension, dans la fiction ou la poésie — ou de la littérature ésotérique[27].

Enfin, malgré un enthousiasme évident, on peut dire que Denon vit une certaine désillusion durant son voyage, ce qui préfigure peut-être le regard qu'on portera sur l'Égypte vers la fin du siècle. Tout comme l'armée du général Desaix qui poursuit incessamment les Mamelouks, Denon semble poursuivre un passé qu'il ne peut comprendre tout à fait. Sa déception de ne voir que des temples lorsqu'il est à Karnak décrit bien l'écart entre son attente et la réalité ; ainsi, dans son désir de trouver des traces de la civilisation autres que religieuses, il doit se faire une raison et accepter que seuls les temples construits en pierre ont résisté au temps :

---

[25] Christine Montalbetti (*op. cit.*) souligne un certain nombre de risques liés à l'usage de la bibliothèque, par exemple la redite, l'ellipse ou le recours à la citation. Mais elle propose également des solutions, que celles-ci soient métaphoriques ou littérales.
[26] L'Ancien Empire, qui est l'époque où ont été édifiées les pyramides de Gizeh, a dominé durant la période qui va de 2700 à 2200 avant J.-C. environ ; le Nouvel Empire, qui est l'époque où ont régné les pharaons Amenhotep, Touthmosis et Ramsès, s'étend environ entre les années 1552 et 1069 avant J.-C.
[27] Cependant, même un savant comme Champollion se laisse quelquefois prendre au jeu, par exemple lorsqu'il arrive devant Thèbes, dans laquelle il voit une ville cyclopéenne : « Il suffira d'ajouter […] que nous ne sommes en Europe que des Lilliputiens et qu'aucun peuple ancien ni moderne n'a conçu l'art de l'architecture sur une échelle aussi sublime, aussi large, aussi grandiose, que le firent les vieux Égyptiens ; ils concevaient en hommes de cent pieds de haut, et nous en avons tout au plus cinq pieds huit pouces. », (*Lettres et journaux écrits pendant le voyage d'Égypte*, recueillis et annotés par Hermine Hartleben, Paris, Christian Bourgois Éditeur, coll. « Épistémè », 1986, p. 161.)

> [...] des temples ! encore des temples ! toujours des temples ! et pas un vestige de ces cent portes si vaines et si fameuses, point de murailles, point de quais ni de ponts, point de thermes, point de théâtres, pas un édifice d'utilité ou de commodité publique ! J'observais avec soin, je cherchais même, et je ne voyais que des temples, des murailles couvertes d'emblèmes obscurs, d'hiéroglyphes qui attestaient l'ascendant des prêtres qui semblaient dominer encore sur toutes ces ruines, et dont l'empire obsédait encore mon imagination. (*VBHE*, p. 238)

En outre, l'écrivain-voyageur nous fait part d'une autre désillusion : « [...] mais ce dont je fus encore plus convaincu, c'est que, lorsqu'on a des observations à faire ou des objets à dessiner, il ne faut pas voyager avec des militaires [...]. » (*VBHE*, p. 336) C'est faire semblant d'oublier, bien sûr, que l'expédition elle-même et ses aléas sont au cœur de l'originalité de son entreprise et du succès qu'a obtenu son ouvrage dès sa sortie. D'ailleurs, il se ressaisit un peu plus loin et finit par admettre à la fin de l'ouvrage ce que nous savions déjà : qu'en dépouillant son récit de toute prétention scientifique pour n'offrir que de la nouveauté, saisie dans le contact immédiat avec l'étranger, il composait à la fois une œuvre originale et un guide pour les futurs écrivains-voyageurs[28] :

> J'ai donc dépouillé mon journal de ce que j'y avais hasardé de recherches ; j'ai repris mon uniforme de soldat éclaireur, et mon poste à l'avant-garde, où je n'ai conservé que la prétention d'avoir planté quelques jalons sur la route, pour avertir ceux qui avaient à me suivre, et, ne fût-ce que par mes erreurs, servir ainsi les rédacteurs du grand ouvrage.
>
> Heureux pour ma part, si, par mon zèle et mon enthousiasme, je suis parvenu à donner à mes lecteurs l'idée d'un pays si important par lui-même et par les souvenirs qu'il retrace [...] ! Si j'ai atteint ce but, je le devrai sans doute à l'avantage d'avoir tout dessiné et tout décrit d'après nature. (*VBHE*, p. 343-344)

En somme, le récit de Denon apparaît comme une nouveauté par rapport à ses prédécesseurs : au delà des questions morales ou philosophiques sur le despotisme, de l'étude des mœurs des Égyptiens, ou bien du filtre biblique, le *Voyage dans la Basse et la Haute Égypte* instaure la primauté du visuel et son rapport à l'écriture, de même que l'effet d'exotisme, bref tout ce qui caractérisera les récits de voyage en Égypte au cours du XIXe siècle. Aussi, malgré les imprécisions et les désillusions

---

[28] Parce qu'il côtoyait les autres savants de l'expédition, Denon était au courant qu'une entreprise d'envergure était en chantier : celle qui allait devenir la fameuse *Description de l'Égypte*, comme il est question dans le passage cité.

dont il est difficile de se départir lorsqu'il est question d'exotisme, demeurent bien présents dans le récit cet enthousiasme du voyageur qui sait prendre part à une expérience hors du commun, cette naïveté de la découverte d'un ailleurs rêvé, et la richesse d'un témoignage.

Pierre Loti ou la nostalgie de l'Égypte éternelle.

On considère Pierre Loti comme étant le dernier des écrivains célèbres du XIXe siècle à publier un récit de voyage en Égypte, lui qui y a séjourné de janvier à mai 1907[29]. Son récit, *La mort de Philae*, paraît donc en 1909, soit un peu plus d'un siècle après la parution du récit de Denon. Loti reprend un peu l'expérience ambulatoire de ses prédécesseurs : il s'agit, à peu de choses près, d'un itinéraire convenu, allant du Sphinx à l'île de Philae ; c'est le type de voyage tel que pratiqué, entre autres, par l'agence britannique Thomas Cook and Son, dont Loti se moque à plusieurs reprises sans vergogne dans son récit. Loin de chercher l'adéquation à une expédition, comme chez Denon, son récit de voyage est une construction à partir de vingt lettres qu'il publie mensuellement, pendant et après son voyage[30]. L'ordre de publication des lettres ne suit cependant pas tout à fait un itinéraire précis : se chevauchent ainsi des lettres sur Le Caire et sur la Haute Égypte, par exemple. La parution en volume lui permet donc un réaménagement des lettres en chapitres, ce qui donne l'impression d'un certain ordre. L'ensemble finit par ressembler à un voyage touristique, à peu de choses près[31].

Le premier problème auquel nous confronte ce texte concerne son titre, et l'impression qu'il fait sur l'ensemble de l'œuvre. En effet, cette dernière contient six chapitres sur Thèbes et sa région, six sur Le Caire, deux sur le Nil, un sur le Sphinx, et un seul pour chacun des lieux suivants : Saqqarah, Dendérah, Abydos, Assouan et Philae. Par conséquent, le fait de donner à l'ouvrage le titre *La mort de Philae* est déjà annoncia-

---

[29] Loti avait déjà fait un petit détour par Le Caire lors de son périple en Terre Sainte en 1894. C'est d'ailleurs lors de ce premier voyage qu'il a écrit le passage intitulé « Minuit d'hiver en face du grand sphinx », qui constitue le premier chapitre de *La mort de Philae*.
[30] D'abord, dans le journal égyptien *L'Étendard*, fondé par le nationaliste Mustapha Kamel, un ami de Loti à la mémoire duquel l'ouvrage est dédié, puis dans le *Figaro*. Seules les deux premières lettres paraissent durant son périple : les dix-huit autres paraissent à son retour en France. Claude Martin, dans son introduction à l'édition utilisée ici (*op cit.*, p. 1239), souligne que « la rédaction, à partir de notes très succinctes de son journal, s'étala sur plus de vingt mois. ».
[31] Le récit, qui se déroule en remontant le Nil (du Sphinx à Philae), ne tient évidemment pas compte du véritable voyage de retour durant lequel plusieurs lettres ont été écrites.

teur d'un projet poétique particulier, imposant une tonalité morbide à l'ensemble, annonçant la mort d'un lieu. Bien sûr, le contexte politique s'inscrit en filigrane, car la *mort* imminente de Philae est également celle de l'Égypte, à cause de sa colonisation par les Anglais, que Loti dénonce ostensiblement. Bien que des titres de chapitre comme « La mort de Philae », « La mort du Caire » ou « La déchéance du Nil » s'inscrivent dans cette optique, le titre de l'ouvrage donne une orientation particulière à des chapitres comme «Centre d'Islam», par exemple, où l'on peut finir par y lire une crainte de la mort de l'islam traditionnel, ou bien « Chez les Apis », qui préfigure la mort des cultes païens. Enfin, lorsqu'il visite le musée du Caire, Loti a l'impression que les momies elles-mêmes sont condamnées à « achever bientôt leur retour à la poussière, différé comme par miracle pendant tant de siècles [...]. » (*MP*, p. 1260) On a donc l'impression de lire un récit où tout se meurt, malgré l'épithète d'*éternelle* inhérente à l'Égypte. Pour Loti, si l'Égypte ancienne est dévastée par le temps, l'Égypte moderne l'est à son tour par l'envahisseur anglais ; face à cela, l'homme ne peut que constater son impuissance à changer les choses : il ne lui reste qu'à contempler et à rêver. Déjà se profile la première différence entre le voyage *début de siècle* de Denon et celui de Loti : si le premier, dans un enthousiasme naïf, croyait être un pionnier, le second, dans une attitude nostalgique, assiste à la fois au crépuscule du rêve égyptien et à celui de l'humanité :

> C'est peut-être cela, du reste, qui est la plus terrifiante de toutes nos notions positives : savoir qu'il y aura un *dernier* de tout ; non seulement un dernier temple, un dernier prêtre, mais aussi une dernière naissance d'enfant humain, un dernier lever de soleil, un dernier jour... (*MP*, p. 1273).

C'est d'ailleurs l'une des caractéristiques de l'esprit *fin de siècle* que de s'interroger sur le devenir des civilisations, de poser le temps ancien comme référence absolue et de préférer, par le fait même, les civilisations anciennes à la civilisation européenne actuelle, comme le souligne Robert Jouanny :

> Aux sources du malaise, un malentendu sur le Temps : le voyageur est en quête du temps de l'Histoire, temps de la légende biblique ou du rêve oriental, temps hors du temps, et se trouve confronté au temps

contingent d'un monde dont le fait même qu'il soit en devenir lui apparaît comme une trahison[32].

Qu'il parle du monde pharaonique ou du monde islamique[33], Pierre Loti s'intéresse avant tout à un monde figé dans le passé. En ce sens, le voyageur *fin de siècle* s'approche de l'esthétique de Théophile Gautier qui, dans ses œuvres portant sur l'Égypte, finit par faire de l'objet égyptien un objet de musée[34]. En effet, la génération des écrivains-voyageurs du milieu du siècle se perd dans un rêve de mondes antiques, y voyant une grande résistance à l'intrusion du mouvement, un idéal de stabilité qui va de pair avec l'architecture néoclassique en vogue à l'époque[35]. Même Gérard de Nerval, qui préfère vivre au Caire son rêve des *Mille et Une Nuits*, n'échappe pas à l'emprise du passé. Cela peut faire sourire, car il s'agit tout de même de récits de voyage ! Mais, comme on l'a vu avec Denon, nous n'en sommes pas à un paradoxe près lorsqu'il s'agit de l'Égypte ancienne[36]...

Du point de vue de l'effet d'exotisme, si Denon entretenait un rapport au dessin, Loti n'aura, quant à lui, recours à aucune autre médiation que le discours, ce qui n'évacue nullement chez lui la prépondérance du visuel ou l'absence de procédé de visualisation, bien au contraire. Sauf

---

[32] Robert Jouanny, « Loti et Chevrillon, voyageurs "fin de siècle" », dans Ilana Zinguer (dir.), *Miroirs de l'altérité et voyages au Proche-Orient*, Genève, Éditions Slatkine, 1991, p. 270-271.
[33] Comme le démontrent les chapitres sur Le Caire, par exemple. Il est intéressant de constater qu'il n'y a pas un même intérêt chez Denon ; dans ce dernier cas, Jean-Claude Vatin (*loc. cit.*, p. 201) souligne que « son crayon s'attarde cent fois plus souvent aux constructions antiques des époques pharaoniques qu'aux édifices islamiques. »
[34] Cf. note 20.
[35] L'égyptomanie démontre à quel point la monumentalité et la symbolique associées à l'Égypte ancienne ont façonné l'architecture néoclassique du XIXe siècle. Voir à ce sujet les ouvrages de Jean-Marcel Humbert cité précédemment (note 5).
[36] Certains, comme Laïla Enan (dans « L'Égypte pharaonique : un mythe, des romans français aux romans égyptiens », dans Robert Ilbert et Philippe Joutard (dir.), *Le Miroir égyptien*, Actes des Rencontres Méditerranéennes de Provence, 17-19 janvier 1983, Marseille, Éditions Jeanne Laffitte, 1984, p. 39), soulignent que l'Égypte actuelle est trop souvent délaissée au profit du passé : « Dans ce décor merveilleux, mais mort, laissé par les Égyptiens d'il y a vingt, trente ou même quarante siècles, seuls des rêves aussi merveilleux pouvaient naître [...] et pourtant... cela justifie-t-il le refus de voir ce qui, depuis vingt siècles, vit, lutte et crée, à l'ombre des pyramides? » Cependant, une exception mérite d'être soulignée : la figure de Méhémet-Ali, vice-roi d'Égypte dans la première moitié du siècle. Reconnu pour avoir voulu moderniser l'Égypte, il est considéré par plusieurs voyageurs comme un pharaon moderne ou un despote éclairé. Voir Sarga Moussa, « Méhémet-Ali au miroir des voyageurs français en Égypte », *Romantisme*, n° 120, p. 15-25.

qu'ici, la naïveté liée à la découverte et la sensation d'être à l'avant-garde dont Denon faisait ses choux gras font place à un procédé particulier : au lieu d'entreprendre une description en présentant ou en nommant un lieu, Loti choisira plutôt de mettre en scène ce lieu, de créer une atmosphère autour du nom exotique. Par exemple, dans le premier chapitre, le sphinx et les pyramides ne sont pas nommés dans l'immédiat : il est d'abord question d'« une colossale effigie humaine [qui] lève la tête, regarde avec ses yeux fixes, et sourit […]. » (*MP*, p. 1243). Puis, l'on voit « trois signes apocalyptiques [qui] s'érigent dans le ciel, trois triangles roses, réguliers comme les dessins de la géométrie, mais si énormes dans le lointain qu'ils font peur […]. » (*Ibid.*) Enfin, quelques lignes plus bas : « Même si l'on n'était pas prévenu, aussitôt on devinerait, car c'est unique au monde, et l'imagerie de toutes les époques en a vulgarisé la connaissance : Le Sphinx et les Pyramides ! ». (*Ibid.*) Le même procédé est également utilisé pour présenter des lieux non pharaoniques :

> Aux carrefours maintenant et sur les places les stèles se multiplient […]. Leurs groupes immobiles, postés comme au guet, paraissent si peu réels, dans leur imprécision blanche, qu'on voudrait les vérifier en touchant — et du reste on ne s'étonnerait pas trop que la main passât au travers comme il arrive pour les fantômes […] ; il n'y a plus à s'illusionner : ça c'est un cimetière — et nous venons de passer au milieu de maisons de morts, de mosquées de morts, dans une ville de morts !… (*MP*, p. 1276)

Ce procédé, qui consiste à passer d'une indétermination à un objet déterminé, est nécessaire à Loti afin qu'il puisse maintenir le lecteur dans l'attente et provoquer la surprise. En effet, plus d'un siècle après Denon, et après les Chateaubriand, Nerval et Gautier, comment étonner ou surprendre ? Que faire quand ce qui était exotique est maintenant devenu familier au lecteur ? Comment recréer la distance nécessaire entre le regard du narrateur et l'objet ? Comment, en somme, recréer l'effet d'exotisme ? Pour Loti, ce sera l'utilisation d'une mise en scène dont le but est de s'approcher au plus près de l'atmosphère qui s'apparente au fantastique[37]. Ce procédé n'est pas exclusif à Loti : en effet, certains auteurs anglo-saxons qui ont commencé, depuis la fin du XIXe siècle, à prendre l'Égypte ancienne pour thème, ont recours à des procédés semblables. Ainsi, la figure de la momie, toujours un objet de collection et de curiosité à l'époque de Denon, voire même à l'époque de Gautier, de-

---

[37] Dans le cas de Loti, on ne parlera pas d'une théâtralisation du réel puisque la plupart des *acteurs* sont absents de la scène. Contrairement à Nerval, par exemple, Loti met en scène des lieux avec comme seul regard celui du narrateur.

vient en cette fin de siècle un être fantasmagorique, à mi-chemin entre la vie et la mort, sur le point de devenir ce vecteur de peur que popularisera le cinéma du XXe siècle. Aussi, il ne faut pas s'étonner quand Loti, visitant le musée du Caire en pleine nuit, à la lueur de torches, voit s'animer tout ce que le musée compte de pensionnaires[38] :

> En m'en allant à travers cette obscurité des salles trop longues, un vague instinct de conservation fait que je me retourne tout de même un peu, pour regarder derrière moi. Il me semble que la dame au bébé lève déjà lentement, avec mille précautions et ruses, sa tête encore tout enveloppée… Tandis qu'au contraire, plus là-bas, les cheveux épars, je la devine bien se dressant d'une saccade impatiente sur son séant, la goule aux yeux d'émail […]. (*MP*, p. 1262)

Cette visite du musée est également révélatrice du voyage lui-même, en ce sens que l'Égypte parcourue par Loti est, tout bien considéré, aussi figée que les objets d'un musée. Dans ce contexte, les effets de lumière et la fantasmagorie créent l'illusion d'un mouvement.

Lorsqu'on regarde le titre des chapitres avec, en regard, une carte de l'Égypte, on s'aperçoit que le nom d'objets, de lieux ou de monuments tient une place importante dans l'œuvre. En effet, du Sphinx à Philae, l'Égypte que rencontre Loti est d'abord et avant tout une suite de noms, dont la seule prononciation suffit à propulser l'imaginaire : noms communs comme *pyramide, pharaon, obélisque, hiéroglyphe* ou *momie* ; noms propres, légendaires ou exotiques, tels *Sphinx, Isis, Philae* ou *Abydos* : « Tout ce qu'il évoque pourtant, ce nom seul d'Abydos !… Rien que se dire : "Abydos est là tout près et j'y arriverai dans un moment" […] ». (*MP*, p. 1287) Ainsi, à défaut de faire un *véritable* voyage dans l'espace comme l'avait fait Denon, Loti fait un voyage dans le temps, à la fois par la nostalgie de l'Antiquité et par le biais du nom, porteur d'exotisme. En effet, il ne faut pas oublier que, avant même le voyage réel, ce qui est à la base du rêve de l'Égypte est l'évocation du nom étranger et exotique qui permet une sorte de voyage imaginaire. Du voyage réel résultera donc la confrontation entre une toponymie exotique et un espace étranger à découvrir et à parcourir[39]. D'ailleurs, le nom est

---

[38] Visite qui a eu lieu grâce à une permission spéciale, obtenue par Gaston Maspéro, alors directeur du musée du Caire et du service des Antiquités.
[39] Il ne faut pas oublier que, outre la bibliothèque, il y a toujours un filtre lexicologique entre le voyageur et les mots dont il se sert pour marquer la toponymie de l'Égypte : en effet, les mots *pyramide, sphinx, obélisque, hiéroglyphes*, etc., sont tous dérivés du grec. De même que les noms de villes qui sont connues à travers le filtre de l'Antiquité grec-

même suffisamment évocateur pour que Loti fasse disparaître les lieux intermédiaires, voire même le voyage entre deux lieux ou monuments. Si Denon accorde une importance à l'écriture du parcours, Loti fait plutôt usage de l'ellipse. En effet, son récit est construit comme une série de stations dans des lieux connus, ce qu'indiquent bien les titres de chapitre. Par conséquent, le parcours lui-même, c'est-à-dire le déplacement comme tel d'un lieu à l'autre, doit plutôt être imaginé par le lecteur.

On peut alors légitimement poser la question : le récit est-il représentatif d'un véritable voyage[40]? En effet, la critique portant sur le récit de voyage marque généralement une distinction entre le voyageur et le touriste : c'est que, pour le premier, le processus du voyage est important ; il ne lui suffit pas seulement de voir, mais de parcourir. Selon ce point de vue, on pourrait affirmer que, entre les deux récits dont j'ai parlé, c'est celui de Denon qui s'approche au plus près du récit de voyage. Il faut toutefois être prudent et considérer aussi que le récit de Loti propose un voyage, ne fut-ce qu'un voyage aux relents fantasmagoriques. Et, à y regarder de près, les contraintes auxquelles il fait face ne sont pas à ce point différentes de celles vécues par son prédécesseur : si Denon suivait les militaires, Loti doit, à son tour, suivre les touristes. En effet, tout au long de son voyage, sa dahabieh suit le même chemin que les steamers de l'agence Cook ; il fait, en quelque sorte, les mêmes arrêts que les touristes — d'où le fait qu'il les rencontre partout, à son grand désespoir. Toutefois, il réussit à établir une distance nécessaire pour que l'effet d'exotisme ait lieu, grâce à des procédés de description basés sur la visualisation et la mise en scène, le rôle du nom et une étonnante capacité à voyager dans le temps. En imaginant les touristes de Louxor suivre la même procession qu'avaient suivie les prêtres d'Amon il y a quatre mille

---

que ou romaine, comme Thèbes, Memphis, Philae, etc. Le *réel* de l'Égypte passe donc nécessairement par une médiation, ne fut-ce que celle d'emprunts linguistiques.

[40] Même si la question du genre n'est pas au centre de mon propos, je ne peux passer sous silence l'importance du réaménagement des lettres en récit, bref du travail de construction que représente *La mort de Philae*. Mais que cela ne nous étonne pas : l'ensemble du corpus des écrivains-voyageurs en Orient au XIXe siècle constitue un travail d'organisation et de mise en récit, que ce soit par un procédé d'invention comme chez Nerval ou par un ludisme comme le souligne Rachel Bouvet (« Laissez-passer pour *Le désert* de Loti : de la relecture aux frontières de l'altérité et de l'illisible », *Études françaises*, vol. 40, n° 1, 2004, p. 149-168) à propos d'un autre voyage de Loti (*Le désert*). En effet, ce dernier présente une organisation du récit qui tourne autour de l'intertextualité biblique. Ainsi, dans la première partie de son voyage, qui se déroule dans le Sinaï, Loti donne l'impression de suivre le même itinéraire que les Hébreux dans l'épisode de l'Exode. Cela démontre que Loti aimait construire ses récits de voyage en fonction d'un imaginaire déjà bien présent chez ses lecteurs.

ans, Loti nous donne certes à voir les deux Égypte : l'antique et la moderne.

Conclusion

En cette fin de parcours, une constatation s'impose. D'une part, chez Denon, il semble y avoir une sorte d'adéquation entre les contraintes inhérentes au voyage, l'itinéraire suivi et le texte qui témoigne de tout cela, principalement à cause du type de voyage qu'il entreprend. En effet, tout y est sur le mode de l'esquisse, du moment présent, de la rapidité d'exécution du crayon ; tout est une longue suite d'événements et de description de monuments, sans chapitres ou division quelconque. L'objet y est encore nouveau ; il doit, pour cela, être dessiné, et conserver ainsi l'impression première. D'autre part, chez Loti, l'objet est déjà construit. Depuis l'expédition de Bonaparte, l'Égypte ancienne est devenue un objet de musée ; les rives du Nil se sont transformées en une station pour touristes. D'objet vivant l'Égypte est presque devenue un objet mort, à l'image de ces momies dans les vitrines du musée. Pour lui redonner vie, il faut donc user de procédés qui se rapprochent du fantastique ; pour que l'effet d'exotisme fonctionne, il faut avoir recours à certains artifices : l'exotisme propre à une expérience naïve a fait place à un exotisme fantasmagorique.

Le XIXe siècle a donc engendré une transformation de l'imaginaire de l'Égypte pharaonique, qui a fait rêver tant d'écrivains. Cependant, on a vu qu'elle était latente dans le récit de Denon, écrit au tout début du siècle, qui manifeste déjà une sorte de désillusion. Mais il faudra attendre les avancées scientifiques de l'égyptologie pour voir une véritable transformation du regard occidental sur l'Égypte. Au XIXe siècle, c'est donc cet assemblage du rêve et d'une réflexion sur la finitude, que ce soit celle des hommes ou des civilisations, qui emporte toujours la mise. En 1806, Chateaubriand, observant les pyramides de son regard moïséen, ne peut s'empêcher une réflexion sur le rôle du tombeau dans notre représentation de la mort, préfigurant sans doute le texte de Loti. Entre les deux, en plein milieu du siècle, des écrivains comme Flaubert ou Gautier réalisent bien avant Loti que l'objet a peut-être perdu de sa part de rêve. Paolo Tortonese souligne que

> [l]e sentiment d'une déperdition de l'authentique est commun aux voyageurs de cette époque, ainsi que le sentiment d'être en retard, par

rapport à une expérience pleine, lumineuse et intense comme celle qu'ont voulu communiquer les prédécesseurs [...][41].

Bien que tous les écrivains redisent en litanie que l'Égypte est éternelle, on est tout de même passé du rêve naissant d'un pays à découvrir, catalyseur d'un exotisme de la nouveauté, à un pays qui contemple sa propre mort, dont l'exotisme réside maintenant dans ces effrayantes momies que la nuit fait sortir de leurs tombeaux…

Bibliographie

BOUVET, Rachel, « Laissez-passer pour *Le désert* de Loti : de la relecture aux frontières de l'altérité et de l'illisible », *Études françaises*, vol. 40, n° 1, 2004, p. 149-168.

BRET, Patrice, « L'Égypte de Jomard : la construction d'un mythe orientaliste, de Bonaparte à Méhémet-Ali », *Romantisme*, n° 120, 2003, p. 5-14.

CHAMPOLLION, Jean-François, *Lettres et journaux écrits pendant le voyage d'Égypte*, recueillis et annotés par Hermine Hartleben, Paris, Christian Bourgois Éditeur, coll. « Épistémè », 1986 [1828-1830].

CHATEAUBRIAND, *Itinéraire de Paris à Jérusalem*, dans *Œuvres romanesques et voyages*, Paris, Garnier-Flammarion, 1968 [1811].

COULET, Henri, « Quelques aspects du mythe de l'Égypte pharaonique en France au XVIIIe siècle », dans Robert Ilbert et Philippe Joutard (dir.), *Le Miroir égyptien*, Marseille, Éditions Jeanne Laffitte, 1984, p. 21-28.

DENON, Dominique Vivant, *Voyage dans la Basse et la Haute Égypte pendant les campagnes du Général Bonaparte*, Paris, Le Promeneur, 1998 [1802].

DURAND, Gilbert, « Une autre cité : l'Égypte », *Cahiers de l'Université St-Jean de Jérusalem*, Paris, Berg, 1976, p. 155-176.

ENAN, Laïla, « L'Égypte pharaonique : un mythe, des romans français aux romans égyptiens », dans Robert Ilbert et Philippe Joutard (dir.), *Le Miroir égyptien*, Marseille, Éditions Jeanne Laffitte, 1984, p. 29-39.

---

[41] Paolo Tortonese, *loc. cit.*, p. 12.

FOLEY, François, « La ville ancienne et la construction de l'espace romanesque dans *Le Roman de la momie* de Théophile Gautier », dans Hédia Abdelkéfi (dir.), *Agora. Les Cahiers de l'Ercilis*, n° 3, Tunisie, Équipe de Recherche en Civilisation et Littérature de Sfax (Ercilis), 2003, p. 117-142.

GRIMAL, Nicolas, *Histoire de l'Égypte ancienne*, Paris, Fayard, 1988.

HUMBERT, Jean-Marcel, *L'Égyptomanie dans l'art occidental*, Paris, ACR, 1989.

JOUANNY, Robert, «Loti et Chevrillon, voyageurs "fin de siècle"», dans Ilana Zinguer (dir.), *Miroirs de l'altérité et voyages au Proche-Orient*, Genève, Éditions Slatkine, 1991, p. 269-280.

LOTI, Pierre, *La Mort de Philae*, dans *Voyages (1872-1913)*, Paris, Laffont, coll. « Bouquins », 1991 [1909], p. 1235-1349.

MONTALBETTI, Christine, *Le Voyage, le monde et la bibliothèque*, Paris, PUF, coll. « Écriture », 1997.

MOURA, Jean-Marc, *La littérature des lointains : histoire de l'exotisme européen au 20e siècle*, Paris, Champion, 1998.

MOUSSA, Sarga, *Le Voyage en Égypte — De Bonaparte à l'occupation anglaise*, Paris, Robert Laffont, « Bouquins », 2004.

NERVAL, Gérard de, *Voyage en Orient*, vol. 1, Paris, Garnier-Flammarion, 1980 [1851].

TORTONESE, Paolo, « Présentation et notes » dans Théophile Gautier, *Voyage en Égypte*, Paris, La Boîte à Documents, 1991 [1869], p. 7-24.

VATIN, Jean-Claude, « Une rupture dans la tradition du récit de voyage : Vivant Denon en Égypte », dans *La Fuite en Égypte*, Le Caire, CEDEJ, 1989, p. 185-228.

Explorateurs

Exploration, émigration, initiation.
Les parcours nordiques de Xavier Marmier

Maria Walecka-Garbalinska
Université de Stockholm

Xavier Marmier (1808-1892), académicien et polygraphe français, fut aussi un voyageur professionnel ayant, comme destination privilégiée, les pays scandinaves. Il s'y rend à plusieurs reprises, entre 1836 et 1839, à bord de la corvette *La Recherche* en tant que membre des expéditions organisées par la Commission Scientifique du Nord au ministère de la marine. Il en découle plusieurs publications dont un recueil de relations de voyage et d'essais intitulé *Lettres sur le Nord*[1] et deux romans aujourd'hui oubliés : *Deux émigrés en Suède*[2] et *Les fiancés du Spitzberg*[3]. Ces trois ouvrages, issus d'une même expérience, permettent de considérer la configuration du parcours et de l'espace par rapport à leur support générique et à un imaginaire nordique figé.

Fidélité et mélancolie

Les textes rassemblés dans les deux volumes des *Lettres sur le Nord*, publiés initialement dans des revues au fur et à mesure que Marmier découvrait telle ou telle région de la Scandinavie, datent des voyages qui s'échelonnent sur une période de trois ans. Le parcours ne devient donc une réalité textuelle qu'au moment de la publication en volume, ce qui implique la nécessité de choisir entre la chronologie et la géographie, entre la dimension temporelle et spatiale. Le principe d'organisation semble d'abord être géographique : il s'agit de suivre un itinéraire prévi-

---

[1] Xavier Marmier, *Lettres sur le Nord. Danemark, Suède, Norvège, Laponie et Spitzberg*, Paris, Delloye, 1840 [2 tomes].
[2] Xavier Marmier, *Deux émigrés en Suède*, Paris, Journal Le Pays, 1849.
[3] Xavier Marmier, *Les fiancés du Spitzberg*, Paris, Hachette, 1896 [1858]. Marmier est souvent mentionné dans les travaux comparatistes en tant que spécialiste des langues et des cultures des pays scandinaves qui, avec ses traductions et ses nombreuses publications dans la *Revue des Deux Mondes* et la *Revue de Paris*, joua un rôle de premier plan en tant qu'intermédiaire culturel, surtout entre la France et la Suède. En revanche, sa production romanesque n'a jamais été, que je sache, sérieusement examinée. Voir à ce sujet Uno Willers, *Xavier Marmier och Sverige*, Stockholm, Norstedt, 1949 (avec un résumé en français).

sible selon l'axe Sud-Nord[4]. La relation commence donc dans l'Allemagne du Nord, se poursuit avec la visite à Copenhague, l'arrivée à Helsingborg dans le sud de la Suède, la traversée du pays jusqu'à Stockholm, pour finir à Christiania, c'est-à-dire l'actuelle Oslo. Dans le second volume, l'itinéraire de l'expédition à laquelle Marmier participa en 1838-1839 est fidèlement respecté : après avoir rejoint *La Recherche*, par voie de terre, dans le port de Trondheim, il va jusqu'au Cap Nord et revient ensuite par la Laponie, la Finlande et la Suède qu'il parcourt du Nord au Sud « dans toute sa longueur[5] ». L'année suivante, il s'embarque de nouveau pour visiter les Féroé et le Spitzberg.

La caractéristique fondamentale de la démarche de Marmier dans ses *Lettres sur le Nord* est celle même du récit de voyage romantique, à savoir la tension entre la visée didactique inhérente au genre et la subjectivité – pleinement assumée par l'auteur – du regard posé sur le territoire parcouru. Son objectif déclaré est de remédier à l'ignorance de ses concitoyens « à l'égard des contrées septentrionales[6] » par une relation de voyage qu'il veut « fidèle ». En effet, on n'a pas besoin de « moyens artificiels », dit Marmier, pour décrire un pays « par lui-même si varié et si beau ». L'agrément étant déjà dans l'objet de la description, le parti pris de fidélité devrait donc se traduire par un récit naturel, un degré zéro du discours viatique en quelque sorte. Or, il n'en est rien : quelques lignes plus loin l'auteur déclare qu'il s'agit surtout d'une œuvre de « tendre et mélancolique sympathie[7] », « entreprise avec amour, préparée par des études spéciales, et achevée sur les lieux mêmes qui en font le sujet[8] ». À cette démarche qui veut concilier le souvenir avec la découverte, un parcours livresque[9] avec un rapport émotionnel particulier à l'espace parcouru, correspond une esthétique qu'on pourrait dire de mélancolie érudite.

---

[4] Ainsi, par exemple, la lettre de Christiania remonte à son premier voyage en Suède, alors que celle de Stockholm, qui la précède, date du second. Pourtant, la visite obligée dans les anciennes mines de Falun est décrite avant celle de Stockholm, bien que Falun soit située à plus de 200 kilomètres au nord de la capitale suédoise. La raison de cette dérogation est peut-être que le reportage des mines de Falun date de 1837, tandis que celui de Stockholm date de l'année suivante. L'auteur aurait préféré ici l'ordre chronologique au respect absolu de l'axe Sud-Nord.
[5] Xavier Marmier, *Lettres sur le Nord*, Tome I, p. VI.
[6] *Ibid.*, p. VII.
[7] *Ibid.*, p. VII.
[8] *Ibid.*, p. VII.
[9] Les nombreux titres d'ouvrages antérieurs cités dans la préface trahissent l'épaisseur intertextuelle du territoire nordique et le caractère médiatisé de l'exploration entreprise par l'écrivain.

Celle-ci tend, chez ce romantique attardé, à obnubiler la dimension géographique du parcours et aboutit à un texte hybride : loin d'être une relation de voyage proprement dite, les *Lettres* se présentent comme une réécriture du Nord par un sujet bien documenté, délibérément subjectif et ouvertement fasciné.

Interventions lyriques

La tension entre la volonté d'instruire et de s'instruire, d'une part, et la spatialisation du moi, de l'autre, se manifeste déjà dans l'alternance des lettres qui sont de savantes compilations sur des sujets scandinaves (histoire, littérature, enseignements) avec d'autres lettres où telle étape de l'itinéraire sert de prétexte à la réflexion ou à l'introspection. Les plus significatifs, et parfois déroutants, sont cependant les passages lyriques versifiés qui, sans solution de continuité, viennent s'intégrer au compte rendu strictement informatif. Ainsi, par exemple, la description du voyage à travers la Suède au mois de janvier commence par un exposé érudit sur les mœurs du pays et la topographie de ses différentes régions[10], mais Marmier l'abandonne un peu au nord de Stockholm pour passer à ce qui l'a « vraiment ému pendant ce voyage », à savoir « l'aspect de l'hiver dans ces contrées septentrionales[11] ». Tout un arsenal imaginaire – qui n'est pas inattendu – du silence et du vide (« le silence du sommeil », « le silence de la mort », « silence universel de la nature », « ces solitudes de neige »[12]) amène par contraste le thème de l'espoir symbolisé par l'étoile polaire, ce qui accomplit le glissement définitif du paysage extérieur vers le paysage intérieur, de la description vers l'effusion :

> […]
>
> Oh ! viens ! Viens de nouveau, tandis que je poursuis
>
> Mon chemin isolé vers un horizon sombre,
>
> Laisse-moi te revoir dans le calme des nuits,
>
> Laisse-moi contempler ton doux flambeau dans l'ombre[13].

Un effet de rupture encore plus fort est produit par le poème consacré à l'arbre solitaire de Bossekop. On le trouve non pas, comme le précédent, à la fin d'une séquence descriptive, mais en plein milieu d'une

---

[10] *Ibid.*, p. 168-182.
[11] *Ibid.*, p. 182.
[12] *Ibid.*, p. 183.
[13] *Ibid.*, p. 185.

relation particulièrement objective. En parcourant la Norvège septentrionale, le voyageur aperçoit soudain un pin desséché agrippé à un rocher et cet élément banal du paysage se transforme immédiatement en image sensible de son propre destin :

> [...]
>
> Mais je suis resté seul : je languis et j'implore
>
> La nuit d'hiver qui doit bientôt me renverser[14].

Après cette parenthèse lyrique, le narrateur reprend son récit au point où il l'a interrompu et continue à entasser des informations sur la région de Hammerfest, qu'il est en train de visiter. « Le récit de voyage est inséparable d'un poème » ; cette remarque générale de Pierre Brunel[15] trouve dans les *Lettres sur le Nord* une illustration littérale malgré la maladresse et la naïveté des vers. Alors que la description bascule dans l'épanchement lyrique, que les espaces extérieurs et intérieurs se télescopent, le repère géographique concret perd de son importance et le parcours s'inscrit sur la carte en pointillé opéré par la prétérition (« Je ne décrirai pas non plus les cinq à six villes par lesquelles je n'ai fait que passer[16] »). La parcimonie des indications temporelles et spatiales donne un caractère irréel au voyage où, finalement, seules comptent les ambiances induites par l'espace parcouru et la course elle-même, le déplacement *déterritorialisé* :

> Ainsi livré au charme de cette solitude, subjugué par la féerie de ces nuits paisibles, je poursuivais ma route *sans en mesurer la longueur, sans calculer le temps*[17], et quand je voyais briller la lampe du "gästgivargård" où je devais m'arrêter, je me disais : Déjà ! Et je regrettais que ma course fût sitôt finie[18].

Le Nord de Marmier, quand il est vécu en dehors du temps et de l'espace concrets, n'est pas l'objet de l'exploration mais reste surtout un territoire de la rêverie ouvert à toutes les utopies et toutes les uchronies. Espace soustrait à la déchéance, où le temps ne s'écoule pas, le Nord devient un fantasme d'éternité : « ici toute promesse d'affection est sa-

---

[14] Xavier Marmier, *Lettres sur le Nord,* Tome II, p. 137.
[15] Pierre Brunel, « Préface », François Moureau [dir.], *Métamorphoses du récit de voyage. Actes du Colloque de la Sorbonne et du Sénat*, Paris, Champion et Genève, Slatkine, 1986, p. 13.
[16] Xavier Marmier, *Lettres sur le Nord*, Tome I, p. 182.
[17] Nous soulignons.
[18] *Ibid.*, p. 200.

crée ; le temps n'amène pas l'oubli du cœur, et l'absence ne légitime pas le parjure[19] ».

Subversion des clichés

Alors que l'altérité du Nord se trouve ainsi transposée sur le plan spirituel, où elle acquiert une valeur emblématique et universelle, le texte estompe la différence concrète, neutralise la spécificité topographique, climatique et culturelle de l'espace visé. En effet, si l'on peut parler du Nord en tant que système discursif, le récit de Marmier ressemblerait à une subtile subversion de ce système par le moyen de quelques stratégies récurrentes. L'une d'elles consiste à relativiser l'opposition Nord-Sud en la transposant à l'intérieur de l'espace nordique lui-même. Il affirme, par exemple, que Haparanda, une des villes les plus septentrionales de Suède, est « jolie » quand on vient des régions encore plus proches du pôle, mais il trouve naturel qu'un voyageur suédois, arrivant de la direction opposée, en ait fait un triste tableau[20]. Les changements saisonniers jouent le même rôle dans la perception du territoire scandinave : on découvre un pays différent, selon qu'on y voyage en hiver ou en été. En multipliant et confrontant ainsi les impressions de ses différents séjours en Suède[21], Marmier détache l'hivernité du paradigme du Nord et amorce une démythification de cet espace imaginaire.

L'éloignement géographique lui-même, condition première de l'exotisme, est remis en question. Le Cap Nord, par exemple, « cette dernière limite de l'Europe » est, somme toute, assez accessible à l'expérience commune : le chemin pour l'atteindre depuis Hammerfest, dit l'auteur, « n'est [...] ni aussi pénible, ni aussi dangereux que certains touristes l'ont dépeint. Nous l'avons fait en trois jours ; d'autres l'ont fait en moins de temps encore[22] ».

D'autre part, de nombreux parallèles établis avec les réalités méridionales ou orientales réduisent la distance entre les deux pôles du schéma dichotomique Nord-Midi. Ainsi, l'imaginaire oriental peut être convoqué dans la description du séjour parmi les Lapons :

> À voir alors les étincelles de notre foyer [...], notre tente debout dans l'ombre, et cette forêt ténébreuse, et nous tous, couchés par terre au-

---

[19] *Ibid.*, p. 266.
[20] Xavier Marmier, *Lettres sur le Nord*, Tome II, p. 193.
[21] *Ibid.*, p. 182 et 232.
[22] *Ibid.*, p. 115.

tour du conteur, on eût dit une assemblée d'Arabes écoutant une des traditions d'Antar[23].

Ailleurs, tel élément de la topographie scandinave est, au contraire, rendu familier et dépouillé de sa nordicité exotique par le rapprochement explicite à l'espace d'énonciation. Une vallée encadrée par une forêt de sapins se présente « comme un paysage du Midi dans une bordure noire » et les clochettes du troupeau transportent le voyageur « auprès des chalets de la Franche Comté[24] », sa région natale.

À cet égard la description de Stockholm est exemplaire. Le voyageur y procède à une véritable traduction du paysage urbain étranger où, pour chaque élément architectural, humain et même lexical qui le compose, il trouve un équivalent méridional : les fringantes *pigor* sont les sœurs des grisettes, le panorama de la ville du haut de Mosebacke fait penser à Strasbourg ou à Lausanne, l'église de Riddarholm devient la basilique Saint-Denis suédoise et le salon d'un noble de Stockholm ne se distingue en rien d'un salon parisien[25]. Si la comparaison avec ce qui était préalablement connu est un procédé inhérent au récit de voyage, il aboutit souvent chez Marmier, par ses proportions et son emploi systématique, à la négation de l'altérité de l'espace étranger, ce qui semble correspondre à une conviction intime de l'auteur qui déclare : « il est une heure où toute différence de langue, de caractère, d'origine disparaît[26] ». La découverte de soi dans l'Autre adopte un caractère euphorique dans les *Lettres*, mais occasionne aussi une certaine déception chez le voyageur ; tel serait le sens de cette « mélancolique sympathie » dont il est question dans la préface du recueil.

Daniel Claustre, qui a étudié « L'image du grand Nord dans les relations de voyage du XIXe siècle »[27], a constaté la même manie de comparaisons inattendues chez des explorateurs comme Kane ou Parry qui, à huit degrés du Pôle, parlent de la baie de Naples et des ciels d'Italie. Il s'agirait donc d'une constante rhétorique dans la description du grand Nord dont on pourrait se demander si elle est particulière au XIXe siècle

---

[23] *Ibid.*, p. 154.
[24] *Ibid.*, p. 186-187.
[25] *Ibid.*, p. 217 et suivantes.
[26] *Ibid.*, p. 221. Ce procédé n'est point réservé dans les *Lettres sur le Nord* à la description des pays scandinaves. Marmier en abuse souvent, comme dans le rapide tableau du Mecklembourg, où dans l'espace de quelques lignes, il y a des références aux « landes du Midi », à la Normandie, la Suède et la Flandre.
[27] Daniel Claustre, « L'image du grand Nord dans les relations de voyage du XIXe siècle », *Les carnets de l'exotisme*, n° 17-18, 1996, p. 28.

européen. Daniel Claustre interprète ce procédé comme le refus de l'exotisme. On pourrait y voir aussi, du moins en ce qui concerne Marmier, un exotisme à l'envers ou un exotisme négatif : le territoire que l'on découvre surprend, non par sa différence, mais au contraire, par sa ressemblance avec le territoire d'énonciation. On y trouve ce qui ne devrait pas s'y trouver et cette attente trompée elle-même tient lieu du pittoresque ou de l'étrange.

La réduction imaginaire de la distance géographique et de l'écart culturel va de pair, dans le récit de Marmier, avec la subversion du stéréotype d'un Nord inculte et sauvage, perceptible surtout dans les lettres consacrées à la Suède septentrionale. Le voyageur y retrouve, notamment, les formes de sociabilité et les habitudes alimentaires qui sont les siennes : on lui sert du thé dans des tasses en porcelaine et du melon « mûri par un beau rayon de soleil sur cette terre boréale[28] ». On remarque le même jeu, avec l'horizon d'attente propre à un récit de voyage dans le Nord, dans le passage consacré au soleil de minuit observé le 25 juin sur Avasaxa. Au lieu de fournir, comme ses prédécesseurs, une description pittoresque ou scientifique, Marmier raconte, sur un ton ironique et moqueur, l'anecdote d'un touriste anglais qui s'est pendu en rentrant chez lui car il n'avait pas pu admirer le célèbre phénomène naturel à cause des nuages. Dans le même esprit de dérision, l'auteur se livre à un renversement de la perspective en pastichant les légendes locales engendrées par le voyage du futur roi Louis-Philippe en Norvège en 1795 :

> On raconte donc qu'une fois il arriva ici des contrées du sud, de ces contrées merveilleuses où les arbres portent des pommes d'or, un grand prince, qui cachait, comme dans les contes de fées, son haut rang et sa fortune sous le simple habit de laine norvégien[29].

Il faut reconnaître néanmoins que le versant négatif du mythe du Nord est également présent chez Marmier. Dans la description de l'hiver en Suède ou dans sa relation du Spitzberg, il reprend à son compte la plupart des lieux communs du discours sur le Nord et rejoint souvent cette observation de Madame de Staël dans *Dix années d'exil :* « Il n'y a

---

[28] Xavier Marmier, *Lettres sur le Nord*, Tome I, p. 212.
[29] *Ibid.*, p. 188.

[…] rien à dire et bien peu à faire dans une province du nord suédois ou russe[30] ».

Deux émigrés en Suède : vers une utopie passéiste

Cette dimension conventionnelle de l'imaginaire nordique dominera surtout dans les deux romans scandinaves de Marmier, *Deux émigrés en Suède* et *Les fiancés du Spitzberg,* qui ont une structure narrative analogue : départ d'un jeune Français vers l'extrême Nord, série d'épreuves et d'expériences liées à la particularité géographique et culturelle du territoire parcouru, découverte de l'amour et retour au pays d'origine sous le signe de l'échec. La confrontation avec l'étranger se fait dans les deux cas par l'intermédiaire d'un guide féminin autochtone qui confère au voyage scandinave une dimension initiatique. Objet d'une passion impossible de la part du voyageur, la femme-initiatrice meurt, une fois sa mission accomplie.

Dans les deux récits, le parcours du héros a, au départ, un but bien précis ; l'espace qui l'en éloigne apparaît, par conséquent, comme un obstacle à vaincre. Dans *Deux émigrés en Suède* un jeune officier royaliste français s'exile à la suite de la Révolution de 1830 et part dans le Nord de la Suède rejoindre son oncle, qui y est installé depuis une vingtaine d'années. Dans *Les fiancés du Spitzberg* le motif est platement utilitaire : un négociant dunkerquois envoie le capitaine Marcel Comtois dans la région du Svalbard d'où il doit rapporter une cargaison de peaux et d'huile de baleine. Toutefois, en plus de ces objectifs déclarés, qui réduisent le voyage vers le Nord à une conquête physique de l'espace, les deux départs ont une raison plus obscure qui, elle, détermine un autre rapport au territoire parcouru et l'investit de significations idéologiques et symboliques. Ainsi, au début du roman sur les deux émigrés, on voit le jeune Parisien, Irénée de Vermondans, se rendre jusqu'au bord du golfe de Bothnie dans l'extrême nord de la Suède. La traversée, et avec elle le discours informatif dont elle était souvent le prétexte dans les *Lettres*, sont maintenant escamotés dans l'ellipse narrative :

> Étranger à la Suède, il la parcourait depuis un mois avec une foule d'émotions inattendues, et plus il s'avançait vers le Nord, plus il sentait s'accroître sa surprise. Après avoir traversé les provinces méridionales de ce royaume qui touchent à la Baltique, et celles où se détache le vaste bassin d'argent du lac Mélar, et Stockholm la ville superbe,

---

[30] Madame de Staël, *Dix années d'exil*, cité dans Vincent Fournier, *Le voyage en Scandinavie. Anthologie de voyageurs 1627-1914*, Paris, Laffont, coll. « Bouquins », 2001, p. 164.

puis Upsal, sanctuaire des anciens dieux, puis l'active et industrieuse cité de Gefle, il se trouvait maintenant au sein d'une contrée muette, inanimée, ensevelie sous un blanc linceul[31].

La logique d'un récit de fiction subordonne ici la description à la narration et conduit le héros directement vers le lieu de son aventure, à travers un paysage réduit à son contenu symbolique fondamental : silence, isolement, hivernité, mort blanche. L'apprivoisement de l'espace par un jeu de comparaisons et de rapprochements, procédé si fréquent dans les *Lettres*, n'est ici ni possible ni souhaitable. Le regard de celui qui voyage pour arriver quelque part reste extérieur et impose, au contraire, une rhétorique du contraste et de la surprise provoquée par l'étrangeté du spectacle : « plus il s'avançait au Nord, plus il sentait s'accroître sa surprise[32] ». Sur son rapide traîneau, de Vermondans glisse dans un monde d'épouvante qui le saisit « d'une sorte d'effroi mystérieux ». La comparaison des plaines enneigées avec le désert confère au parcours un aspect purificateur, voire initiatique :

> Tout était comme noyé et englouti dans un océan brumeux, dans ces mobiles colonnes de neige impétueuses et irrésistibles comme les trombes de sable du désert[33].

Or, le jeune officier a entrepris ce voyage dans l'espoir de guérir « l'agitation de son esprit » par « la variété des scènes et des tableaux qui tour à tour se dérouleront à ses yeux[34] ». Mais le lecteur, sinon le personnage lui-même, aura bientôt compris que le voyage vers le Nord n'est pas un remède moral, du moins pas celui auquel l'exilé s'attendait. Au lieu de le divertir au sens pascalien du terme, le Nord lui tendra le miroir de la connaissance de soi : dans cette « inanimation de la nature, dans cette morne uniformité » il verra l'image de « l'atonie de son âme malade[35] ».

Alors que l'évocation de la nature nordique est marquée par une négativité conventionnelle, les composantes culturelles de l'espace étranger en font, au contraire, un espace idyllique. Le schéma imaginaire des trésors cachés sous une surface stérile et hostile ouvre la voie à un récit de la quête où le dépouillement et les privations imposées par la nature constituent une épreuve qui donne accès à une existence idéale. L'exilé français la connaîtra, en effet, dans la demeure isolée de son oncle. C'est en y

---

[31] Xavier Marmier, *Deux émigrés en Suède*, p. 2.
[32] *Ibid.*, p. 2.
[33] *Ibid.*, p. 25.
[34] *Ibid.*, p. 8-9.
[35] *Ibid.*, p. 9.

découvrant, derrière le dénuement de la nature, les richesses humaines et culturelles du Nord, qu'Irénée de Vermondans abandonne peu à peu la morne délectation de la mélancolie pour s'ouvrir à l'espace du dehors et finalement comprendre le sens de sa mission. Dans cette quête, il est guidé par sa sombre et mystérieuse cousine Ebba qui assure le lien entre le monde réel et la sphère merveilleuse de la mythologie scandinave. C'est elle qui initie le jeune homme aux langues et croyances populaires suédoises, qui lui révèle le sens des usages ancestraux intégrés aux fêtes chrétiennes. En guise d'épreuve initiatique Irénée aura en plus à abattre un ours lors d'une chasse particulièrement dramatique. Finalement, il est confronté à des modes de vie et de pensée différents entre lesquels il devra faire son choix. D'un côté, le vieux comte de Vermondans, qui représente la résistance inconditionnelle au progrès et à la science, se dit heureux de vivre parmi un peuple qui « n'a point encore sacrifié aux belles leçons des temps modernes son ancienne poésie[36] ». D'autre part, le mondain Irénée est fasciné par l'idéal de vie que représente un autre personnage proche de sa famille suédoise, Eric Guldberg, jeune pasteur et savant helléniste. Celui-ci suggère une issue possible de la dialectique de la science et de la poésie, du progrès et de la tradition, en montrant qu'il peut y avoir une poésie de l'intelligence et une ouverture au monde qui n'excluent pas la fidélité : « Croyez-vous qu'il n'y ait pas encore de la poésie dans le développement le plus matériel en apparence des sociétés civilisées? [37] » Marmier élargit ici la conception romantique du Nord comme espace poétique, telle que Mme de Staël l'a définie et dont le vieil immigré est un partisan inconditionnel dans le roman. Le Nord, épargné par l'action corruptrice de la civilisation, abri de l'enfance des peuples préservée à l'état pur, cède la place à une image, tout aussi idéalisée, d'un Nord pratique, préoccupé par le bien-être matériel, industrieux et modeste, mais néanmoins pénétré du sens du merveilleux. La Suède que découvre le jeune aristocrate français offre l'exemple d'une synthèse réussie de la nature et de la culture, de la science et de la religion, de la raison et de l'imagination. Mais cette vision séduisante se montre impossible à réaliser ailleurs : la loi de l'honneur prend finalement le dessus sur la morale protestante du travail honnête et tranquille. Vermondans quitte Ebba et revient en France pour y périr en défendant le drapeau blanc des insurgés vendéens.

---

[36] *Ibid.*, p. 24.
[37] *Ibid.*, p. 32.

Le message de ce roman d'apprentissage fort didactique semble donc osciller entre une idéologie passéiste et une vague utopie sociale sans réussir à les intégrer dans la fiction d'une façon convaincante. Le territoire nordique se trouve ainsi investi des contradictions idéologiques propres au romantisme français, encore très présentes chez Marmier, tandis que la représentation du Nord du point de vue de l'exilé français constitue l'apport original et moderne de ce récit d'émigration.

Les fiancés du Spitzberg : exploration et initiation

Dans *Les fiancés du Spitzberg*, une motivation inavouée du héros détermine également la configuration narrative du parcours. En prenant le commandement du navire qu'il doit conduire jusqu'au Spitzberg, Marcel espère réaliser un rêve, nourri par d'innombrables lectures, mais inaccessible jusqu'ici faute de moyens : diriger une expédition scientifique vers le Grand Nord. Le récit d'aventures et de la quête intérieure se doublera de l'exploration de l'épaisseur intertextuelle de l'espace.

Discours scientifique

Tout ce que Marmier n'a pas vécu lui-même pendant son voyage au Spitzberg, qui, comme il l'assure dans la préface des *Lettres*, s'est passé dans le confort et la sécurité, il le fait vivre à ses personnages. Rien ne leur est épargné de ce qui fait partie d'un récit typique de voyage dans le Grand Nord : ni la disparition de plusieurs compagnons au cours d'une tempête, ni la révolte de l'équipage, ni une attaque des morses, ni, bien sûr, la lutte permanente contre la mer, le froid et le découragement.

Le discours scientifique ou didactique se déroule, simultanément, sur trois niveaux du texte : il y a d'abord le narrateur qui ne manque aucune occasion d'étaler son érudition, ensuite et surtout, le personnage principal, le capitaine français Marcel, qui semble avoir tout lu au sujet des régions qu'il traverse : la faune et la flore, les phénomènes climatiques, l'histoire des découvertes, rien ne lui est étranger. Il continue d'ailleurs à s'instruire durant le voyage et c'est en relisant avec ses compagnons d'infortune « les relations les plus dramatiques des hivernages dans le Nord[38] » qu'il se distrait pendant sa propre captivité dans les glaces du Spitzberg. Finalement, un troisième niveau du discours scientifique se développe dans les notes de bas de page qui, soit donnent les références bibliographiques des ouvrages lus par Marcel, soit apportent des com-

---

[38] Xavier Marmier, *Les fiancés du Spitzberg*, p. 357.

mentaires érudits (par exemple, l'explication des quatorze termes anglais désignant les différents types de glace[39]).

Les explorateurs les plus souvent mentionnés dans le roman sont William Edward Parry et John Ross, tous les deux auteurs de relations des voyages écrits lors de la recherche du passage au Nord-Ouest dans les années 1820-1830. On trouve aussi le nom de Scoresby et une référence à l'expédition de la corvette *La Recherche* à laquelle Marmier lui-même a participé. Mais des voyages imaginaires, comme *Trois navigations admirables faictes au septentrion* de 1599, et maints auteurs anciens et modernes sont également évoqués pour cautionner les expériences des personnages romanesques. L'insertion de la mythologie et des légendes populaires dans la description est d'ailleurs, on l'a vu, un trait constant de la représentation du Nord chez Marmier. Le réseau intertextuel particulièrement dense ici, dont l'auteur recouvre le territoire du Grand Nord, correspond à son refus d'opposer l'explication scientifique du monde à l'explication poétique et traduit cette nostalgie romantique du merveilleux qui s'affirmait sans ambages dans *Deux émigrés en Suède*.

L'ambition encyclopédique aboutit dans *Les fiancés du Spitzberg* à une contradiction flagrante : alors que le parcours tracé par la fiction romanesque vise l'expérience de l'inconnu et de l'inédit, le discours référentiel le réduit à la lecture des couches intertextuelles successives. Apparaît d'ailleurs dans le roman un personnage qui semble n'avoir d'autre fonction que de figurer cette contradiction dans une espèce de mise en abyme. Il s'agit d'un médecin échoué dans une bourgade de l'extrême Nord norvégien qui ne supporte l'isolement culturel et la nuit perpétuelle de l'hiver que grâce à sa passion des livres. Faute de pouvoir faire le tour du monde et de s'illustrer par « quelque mémorable découverte », il se réfugie dans les récits de voyage. Ses parcours imaginaires s'effectuent évidemment dans le sens inverse par rapport à celui que suivent les autres personnages du roman : « [d]u sein de nos remparts de glaces, dit-il, je parcours avec un voyageur les splendides contrées des tropiques[40] ». Chez Marmier, le voyage est toujours inséparable de la mélancolie, même au deuxième degré du discours viatique.

Ce thème récurrent de la mélancolie romantique s'incarne, dans les deux romans scandinaves de Marmier par la figure d'un guide inspiré qui rappelle l'existence d'un au-delà tout en initiant le voyageur à la mythologie et la poésie du Nord. Dans *Les fiancés du Spitzberg* il s'agit d'une

---

[39] *Ibid.*, p. 185.
[40] *Ibid.*, p. 138.

jeune fille suédoise, Carine, qui fait partie de l'équipage et que Marcel épouse dans un décor fabuleux de glace et de froid. Les grandioses spectacles de la nature qui accompagnent la naissance de leur amour confèrent une dimension quasi mythique au séjour sur l'île. Le paysage polaire offre, en effet, l'image du chaos originel : « À voir dans cette muette immobilité les masses confuses de neige et de glace sous leur dôme de vapeurs, on eût dit l'image du globe dans son état primitif, le spectacle du chaos[41] ».

Mais avec le retour de la lumière, ils éprouvent le sentiment d'assister à la création du monde et de surgir, tels Adam et Ève, dans un Éden glacé qu'ils s'appliqueront à aménager de leur mieux : « C'était l'aurore d'un nouveau jour après les ténèbres, c'était la magnificence d'un des prodiges de la création, après l'image du néant[42] ». Grâce à la présence et à la mort de Carine, « fée du Nord », le parcours du héros acquiert la dimension symbolique de l'exploration des mystères de la nature et de la destinée. « Plus vieux, il aurait reconnu peut-être que ce voyage était, dans un court espace de temps, une des fréquentes images du voyage de la vie[43] », commente le narrateur.

Il serait exagéré de parler de récits initiatiques à propos de ces deux romans, comme on a pu le faire pour *Le voyage au centre de la terre* de Jules Verne ou *Laura* de George Sand, situés eux aussi dans les régions polaires et presque contemporains du dernier roman de Marmier[44]. Ce qui manque ici, c'est la dimension sacrée et les rites d'initiation proprement dits. Cependant, en vertu du potentiel imaginaire d'un espace géographique associé au royaume de la mort, le déplacement vers le Nord apparaît toujours comme une forme d'épreuve à caractère initiatique. Dans *Les fiancés du Spitzberg* cette signification est directement annoncée par le spectacle des ossements et des tombeaux délabrés que l'équipage découvre dès son arrivée sur l'île où il aura à passer trois mois dans les ténèbres et le « silence sépulcral[45] » de la nuit arctique.

Un trait commun aux trois parcours littéraires de Marmier est l'hybridation générique qu'ils produisent. Les relations de voyage em-

---

[41] *Ibid.,* p. 243.
[42] *Ibid.,* p. 245.
[43] *Ibid.,* p. 410.
[44] Voir Simone Vierne, « Deux voyages initiatiques en 1864 : *Laura* de George Sand et *Le voyage au centre de la terre* de Jules Verne », Léon Cellier (dir.), *Hommage à George Sand,* Paris, Presses universitaires de France, 1969, p. 101-114.
[45] Xavier Marmier, *Les fiancés du Spitzberg,* p. 243.

pruntent la forme épistolaire qui justifie l'intériorisation du parcours et permet l'émergence du discours poétique. Dans les romans, la configuration narrative et thématique du parcours est en grande partie soumise aux exigences du récit d'exploration et d'initiation, mais les dépasse aussi par ses visées idéologiques et scientifiques. Le roman d'aventures efface par son intertextualité envahissante la frontière entre la fiction et la référence, tandis que le thème de l'émigration ajoute une dimension politique actuelle au récit de voyage scandinave. La saturation intertextuelle, subjective et idéologique de l'espace parcouru rend ainsi la description fidèle et naïve – objectif initial de Marmier – et même la description tout court, fort problématique.

Qu'ils soient fictionnels ou qu'ils affichent une ambition de fidélité au réel, les textes de Marmier, issus de ses voyages dans le Nord scandinave, exploitent les deux versants du mythe du Nord. D'une part, la négativité de la nature est instrumentalisée dans le parcours symbolique de la quête. De l'autre, la configuration utopique de l'espace nordique nourrit un rêve passéiste et l'idée de la réconciliation entre nature et culture, articulés le plus clairement dans les *Lettres sur le Nord* et dans *Deux émigrés en Suède*. Certaines lettres esquissent pourtant – par des jeux de comparaisons, un renversement de perspective, un exotisme négatif – un dépassement, sinon une déconstruction, de l'imaginaire nordique conventionnel.

Ces stratégies de familiarisation qui, dans le récit d'émigration passent par le dédoublement du regard étranger et dans le roman d'exploration par la stratification intertextuelle, font du Nord un espace qui est toujours déjà parcouru, toujours déjà vu et approprié. Il devient, par conséquent, indissociable de l'irrémédiable mélancolie. Pour la configuration de l'espace, l'attitude fondamentale d'un sujet qui le parcourt à la recherche de soi et la prégnance des schémas imaginaires s'avèrent plus importantes que la médiation des genres littéraires, voire même l'expérience directe du territoire. Car, comme Jean-Marie Grassin l'a remarqué dans *La géocritique mode d'emploi*, « [l']espace ne peut qu'être relatif à l'homme qui l'habite, le délimite par la parole, le dispose devant lui et autour de lui[46] ».

---

[46] Jean-Marie Grassin, « Pour une science des espaces littéraires », dans Bertrand Westphal (dir.), *La géocritique mode d'emploi*, Limoges, Presses universitaires de Limoges, 2000, p. I.

Bibliographie

CELLIER, Léon Cellier (dir.), *Hommage à George Sand,* Paris, Presses universitaires de France, 1969.

CLAUSTRE, Daniel, « L'image du grand Nord dans les relations de voyage du XIXe siècle », *Les carnets de l'exotisme,* n°s 17-18, 1996, p. 25-42.

FOURNIER, Vincent, *Le voyage en Scandinavie. Anthologie de voyageurs 1627-1914*, Paris, Laffont, coll. « Bouquins », 2001.

MARMIER, Xavier, *Les fiancés du Spitzberg*, Paris, Hachette, 1896 [1858].

_____, *Deux émigrés en Suède*, Paris, Journal *Le Pays*, 1849.

_____, *Lettres sur le Nord. Danemark, Suède, Norvège, Laponie et Spitzberg*, [2 tomes], Paris, Delloye, 1840.

MOUREAU, François (dir.), *Métamorphoses du récit de voyage. Actes du Colloque de la Sorbonne et du Sénat*, Paris, Champion et Genève, Slatkine, 1986.

WESTPHAL, Bertrand (dir.), *La géocritique mode d'emploi*, Limoges, Presses universitaires de Limoges, 2000.

WILLERS, Uno, *Xavier Marmier och Sverige*, Stockholm, Norstedt, 1949.

Vers l'immensité du Grand Nord.
Directions, parcours et déroutements dans les récits nordiques[1]

Daniel Chartier

Université du Québec à Montréal

> *Le pôle Nord n'est en somme qu'une abstraction de géomètre qui échappera toujours au désir de l'atteindre puisqu'il est en proie à la mouvance des dérives.*
>
> Pierre Perrault, *Le mal du Nord*[2]

L'imaginaire du Nord se manifeste dans différentes formes littéraires et culturelles ; l'inadéquation que l'expression de cet imaginaire pose entre, d'une part, un territoire intertextuel – disons, un système discursif appliqué *par convention à un territoire donné* – et, d'autre part, des écrivains et un lectorat qui n'ont qu'une connaissance partielle de la géographie à laquelle ces formes littéraires font référence, permet de soulever de riches problématiques quant aux rapports entre le réel et l'imaginaire. De plus, la récente prise de parole des *gens du Nord* (Inuits, allochtones et émigrés), qui se superpose aux textes des explorateurs, missionnaires et autres exogènes passagers, force la redéfinition d'un lieu que les représentations occidentales ont posé depuis des siècles comme une terre inhospitalière, stérile et à la limite de l'écoumène. Or, la volonté d'atteindre cette frontière de la connaissance, symbolisée tout au long des 19e et 20e siècles comme une conquête physique et technologique, s'inscrit dans les textes comme une tension irrésistible vers le pôle Nord (puis, dans un curieux renversement et par les mêmes acteurs, vers le pôle Sud). Compte tenu de la rareté et de la stérilité des lieux, cette tension présuppose l'établissement d'un parcours préalable, que l'absence de repère déjoue dans les récits au profit d'une nouvelle cartographie qui s'éloigne de plus en plus de la géographie pour se fondre dans l'immatériel : dans les récits du Nord, la quête physique du départ se dé-

---

[1] Cet article s'inscrit dans le cadre d'un projet de recherche financé par le Fonds québécois de recherche sur la culture et la société et du Laboratoire international d'étude multidisciplinaire comparée des représentations du Nord.
[2] Pierre Perrault, *Le mal du Nord*, Hull, Vent d'ouest, coll. « Passage », 1999, p. 131.

noue nécessairement au profit d'une quête conceptuelle, voire spirituelle. La nature du parcours (posé sur la carte, déterminé par des étapes et un point d'arrivée) s'efface dans la blancheur de la neige, le gel du temps et de l'espace, ainsi que des signes lumineux qui, au lieu de guider les voyageurs, les déroutent : devenus métaphoriques, le jour et la nuit, le soleil, la boussole, les cartes ne soulagent en rien le déroutement physique, puis spirituel des voyageurs. L'objectif de cet article est d'examiner comment, dans différents discours qui font référence au Nord[3] et à l'Arctique (notamment dans les récits d'explorateurs et les romans), l'exigence du parcours détermine certaines stratégies textuelles. Ces stratégies se déclinent sous forme de figures et d'éléments de la narration, mais aussi comme des schémas qui reproduisent des trajets qui prennent la forme d'une direction, d'une tension, d'un passage ou d'un renversement.

Plusieurs figures et personnages qui peuplent les récits nordiques évoquent le déplacement, le parcours et la relation de l'être au territoire. Que ce soit les personnages autochtones (amérindiens, inuits, métis ou lapons) ou scandinaves (vikings ou vagabonds, comme dans les romans de Knut Hamsun) qui vivent dans l'Arctique, les colons, chercheurs d'or, missionnaires, trappeurs et chasseurs du Nord historique, ou encore les personnages imaginaires des récits populaires (père Noël, ours polaire, monstre, iceberg et personnages surnaturels), tous se définissent par un mouvement ou un déplacement qui leur est propre. Le chercheur d'or *monte* au Nord en quête de richesse, le père Noël prévoit son *trajet* d'une maison à l'autre à partir du pôle Nord, l'Inuit *poursuit* la harde de caribous, le colon *repousse* les limites des régions habitées, etc. Le parcours dans la neige peut aussi prendre une forme métaphorique – ou purement esthétique, comme le sont au cinéma, dans *Fargo*[4], les traces laissées par une voiture dans la neige après une tempête. Ainsi, même perdu, le personnage de *Scènes de chasse en blanc* de Mats Wägeus pense tout de même à l'effet que produisent ses pas dans le blanc qui l'entoure : « Tout

---

[3] « Nord » renvoie ici à la nordicité telle que définie par le géographe Louis-Edmond Hamelin, c'est-à-dire au Nord, à l'hivernité et, de manière complémentaire, à la haute montagne. *Écho des pays froids*, Sainte-Foy, Presses de l'Université Laval, 1996, 482 p.
[4] Joel et Ethan Coen, *Fargo*, États-Unis, 1996, 98 min. Voir particulièrement le passage où une voiture dessine un tableau abstrait dans un stationnement : min. 22 s 24 à min. 22 s 44.

en continuant, je me suis efforcé de ne laisser derrière moi que des traces franches et nettes, qui devaient être belles à regarder d'en haut[5]. »

Nous remarquons par ailleurs que la nature des lieux impose une contrainte formelle : l'impossibilité de l'inaction. Dans un monde où les animaux, les plantes et le froid prennent des formes anthropomorphiques (ainsi, le froid et le bois deviennent vivants dans *Maria Chapdelaine* : « dès que Maria fût hors de l'abri des murs, le froid descendit sur elle comme un couperet, et la lisière lointaine du bois se rapprocha soudain[6]. ») et où les éléments inertes se personnifient, le sujet est contraint au mouvement et à la quête continuels. L'immobilité est réservée au paysage qui menace le sujet, comme le constate l'héroïne de *Kamouraska* d'Anne Hébert : « De nouveau l'immobilité. C'est le soir. Tout se fige. N'existe plus. Je suis seule. Et pourtant quelque chose de fixe et d'interdit m'épie dans le paysage pétrifié de Kamouraska[7]. » La description des lieux renvoie aussi à cette exigence du parcours qui fonde la nature même de la structure narrative : l'absence de repère, l'idée de frontière, de refuge (donc, d'étape possible dans un trajet), le nomadisme, etc. permettent d'alimenter et de fragmenter la narration en des séquences qui symbolisent l'avancée et le parcours sur le territoire.

Différents discours

La problématique du parcours s'inscrit dans le corpus nordique à la fois comme une direction, une tension, un passage et un renversement. La direction vers le Nord s'articule en fait autour de celle du pôle, qui agit comme un centre et un paradigme, et qui définit les quêtes physiques, spirituelles et esthétiques. Cette direction structure tant des textes poétiques et romanesques que les récits d'explorateurs, alimentés d'un fort réseau intertextuel issu des littératures anciennes, européennes, amérindiennes et inuites. Considéré comme un discours intertextuel et interculturel, le Nord des œuvres littéraires apparaît d'abord dans sa définition abstraite, puis dans un rapport ambigu entre l'absolu et le relatif du pôle, qui bascule souvent dans l'irréel après la quête et le parcours des personnages. Ces trajectoires, faites de tensions et de lieux fuyants, opèrent un renversement, au moment de l'approche et de l'accession au Nord absolu

---

[5] Mats Wägeus, *Scènes de chasse en blanc*, Paris, Presses de la renaissance, 1990, p. 153.
[6] Louis Hémon, *Maria Chapdelaine*, Montréal, Bibliothèque québécoise, 1990 [1916], p. 121.
[7] Anne Hébert, *Kamouraska*, Paris, Seuil, 1970, p. 77.

– le pôle Nord (ou le pôle Sud selon les cas) –, qui provoque la disparition même de l'objet atteint : le Nord s'éteint lorsqu'il est touché.

Définition abstraite

Dans son opposition au Sud, le Nord révèle comme une abstraction lointaine et pourtant absolue : direction de l'étoile polaire, axe conventionnel de représentation du haut du monde, symbolisé en un désert blanc, froid et inaccessible, il se manifeste dans les textes comme un lieu mystérieux, utopique et infernal tout à la fois. Il demeure une direction réelle – à gauche du soleil lorsqu'il se lève – et un point de convergence géométrique – le pôle Nord – vers lequel toute son épaisseur discursive et métaphorique se voit concentrée. La tradition occidentale présente le Nord comme le domaine des glaces parcouru de vecteurs qui pointent tous dans la direction du pôle : le « degré de nordicité », ainsi que le nomment les géographes, peut ainsi se calculer à mesure que l'on s'approche de son sommet symbolique. Alors que le Sud est diffus et habité, le Nord se conçoit dans une pureté géographique qui, à son degré le plus élevé, devient une abstraction. Cette représentation est reprise tant dans les formes de la culture populaire contemporaine[8] que dans les textes anciens : déjà le géographe grec Strabon remarque cette aberration au début de l'ère chrétienne : « La limite des peuples nordiques est le pôle Nord, alors que celle des peuples du Sud est l'équateur[9] ». Le point géographique du pôle Nord s'oppose moins au pôle Sud, qui en est le proche parent[10], qu'à l'équateur, une ceinture qui encercle la terre en de multiples points qui peuvent s'en réclamer.

Cette abstraction possède cependant son histoire, qui est restée dans celle de l'homme un mystère tardif résistant à la volonté de conquérir le territoire par la raison : encore au 20ᵉ siècle, le pôle reste un lieu mysti-

---

[8] Ainsi Marcel Mélançon écrit dans *L'homme de la Manic ou la Terre de Caïn* : « Mais le Nord reste figé à son pôle et le Sud collé à son équateur. » (Saint-Lambert, Romelan, 1974, p. 53).

[9] Traduction libre d'une traduction anglaise qui se lit ainsi : « *And as for limits, that of the northerly peoples is the north pole, while that of the southerly peoples is the equator* ». Strabon, *Geography*, vol. I, Cambridge, Harvard University Press, 1960, p. 231, ch. 1, 3, 22.

[10] Le navigateur Roald Amundsen décrit ainsi son exaltation ambiguë quand il atteint le pôle Sud : « *I have never known any man to be placed in such a diametrically opposite position to the goal of his desires as I am at that moment. The regions around the North Pole — well, yes, the North Pole itself — had attracted me from childhood, and here I was at the South Pole.* » (*The South Pole*, 1912 cité dans Bertrand Imbert, *North Pole. South Pole. Journeys to the Ends of the Earth*, London, Thames & Hudson, coll. « New Horizons », 1992, p. 91).

que et imaginaire. Ainsi, les récits des explorateurs polaires fascinent les lecteurs contemporains ; ils y retrouvent l'esprit des conquêtes qui exaltaient le public dans les récits de découvertes des 15ᵉ et 16ᵉ siècles. Cependant, les historiens nous rappellent que « la quête pour le pôle Nord géographique n'était pas, dans les faits, d'un intérêt scientifique[11] » bien que « l'Arctique soit le site idéal pour les expériences militaires secrètes[12] » et pour une certaine forme d'archéologie écologique. Outre son épaisseur discursive millénaire, le Nord trouve sa richesse dans un contenu qui atteint à l'expérience métaphysique et morale de l'homme. Le philosophe Michel Onfray écrit que « depuis toujours, l'objectif philosophique existentiel se propose de réaliser ce qui, au pôle, fonctionne d'évidence : la concentration sur le seul nécessaire[13] ». Dans ses extensions que constituent l'hiver, la glace, le froid, la blancheur et la neige, le Nord concourt également à une émotion[14] et à une esthétique : « Le climat génère un ordre solaire et nocturne, il construit une logique et instaure une esthétique[15]. »

Direction relative, absolue et irréelle

Bien qu'il représente une direction absolue, le Nord peut également se définir de manière toute relative, selon le lieu d'énonciation du voyageur. Cette relativité permet d'orienter les parcours en les infiltrant de la possibilité, décourageante ou fascinante selon les cas, de la réversibilité du voyage. Ainsi, lorsqu'il atteint Point Barrow, le narrateur de Louis-Frédéric Rouquette constate qu'il est arrivé au « dernier port du monde avant le pôle ou le premier, cela dépend à quel point l'on se place et d'où l'on vient[16] ». Cependant, comme le rappelle Pierre Perrault dans *Le mal du Nord*, ce caractère relatif de la position nordique ne lui enlève pas son caractère absolu. Perrault écrit :

---

[11] Traduction libre de « *the quest for the geographic North Pole was not, strictly speaking, of scientific interest* » (*Ibid.*, p. 65).
[12] Traduction libre de « *the Arctic is an ideal site for secret military experiments* » (*Ibid.*, p. 115-116).
[13] Michel Onfray, *Esthétique du pôle Nord*, Paris, Grasset, 2002, p. 73-74.
[14] Par exemple, la narratrice de Peter Høeg se dit: « Je sais bien que c'est ridicule, mais en pleine zone portuaire de Copenhague, à deux heures du matin, je me sens gagnée par la même sensation de paix intérieure qui émane sans doute de la glace, du ciel étoilé et de l'horizon presque dégagé. » (*Smilla et l'amour de la neige*, Paris, Seuil, coll. « Points », 1996, p. 260).
[15] Michel Onfray, *op. cit.*, p. 42-43.
[16] Louis-Frédéric Rouquette, *Le grand silence blanc*, Castelnau-le-Lez (France), Éditions Climats, 1996 [1921], p. 71.

> Encore faut-il se rendre compte qu'il y a toutes sortes de nord […]. Il y a donc bien sûr ce tout Petit Nord à l'ouest de Montréal. Il y a le Moyen Nord de la forêt boréale. Le Nord de la taïga. Celui de la toundra. Et aussi le Grand Nord […]. Et enfin, il y a le Nord du Nord, celui qui s'accouple aux quatre vents pour atteindre l'impossible[17].

Ce point à atteindre, où l'on peut « régler, une fois pour toutes, le vieux problème de l'hiver et de la mort[18] », joue sur les personnages qu'il effraie[19] ou rassure dans un caractère impérieux qui peut déjouer les conventions les plus simples. Dans *Neige noire*, la proximité du pôle produit une lumière qui dérègle le temps : « Sois sans crainte, dit Nicolas […], la lumière, à cette distance du pôle, infiltre le plus noir de la nuit en été. À partir de maintenant, il n'y a plus de nuit pour nous[20]… »

Ce caractère à la fois relatif et absolu du Nord se confond dans une désignation qui renvoie à des phénomènes irréels : pays où « la boussole ne garde pas le nord […] comme si l'objet était hanté[21] » et où les explosions solaires « provoqu[ent] des orages électromagnétiques et des aurores boréales[22] », pays où on peut « épous[er] la neige par amour pour le froid qui conserve jeune éternellement[23] », territoire imaginaire qui forme un « panorama [qui] a quelque chose d'extrême : c'est comme une infra-terre, dénudée, découpée par les fjords, hantée par le pôle Nord tout proche[24] ». Mise en discours dans les œuvres contemporaines, tant québécoises qu'étrangères, cette irréalité du Nord et du pôle reprend toutefois une tradition intertextuelle riche et ancienne, initiée par le mythe de Thulé raconté dans le texte perdu de Pythéas – perte qui a ouvert la voie à son usage imaginaire –, mais aussi dans les textes postérieurs. Ainsi Photius écrit au 9ᵉ siècle que dans « les régions situées au-delà de Thulé […] il est possible que quelques habitants vivent sous le pôle arctique[25] » et « ce qui est plus incroyable que tout, c'est que, en marchant vers le Nord, ils

---

[17] Pierre Perrault, *op. cit.*, p. 83.
[18] Pierre Chatillon, *Philédor Beausoleil*, Montréal, Libre Expression, 1985, p. 22.
[19] Quand il pense « qu'il était arrivé dans un désert au pays de l'hiver », Nils Holgersson « ressentit une angoisse telle qu'il en aurait crié. » Selma Lagerlöf, *Le merveilleux voyage de Nils Holgersson à travers la Suède*, Paris, Librairie académique Perrin, coll. « Pocket », 1983 [1963], p. 35.
[20] Hubert Aquin, *Neige noire*, Montréal, Pierre Tisseyre, 1978 [1974], p. 69.
[21] Diane Groulx, *Pingualuit ou la fontaine de jouvence*, Saint-Damien, Éditions du Soleil de minuit, 1999, p. 33.
[22] Pierre Perrault, *op. cit.*, p. 293.
[23] Sylvain Trudel, *Le souffle de l'Harmattan*, Québec, Quinze, 1986, p. 62.
[24] Hubert Aquin, *op. cit.*, p. 66.
[25] Photius, *Bibliothèque*, tome II, Paris, Les Belles Lettres, 1960, p. 145a-146a.

arrivent dans le voisinage de la lune [...] ; arrivés là, ils auraient vu ce que doit normalement voir celui qui a imaginé des inventions aussi exagérées[26] ». Cette tradition, qui tend à traduire le parcours vers le Nord comme celui vers un lieu hors de la réalité, provoque chez les narrateurs et écrivains explorateurs une réaction trouble de dérèglement, mais aussi de déception. Ainsi, Pierre Perrault constate combien le cercle polaire est une abstraction : « nous l'avons traversé à douze heures hier. Sans nous en apercevoir ! En réalité, rien n'y paraît. Absolument rien. La mer est la même. Rien n'est plus abstrait [...] que le cercle polaire. Il faut croire sur parole[27] ». L'irréalité abstraite permet de mettre au jour le mode entièrement intertextuel et imaginaire qui fonde l'existence du pôle et du Nord : Michel Rio écrit, dans *Mélancolie Nord*, qu'une fois arrivé à ce point d'« incertitude géographique », il a l'impression d'avoir atteint l'imaginaire pur, « un lieu de pure mémoire, artificiel, pictural, mais que l'analyse ne parvient pas à forcer, ni la fréquentation concrète à épuiser[28] ».

Tension vers le Nord

Le parcours vers le Nord se concrétise, dans les récits, dans une tension vers l'Arctique et par la volonté d'atteindre un point inaccessible, ainsi que par une série de gestes manqués qui finissent par induire une définition du territoire comme celle d'une série de lieux fuyants qui font en sorte que la quête apparaît toujours de plus en plus lointaine et difficile. Cette tension se réalise dans les œuvres de différentes manières, tant par le récit d'un parcours mû par le désir d'être le premier à atteindre un territoire impénétrable et donc jusque-là géographiquement abstrait, comme c'est le cas pour les découvreurs[29], que par l'énonciation des motivations de personnages jamais satisfaits et qui se disent invariablement attirés plus loin. Ce besoin de « mont[er] de plus en plus haut [...] dans cet abîme de froid et d'espace[30] », comme l'écrit Gabrielle Roy, représente une tension atavique vers le vierge, le pur et l'absolu : « Sa bous-

---

[26] *Ibid.*
[27] Pierre Perrault, *op. cit.*, p. 295.
[28] Michel Rio, *Mélancolie Nord*, Paris, Seuil, coll. « Points », 1997 [1982], p. 75.
[29] Ainsi le capitaine Walton, inspiré du récit de Mary Shelley, dit à ses hommes dans le film de Kenneth Branagh : « *There is a passage to the North Pole, and I will find it. If we succeed our names will be immortalized.* » (*Mary Shelley's Frankenstein*, Royaume-Uni, États-Unis, Japon, 1994, min. 6 sec 38).
[30] Gabrielle Roy, *La montagne secrète*, Montréal, Beauchemin, 1961, p. 76.

sole indique toujours un Nord à remonter, écrit Marcel Mélançon. L'univers n'a qu'une ouverture pour lui : le pôle[31]. »

Pour se réaliser, ce parcours doit cependant être freiné par des obstacles qui en rendent la réalisation plus méritoire et la narration plus réussie. Parce qu'il est à la fois absolu et relatif, parce que le territoire qu'il désigne peut varier selon le contexte et parce qu'il se veut d'abord et avant tout intertextuel et abstrait, le Nord a la particularité de se démettre sans cesse et de fuir à mesure que les personnages croient l'approcher, ce qui assure une tension narrative constante. L'espace boréal se compose de lieux fuyants : les personnages atteignent la Baie James que déjà ils rêvent de Kuujjuaq, qu'encore ils pensent partir pour Iqaluit d'où ils jaugent la distance vers Nuuk, puis le Svalbard, puis le pôle. À mesure qu'ils avancent, le mirage du Nord recule constamment et les pousse à aller plus loin encore. Joseph Lallier écrit que dans « cette solitude sans nom, au-dessus de cette forêt sans fin, […] l'horizon semble toujours reculer à mesure que l'on avance[32] ». Louis-Frédéric Rouquette décrit ainsi la quête de son personnage : « Une trace est là qu'il faut suivre ; les Indiens ne peuvent être loin, mais dans le mirage des neiges, le but recule qu'on croit atteint[33]. », « J'ai suivi une âme inquiète à la recherche toujours mobile et toujours plus lointaine[34]. »

Danger à l'approche

Cette recherche presque maladive du « toujours plus haut » du Nord induit également, dans les récits, une hésitation à franchir le seuil du lieu convoité : ainsi, les marins du capitaine Hatteras de Jules Verne souhaitent renoncer à leur quête polaire alors qu'ils s'en approchent :

– C'est fini, s'écria Pen ; je ne vais pas plus loin.

– Pen a raison, répliqua Brunton ; c'est tenter Dieu.

– Tenter le diable, répondit Clifton. J'aime mieux perdre toute ma part de bénéfice que de faire un pas de plus[35].

De la même manière, le héros de *Neige noire* voit dans sa renonciation au pôle un parcours qui l'élève dans l'abstraction : « Le voyage vers le pôle

---

[31] Marcel Mélançon, *op. cit.*, p. 50.
[32] Joseph Lallier, *Angéline Guillou*, Avignon, Maison Aubanel Père, 1932, p. 103.
[33] Louis-Frédéric Rouquette, *L'épopée blanche*, Paris, J. Ferenczi et fils éditeurs, 1926, p. 89.
[34] *Ibid.*, p. 7.
[35] Jules Verne, *Voyages et aventures du capitaine Hatteras. Les Anglais au Pôle Nord*, tome 1, Toulouse, Éditions Ombres, 2000, p. 113.

qu'il a été décidé de ne pas rejoindre se conçoit, écrit Aquin, comme une ascension de l'inaccessible[36]. » Ce danger d'atteindre le lieu pourtant poursuivi au terme d'un parcours difficile est celui de sa disparition qui témoignerait à la fois de son caractère abstrait, imaginaire et véritablement inaccessible :

> Son voyage est lent, et plus qu'un voyage, c'est une exploration exaltée vers le pôle Nord, non pas pour s'y rendre, mais pour s'arrêter juste avant, à proximité de la grande banquise qui flotte comme une barrière infranchissable autour de l'absolu[37].

Renversement et disparition du Nord

Alors qu'il se croit arrivé au pôle, qu'il cherchait à atteindre depuis des années et que tant d'explorateurs avaient tenté avant lui d'imaginer au « prix de trois siècles d'efforts[38] », l'Américain Robert E. Peary constate en 1909 que sa recherche initialement géographique n'est qu'une vue de l'esprit et qu'elle constitue plutôt une quête intérieure et métaphysique, qui l'animait depuis son enfance. « Rien ne me paraissait plus étrange que de penser qu'en une marche de quelques heures, j'étais passé de l'hémisphère Ouest à l'hémisphère Est, que j'étais réellement au sommet du monde[39]. » Après avoir atteint le pôle Nord, le Britannique Wally Herbert[40] remarque que le point de convergence du pôle ne peut se réaliser que dans une opposition conceptuelle au Sud : « Le jour et la nuit s'étaient désormais alliés. Nous avions atteint ce point de la terre où toutes les directions pointent vers le Sud[41]. » Le Nord, une fois découvert et atteint dans son essence vectorielle, disparaît et se fond avec le sujet contraint, après l'avoir recherché toute sa vie, de le voir disparaître : alors qu'il regarde autour de lui, il ne trouve que le Sud où aller et la quête devient alors intérieure[42]. Au terme d'un parcours qui finit par toucher le

---

[36] Hubert Aquin, *op. cit.*, p. 89.
[37] *Ibid.*, p. 86-87.
[38] Robert E. Peary, *À l'assaut du pôle Nord*, Paris, Pierre Lafitte et Co, 1911 [1909], p. 281.
[39] *Ibid.*, p. 282-283.
[40] Alors qu'il atteint le pôle en 1969.
[41] Traduction libre de « Day and night now fused together – we had reached that point on the surface of the Earth where all directions are south. », Wally Herbert, « The First Surface Crossing of the Arctic Ocean » cité dans Bertrand Imbert, *op. cit.*, p. 151.
[42] Toutefois, ce moment s'accompagne déjà d'une certaine nostalgie de la quête physique qui se termine. Peary écrit : « L'événement était accompli : des êtres humains avaient foulé aux pieds cet inaccessible sommet de la terre. Désormais, mon œuvre était au sud […]. Je jetai seulement un regard en arrière, puis je tournai les yeux vers le sud, vers l'Avenir ! » (Robert E. Peary, *op. cit.*, p. 293).

point où se concentrent à la fois le sens et la source de l'imaginaire nordique, on se voit confronté à la définition même de l'imaginaire : « Aucune trace du pôle Nord[43] », écrit Sylvain Trudel. Ce à quoi pourrait répondre, à juste titre, la poète Élise Turcotte : « Le pôle Nord se trouve quelque part dans notre cerveau[44]. »

Bibliographie et filmographie

AQUIN, Hubert, *Neige noire*, Montréal, Pierre Tisseyre, 1978 [1974].

BRANAGH, Kenneth, *Mary Shelley's Frankenstein*, Royaume-Uni, États-Unis, Japon, 1994, 123 min.

CHATILLON, Pierre, *Philédor Beausoleil*, Montréal, Libre Expression, 1985.

COEN, Joel et Ethan, *Fargo*, États-Unis, 1996, 98 min.

GROULX, Diane, *Pingualuit ou la fontaine de jouvence*, Saint-Damien, Éditions du Soleil de minuit, 1999.

HAMELIN, Louis-Edmond, *Écho des pays froids*, Sainte-Foy, Presses de l'Université Laval, 1996.

HÉBERT, Anne, *Kamouraska*, Paris, Seuil, 1970.

HÉMON, Louis, *Maria Chapdelaine*, Montréal, Bibliothèque québécoise, 1990 [1916].

HØEG, Peter, *Smilla et l'amour de la neige*, Paris, Seuil, coll. « Points », 1996.

IMBERT, Bertrand, *North Pole. South Pole. Journeys to the Ends of the Earth*, London, Thames & Hudson, coll. « New Horizons », 1992.

LAGERLÖF, Selma, *Le merveilleux voyage de Nils Holgersson à travers la Suède*, Paris, Librairie académique Perrin, coll. « Pocket », 1983 [1963].

LALLIER, Joseph, *Angéline Guillou*, Avignon, Maison Aubanel Père, 1932.

---

[43] Sylvain Trudel, *op. cit.*, p. 69.
[44] Élise Turcotte, *La terre est ici*, Montréal, VLB éditeur, 1989, p. 65.

MÉLANÇON, Marcel, *L'homme de la Manic ou la Terre de Caïn*, Saint-Lambert, Romelan, 1974.

ONFRAY, Michel, *Esthétique du pôle Nord*, Paris, Grasset, 2002.

PEARY, Robert E., *À l'assaut du pôle Nord*, Paris, Pierre Lafitte et Co, 1911 [1909].

PERRAULT, Pierre, *Le mal du Nord*, Hull, Vent d'ouest, coll. « Passage », 1999.

PHOTIUS, *Bibliothèque*, tome II, Paris, Les Belles Lettres, 1960.

RIO, Michel, *Mélancolie Nord*, Paris, Seuil, coll. « Points », 1997 [1982].

ROUQUETTE, Louis-Frédéric, *Le grand silence blanc*, Castelnau-le-Lez (France), Éditions Climats, 1996 [1921].

_____, *L'épopée blanche*, Paris, J. Ferenczi et fils éditeurs, 1926.

ROY, Gabrielle, *La montagne secrète*, Montréal, Beauchemin, 1961.

STRABON, *Geography*, vol. I, Cambridge, Harvard University Press, 1960.

TRUDEL, Sylvain, *Le souffle de l'Harmattan*, Québec, Quinze, 1986.

TURCOTTE, Élise, *La terre est ici*, Montréal, VLB éditeur, 1989.

VERNE, Jules, *Voyages et aventures du capitaine Hatteras. Les Anglais au Pôle Nord*, tome 1, Toulouse, Éditions Ombres, 2000.

WÄGEUS, Mats, *Scènes de chasse en blanc*, Paris, Presses de la renaissance, 1990.

La cartographie du sensible.
De Samuel Hearne à Pierre Perrault : le problème du sujet dans le récit d'exploration

Daniel Laforest
Université du Québec à Montréal

> *La montre et la carte [...] nous indiquent comment ce que nous sommes en train de vivre se situe par rapport au cours des astres ou à celui d'une journée humaine, ou par rapport à des lieux qui ont un nom. Mais ces événements-repères et ces lieux-dits, où sont-ils eux-mêmes?*[1].
>
> Maurice Merleau-Ponty, *Le visible et l'invisible*
>
> *La fiction invoque les dieux, le voyage invoque les lieux* [2].
>
> Pierre Perrault, *Le mal du Nord*

Entre les années 1769 et 1772, l'explorateur anglais Samuel Hearne entreprit deux voyages à travers la toundra canadienne pour le compte de la compagnie de la Baie d'Hudson. Ces périples l'emmenèrent à travers des milliers de kilomètres, à pied, en compagnie d'Autochtones issus de diverses tribus, devant en principe lui servir de guides. La mission officielle reposait sur des impératifs expansionnistes et économiques. Il s'agissait de cartographier sommairement un passage, le plus avant possible, jusqu'à l'extrême nord de ces *barren grounds*, terres qu'on envisageait sans vie, et à vrai dire plutôt dépourvues de potentiel fructifiant. Que devait faire Samuel Hearne? Circonscrire la possibilité d'établir de nouveaux comptoirs de traite ; peut-être découvrir un gisement quelconque – comme cette *Coppermine river*, que baptisera lui-même Hearne en trahissant l'horizon d'attente auquel il participait, dans son interprétation des paysages neufs qu'il fut amené à découvrir. Cependant, les voyages de Hearne appartenaient dans leur essence à une volonté impérialiste bien connue, émanant de l'Angleterre depuis plus d'un siècle déjà, qui par-delà les projets colonisateurs a tendu à un rayonnement autre, plus abstrait, en réalité moins politique ou économi-

---

[1] Maurice Merleau-Ponty, *Le visible et l'invisible*, Paris, Gallimard, coll. « Tel », 2001 [1964], p. 46.
[2] Pierre Perrault, *Le mal du Nord*, Hull, Vent d'ouest, 2000, p. 173.

que, mais de nature plus obsessionnelle. Des instructions qui lui furent transmises, Samuel Hearne a pris soin de consigner celle-ci dans son journal : « Il vous est recommandé de vérifier par vous-même [...] l'existence d'un passage à travers cette partie du continent de l'Amérique. Vous aurez soin d'insérer dans votre journal tout ce que vous recueillerez à ce sujet[3]. » Un *passage*. Ce mot a ici deux faces, mais on les voit apposées sur le destin d'un seul homme, l'explorateur. L'une renvoie à un projet d'émancipation étatique, tandis que l'autre reflète – avec ce « par vous-même » – quelque chose de singulier, qu'on essaiera de comprendre.

Le seul qui n'employa pas la voie maritime dans cette aventure délétère pour tant d'autres, Samuel Hearne fut aussi le seul à pouvoir témoigner par son expérience de la vaine disproportion de l'utopie d'un passage du Nord-Ouest. Cependant, le rêve du passage demeure chargé de sens. Peu d'entreprises exploratoires depuis la Renaissance firent surgir autant d'écueils, de morts inabouties, aucune sans doute ne fut plus vaine dans ce qui relie son accomplissement à son projet initial. La recherche d'un point de fuite à la géographie d'un royaume trop grand et majoritairement inconnu, avec le passage impossible du Nord-Ouest, fut l'entreprise sacrificielle de nombre d'explorateurs, qui paradoxalement fit ressurgir la singularité humaine de chacun d'entre eux. L'explorateur qui comme Hearne a contemplé une étendue de glaces mouvantes en lieu et place d'un col navigable n'a plus que son propre trajet pour s'assurer de la validité de son expérience ; il est irrémédiablement passé outre le pouvoir qui avait fait de lui un agent plénipotentiaire. Le processus d'appropriation dont il était le porte-étendard s'est en quelque sorte refermé sous lui. Il n'a plus à sa disposition qu'un récit sans témoins, un chapelet de lieux qui ne s'attachent plus les uns aux autres dans l'axe d'un grand rêve partagé. On peut s'imaginer que Hearne, devant la mer de glaces, a senti s'effacer sur ses traces ce qu'on lui avait appris à considérer, par la superposition d'un voile de sens idéologique sur un espace à découvrir, comme un empire dont il était le sujet.

Espace et lieu de l'exploration. Une distinction fondamentale

Les voyages de Samuel Hearne ont été réalisés sous l'égide d'un pouvoir dont le lien à l'espace géographique apparaît d'emblée minimal et réducteur : en effet le résultat annoncé ne pouvait être qu'un tracé re-

---

[3] Samuel Hearne, *Le piéton du Grand Nord. Première traversée de la toundra canadienne* [traduction commentée de *The journals of Samuel Hearne 1769-1772*], Paris, Payot, 2002, p. 24.

liant un espace de mainmise économique à son extension projetée. La conséquence est précisément qu'il n'y avait pas de *récit* envisagé dans l'entre-deux du périple ; seule prévalait la volonté de relier deux points l'un à l'autre – un départ assuré et une arrivée hypothétique – afin d'étendre l'influence et nourrir le rêve d'une puissance appartenant à la grande Histoire, et possédant de surcroît la capacité d'infléchir cette dernière. La *traversée* de l'espace inconnu n'intéressait en rien les mandateurs de Samuel Hearne. Le passage ténu qui mènerait peut-être au monumental « passage » maritime fut ainsi laissé à la discrétion de l'explorateur, aventure d'un homme, sans dimension historique.

Individu à la fois lettré et aguerri aux circonstances extrêmement ardues de la survie en milieu nordique, Hearne fut de ces explorateurs qui surent produire une forme de journal d'expédition au contenu composite, émaillé de passages où l'écriture prend la forme d'un investissement personnel, non pas toute infléchie vers le but à atteindre, mais s'échappant littéralement dans les considérations du moment, dans les circonvolutions d'un trajet erratique, représenté d'ailleurs dans le journal par des schémas sommaires, des ébauches de cartes. C'est souvent dans le partage des mœurs autochtones que le regard descriptif de Hearne se teinte d'affections diverses, face, par exemple, à ce que « …l'amitié, la générosité, le désintéressement, peuvent sur le cœur d'un Indien du Nord… [4] » Ou ce peut être à un autre moment du voyage son « indignation, son désespoir et son saisissement » à la vue de massacres tribaux qui lui font « verser des larmes[5] ». Avec un cas significatif comme le journal de Samuel Hearne, c'est l'écriture du trajet vécu, le tiraillement et l'abstraction du trajet imposé, de même que la cartographie artisanale qui se rejoignent côte-à-côte, à presque se toucher, sur les pages d'un unique document. À mesure que s'allonge le périple et se déploient de nouveaux paysages, l'écriture du récit s'organise de plus en plus en épisodes centrés sur le couplage d'un événement marquant et d'un lieu précis. Les intitulés des chapitres illustrent cette économie « spatio-événementielle » du texte, par exemple au chapitre VI : « Événements survenus depuis le moment de notre réunion avec les femmes jusqu'à celui de notre arrivée au lac Athabasca[6] ». En sept chapitres, Hearne ne déroge pas de ce modèle qui annonce le récit d'expériences localisées, ou plus précisément, qui localise des expériences vécues. Et c'est là que bascule le rôle traditionnel de

---

[4] *Ibid*, p. 146.
[5] *Ibid,* p. 149.
[6] *Ibid*, p. 163.

l'explorateur cartographe : étendue spatiale et expérience subjective de la durée, comme de la succession événementielle, ne correspondent plus. La description de l'espace se subordonne à une découpe temporelle qui prend sa source dans le sujet de l'exploration, avec ses ralentissements perceptifs, ses suspensions réflexives, ses accélérations brusques, ou même ses déconnexions (dans le délire de la fièvre, par exemple, qui frappe Hearne à un moment). On sait que la mise en valeur du *point de vue* dans la narration de voyage n'allait être thématisée que dans le cours du siècle suivant, avec la naissance d'une réelle esthétique romantique de l'espace, c'est-à-dire une esthétique de la projection identitaire qui allait organiser le lieu visité selon les affects et connaissances du sujet[7]. Chez Hearne toutefois, le couplage des volontarismes conquérants et scientifiques n'a pas permis de basculer du côté de la pure intériorité subjective, mais c'est ce qui sans doute rattache ses écrits encore davantage à notre propos. Son récit est celui d'une survivance. Sa constante mise en péril souligne l'importance constitutive qu'y acquiert l'imprévu, l'événement qui *surgit* de l'extérieur (une nature hostile, des peuplades au comportement imprévisible) et qui plie le trajet réel et la narration à son impérieuse altérité. Au bout du compte, c'est le récit du vécu exploratoire qui accomplit la représentation du trajet exploré. À l'origine de la carte, il n'y a que peu de mesures, surtout des événements vécus. Et par le fait même, l'objet du voyage perd ses contours de nette positivité. Le Grand Nord canadien n'est plus tout à fait possession de la Compagnie de la Baie d'Hudson ; il l'est par édit, par documentation légale produite à partir de l'Empire, pure projection spatiale. Les cartes et écrits de Samuel Hearne édifient pour leur part une différenciation fondamentale dans la découverte de l'espace géographique : celle qui sépare l'espace et le lieu.

Augustin Berque, dans son ouvrage d'ontologie des milieux humains, *Écoumène*[8], pose cette distinction dans une réflexion claire que nous lui emprunterons ici. Partant des deux conceptions grecques classi-

---

[7] Alain Corbin nous permet de souligner, *a contrario*, l'impossibilité pour un explorateur d'accéder au point de vue romantique, puisque ce dernier n'est possible que dans un monde *connu* : « une fois atteint le point de vue, le voyageur comblé peut y goûter les émotions de la surprise et de l'émerveillement […], y jouir du plaisir que procurent la dénomination, l'énumération des lieux et des choses et, bien entendu, y éprouver la satisfaction de communier dans la célébration d'un tableau dont la découpe indiscutable a été opérée par nombre d'artistes prestigieux » (Alain Corbin, *Le territoire du vide. L'Occident et le désir de rivage*, Paris, Flammarion, 1990, p. 166).
[8] Augustin Berque, *Écoumène. Introduction à l'étude des milieux humains*, Paris, Belin, 2000.

ques qui, dans un mouvement opposé, prêtent le sens de l'espace d'une part à la forme physique restreinte et objectivable (le *topos* aristotélicien), et d'autre part à l'être « ouvert », à la fois empreinte et matrice, originel et originaire (la *chôra* platonicienne), Berque établit que la distinction entre l'espace et le lieu relève de la réalité d'une *expérience vive*, c'est-à-dire une expérience humaine, non pas simplement spatialisée, mais aussi temporalisée, subjective. Ce qu'il distingue est net : l'espace relève du domaine de la *proportion* et celui-ci est exclusivement quantifiable, les objets s'y trouvant réunis dans un rapport à un modèle de représentation externe : le chiffre, le nombre, la fraction, etc. Or le lieu n'est pas mesurable en ce sens. Le lieu est question d'*échelle*, et qui plus est de la seule qui soit envisageable lorsqu'on en recherche le sens : l'échelle humaine. Ce qui arrache le lieu à l'abstraction positiviste de la proportion mathématique est aussi ce qui le replace dans son appartenance nécessaire à l'expérience humaine. Il n'y pas de lieu s'il n'y a personne pour en étendre les limites en s'y trouvant, en y faisant jouer sa perception, et par la suite en le représentant ; l'inverse est aussi nécessaire : il n'y a pas d'ontologie sans lieu assignable. La réciprocité du lieu à l'expérience vive, d'inspiration largement phénoménologique, est ce qu'Augustin Berque appelle la relation *écouménale*. Elle constitue une approche fondamentale dans l'étude du sens et de la représentation des espaces humains, qu'on retrouve par ailleurs sous d'autres appellations – mésologie, médiance, insularité – chez plusieurs penseurs contemporains qui s'intéressent à circonscrire une « géographie culturelle », eux aussi tous imprégnés par une certaine phénoménologie[9]. Du rapport écouménal, nous retenons ici ce principe important selon lequel il n'y a pas d'expérience d'un espace physique qui connaisse l'uniformité que voudrait lui attribuer *a priori* la carte topographique, et *a posteriori* le discours d'obédience géographique. À plus forte raison lorsqu'on parle d'un espace exploratoire : comment en déterminer la proportion autrement qu'à partir de sa propre expérience ? En effet, les lieux à l'échelle humaine n'ont de rapport entre eux que par le biais du foyer de leur expérimentation. Et il est essentiel de spécifier que ce foyer perceptif n'est pas un bloc identitaire statufié, sans quoi on retomberait dans un rapport non

---

[9] Mentionnons, en plus de Berque, Joël Bonnemaison et Michel Collot du côté européen, comme Edward S. Casey ou Tom Conley aux États-Unis. Tous écrivent après Martin Heidegger, de même qu'après la lecture particulière qu'en fit le japonais Watsuji Tetsurô, en 1935, dans laquelle ce dernier inventa le concept de « médiance » afin de cerner la subjectivité qui structure le milieu humain et le distingue de la notion largement répandue « d'environnement naturel ».

transitoire, d'observateur à observé. Il n'est pas réductible à Samuel Hearne explorateur de la couronne ; il prend forme avec la mémoire de celui-ci, comme avec ses doutes, son ennui, l'empreinte de l'idéologie coloniale en sa conscience, sa culture scientifique et lettrée, ses espoirs et son partage toujours plus accentué du mode de vie autochtone.

Si la science géographique tend vers un aboutissement qui serait la description et la mesure totales du monde physique naturel dans son étendue, elle ne peut pour autant occulter son point de départ qui trouve sa mesure humaine dans la figure de l'explorateur, comme elle ne peut d'ailleurs occulter que l'impulsion même qui anima ce point de départ à l'époque des découvertes – la prise de possession par description du lieu, de l'endroit, de la place – invalide la réalisation de son projet ultime. La raison en est que le lieu, comme on l'a vu, n'est pas réductible à sa représentation topologique et qu'il appelle diverses approches perceptives. La multiplicité de ces approches perceptives, et des moyens représentatifs qui en découlent, s'avère la caractéristique essentielle du lieu dans son rapport à une vision géographique du monde : les frontières, les délimitations d'un lieu sont *relationnelles* plutôt que fixes et quantifiables. C'est Merleau-Ponty qui le souligne le mieux dans son projet d'ontologie de la perception corporelle : « Les mêmes raisons qui empêchent de traiter la perception comme un objet, empêchent aussi de la traiter comme l'opération d'un sujet, en quelque sens qu'on la prenne[10]. »

Les voyages de Samuel Hearne sont des *relations*, au sens qu'on retrouve aussi dans l'intitulé des écrits de Jacques Cartier. Or nous pouvons faire miroiter les significations équivoques de ce mot pour prendre conscience d'une relation devenue tripartite dans son rapport à l'espace de la découverte. L'explorateur *relate* ce qu'il a vu et c'est là ce qui le maintient dans sa *relation* de subordination avec le souverain ; mais c'est aussi ce qui fait que le pays prend corps dans l'esthétique du récit, c'est-à-dire dans l'infinité de *relations* qui unissent l'être du lieu expérimenté à l'étendue spatiale où s'inscrit le passage du sujet exploratoire.

Exploration et échec

On pressent aisément que l'exploration, à l'époque des grandes découvertes, impliquait la révélation d'un territoire, et que cette révélation débouchait, par la notion symbolique de conquête, sur un processus d'appropriation dans lequel l'individu-explorateur se trouvait sublimé au profit du pouvoir mandateur. Cela dit on n'efface en rien, par cette com-

---

[10] Maurice Merleau-Ponty, *op. cit.*, p. 41.

préhension d'un passage du singulier au géopolitique, ce qui constitue un premier mouvement, sous-jacent à celui de la mainmise symbolique. Ce mouvement, qu'on a évoqué avec le cas de Samuel Hearne, révèle un caractère inaccompli, circonstanciel, incertain, mais par le fait même vivant, ouvert à une lecture de ses tenants esthétiques, et surtout à la reconnaissance de l'altérité qui le façonne. Le regard qu'il nous est possible aujourd'hui de porter sur les traces des anciennes explorations est un regard qui les scinde en deux aspects constitutifs, et antagonistes. On peut voir ces aspects comme révélant une tension entre temporalité humaine et temporalité historique.

Hearne, on le sait, devra à l'arrivée constater que le passage rêvé n'était que chimère. Mais à la différence de bien d'autres, il le fera dans la solitude la plus totale, ses guides autochtones n'ayant cure de son dépit. Ayant accumulé venaisons sur le chemin, ayant conquis femmes et prestige à l'occasion de rencontres fratricides, s'étant assuré une fois de plus de la cohésion d'un territoire qu'ils connaissaient de mémoire générationnelle, ils ne se plaignaient aucunement de l'issue du périple. Le cas de Hearne est notable, et au-delà du pathétique qu'il suggère, il nous place devant une question. S'il fut le premier homme de culture européenne à vivre les conditions du nomadisme nordique au Canada, s'il fut aussi tenté de consigner par écrit les aléas de sa vie quotidienne et les considérations issues de son intimité avec les peuplades autochtones, qu'est-ce donc que l'*échec* de Samuel Hearne? Qu'est-ce que l'échec d'une entreprise exploratoire dont on garde la trace écrite? On répondra vite ceci : l'échec de l'exploration n'est qu'un écart entre deux discours. Mais c'est alors aussi d'autres écarts qui se creusent, si loin qu'on y réfléchit. Devant le texte légal, l'édit souverain, dont les mots sont enfermés au carcan de l'utopie expansionniste, se dessine un espace uniforme, sans mémoire, à jamais vierge de temporalité. Derrière le texte manuscrit de l'explorateur se profile pour sa part un espace différencié, strié d'expériences et d'affects, temporalisé, ouvert, que l'on peut qualifier de « chorographique » (sous-entendant la *chôra*) pour reprendre le terme grec que le phénoménologue américain Edward S. Casey[11] emprunte à Ptolémée. La rencontre que nous suscitons ici entre ces deux types de textes force ultimement à un constat. L'échec humain de l'exploration à l'époque des découvertes ouvre sur la naissance d'une pratique poétique moderne dans l'écriture des lieux.

---

[11] Edward S. Casey, *Representing Place. Landscape Paintings and Maps*, Minneapolis, University of Minnesota Press, 2002.

Une poétique de l'exploration repose donc au premier chef sur la disproportion temporelle et spatiale entre l'utopie d'un récit porteur (qui contient virtuellement départ et arrivée) et la réalité d'un territoire vécu dans le mouvement et l'altérité, c'est-à-dire un territoire *humain*. Il y a du désenchantement en cela, mais il s'agit d'un désenchantement fécond. L'échec inhérent à l'entreprise exploratoire est devenu un *relais*. C'est lorsque cet échec est constitué en récit qu'il montre devant lui, dans l'avenir, les possibilités d'un ré-investissement subjectif de la territorialité, et c'est aussi ce qui donne l'aspect d'un palimpseste au récit d'exploration. Le point d'indétermination entre la qualité factuelle (historiographique) et singulière (expérimentale) d'un récit d'exploration offre la possibilité, sans doute, de sa réelle pérennité.

Exploration, contemporanéité et distance technologique

> *Armés jusqu'aux dents, ayant vaincu tout l'espace avec nos chiens mécaniques et nos oiseaux volants, nous ne chassons pas au péril de la vie. Notre aventure n'est pas une nécessité. Mais une sorte de luxe de la connaissance*[12].
>
> Pierre Perrault, *L'oumigmatique ou l'objectif documentaire*

Les terres que traversa Samuel Hearne au temps des découvertes sont aujourd'hui dûment cartographiées, leurs populations dénombrées, leur « nordicité » même, conceptualisée[13]. Hearne s'en est allé avec l'Histoire, cette histoire d'une absence de passage vers le Nord-ouest. Mais l'expérience de son échec, telle qu'évoquée dans ce qui précède, demeure significative ; le trajet de Samuel Hearne, qui n'a eu pour son époque qu'un sens restreint, est aujourd'hui en mesure de révéler une nouvelle signification, et cela en regard de notre contemporanéité.

Notre époque est devenue celle de la distance technologique et institutionnelle face aux choses qui nous entourent, et face à l'image du monde que donnent ces choses dans leur réunion. Nous pouvons tous avoir une idée de la forme du monde physique, jusqu'à sa texture topographique, et jusque dans l'histoire qui lui donne sa saveur humaine à grande échelle, sans l'avoir cependant expérimenté, sans en avoir fait l'épreuve par notre corps sensible. Dans cette perspective, on peut suggérer qu'explorer un territoire, c'est aujourd'hui prendre conscience de ce qui n'était pas dit dans les explorations du passé. C'est faire l'épreuve

---

[12] Pierre Perrault, *L'oumigmatique ou l'objectif documentaire*, Montréal, L'Hexagone, 1995, p. 27.
[13] Voir Louis-Édmond Hamelin, *Discours du Nord*, Québec, Cahiers du GÉTIC, coll. « Recherche », n° 35, Université Laval, 2002.

sensible du sol, du paysage, etc., tout en se glissant dans les interstices des représentations textuelles et picturales du passé. L'explorateur contemporain ne représente plus l'espace qu'il traverse (il n'en fait pas la *mimésis*), il le recrée plutôt à travers l'expérience perceptive qu'il en éprouve (il en fait *l'esthétique*)[14].

Aujourd'hui, cartographier et écrire la perception d'une suite de lieux sur le fond d'un monde positivement connu (d'un espace « territorialisé ») revient à mettre en forme une expérience individuelle, et à élever cette démarche à une dimension esthétique qui lui confère valeur en regard d'une certaine communauté de partage. Il s'agit de mise en forme et de mise en commun de l'expérience vive du territoire.

Mais nous voilà devant un nouveau problème, qui appelle une autre question. Quel aspect peut prendre la figure d'un explorateur contemporain ?

L'explorateur du direct

> *Ni l'un ni l'autre [ni l'Indien ni l'explorateur] ne perd le nord. Car ils parcourent le pas à pas, le petit à petit, le proche à proche d'une réalité qu'ils épellent de mémoire. [...] Ils ne perdent pas de vue le paysage, de mémoire le moindre indice*[15].
>
> Pierre Perrault, *Le mal du Nord*

On convoquera dans ce qui suit la figure du poète-cinéaste québécois Pierre Perrault ; à travers elle, on entend interroger brièvement la nature du médium qui le rend célèbre : le cinéma direct. Ce qu'il convient de faire ici, c'est de laisser voir ce qui agit *en deçà* de l'œuvre achevée chez Perrault : donner une idée de la valeur heuristique, pour la question qui nous occupe, de ce qu'on a appelé son *dispositif cinématographique*, et qu'en regard de ce qui nous intéresse ici, on nommera son *dispositif d'énonciation de l'expérience sensible du territoire*. De 1962 à 1995, Pierre Perrault a construit une œuvre de cinéma direct qui l'a amené à

---

[14] Ce raisonnement comparatif entre deux régimes de représentation tient sa source chez le philosophe Jacques Rancière. Ses ouvrages les plus récents s'attachent à circonscrire une logique du régime esthétique de l'art : « [Le régime esthétique] oppose au modèle représentatif des actions enchaînées et des codes expressifs appropriés aux sujets et aux situations [Aristote] une puissance originaire de l'art initialement partagée entre deux extrêmes : entre la pure activité d'une création désormais sans règles ni modèles et la pure passivité d'une puissance expressive inscrite à même les choses. Ceci pour lutter contre toute politique qui sous-tend un devenir-monde de la pensée [en gros : toute idéologie] » (Jacques Rancière, *La fable cinématographique*, Paris, Seuil, 2001 ; les parenthèses sont de moi.)
[15] Pierre Perrault, *Le mal du Nord*, p. 173.

parcourir le territoire québécois dans sa quasi-totalité afin de recueillir les paroles et les gestes d'individus en rapport direct avec leur milieu. Si l'on traçait la carte que donne la situation géographique des films de Perrault, on obtiendrait un quadrilatère qui recoupe une immense portion du territoire effectif du Québec, du sud jusqu'au nord, avec de larges écarts à l'est et à l'ouest : de Charlevoix jusque dans l'Ungava en passant par l'Abitibi et la Côte-Nord.

Chez Perrault, il n'est plus question d'écrire ou de monter des récits qui s'enchâssent de près ou de loin dans le contexte historique et topographique institué, mais bien de construire une œuvre qui exprime consciemment la traversée du pays déjà historicisé et cartographié, en faisant en sorte que se révèle en tout point de cette œuvre une forme particulière de *résistance*. On parle donc d'une inscription, dans l'enregistrement et la mise en forme esthétique du territoire humain (humain, car constitué d'individus prenant la parole *en situation*), d'une résistance revendiquée face au pouvoir instituant de notre modernité tardive et technocratique, cette modernité qui impose les représentations historiographiques et géographiques du temps et de l'espace.

Les idées très largement répandues à propos du cinéma direct lui attribuent un rapport obligé au réel, et débouchent presque immanquablement sur les épineuses questions de l'objectivité et de la nature de l'auteur. Deux éléments pourtant invalident dans une large part cette compréhension, et pointent vers la chorégraphie qui nous intéresse. Le cinéma direct n'est ni fictif ni ethnographique. Il n'organise pas au premier chef des tropes produits par l'imaginaire, mais n'offre pas pour autant un regard qui effectuerait un « survol » d'une totalité culturelle en rapport avec son milieu de vie. En d'autres mots, le direct n'est ni romanesque ni réflexif. Il n'a pas ses racines dans une projection de l'intériorité, ni ses aboutissants dans un retour conséquent vers celle-ci. Il peut même nous apparaître comme l'art le plus ouvert qui soit. La raison en est fort simple. Le direct, des mots mêmes de Pierre Perrault, est un art du *vécu*. Il est toujours *dans* les choses plutôt qu'autour d'elles, et il ne suscite jamais la pensée d'un monde globalement fermé sur lui-même. Ce dernier point nous éloigne considérablement des débats propres à l'approche documentaire. Cinéma direct, cinéma vécu, cinéma de la parole, autant d'appellations qu'il faudrait enfin interroger pour tout ce qu'elles impliquent, en ce qu'elles nous forcent à replacer le sujet en dehors de considérations strictement issues d'une « histoire du cinéma ». Pourquoi présupposer que le rapprochement d'un appareillage technique filmique et du réel devrait immanquablement donner un surcroît d'objectivité, ou du moins orienter les questionnements en ce sens? C'est là retomber dans l'ornière de la technicité moderniste, dont l'œil-satellite s'est aujourd'hui accaparé le monde dans son entier. Soupçonner que l'homme qui manipule le dispositif du cinéma direct puisse *rapporter* du réel des images qui soient pure objectivité revient à partager la foi du souverain mandataire, qui se croyait déjà possesseur de la réalité dont la carte de Samuel Hearne allait dévoiler l'image. Fétichisme de la carte et illusion d'une cohésion fantasmée du territoire.

Augustin Berque s'en distancie dès le premier chapitre de son ouvrage : « oublier ce principe de réalité qu'est l'échelle, c'est prendre la carte pour le territoire[16] ». De cinéma vérité – qui fut presque une boutade – à cinéma direct – appellation contrôlée, instigatrice d'un genre[17] – s'est-on suffisamment arrêté à l'expression de cinéma vécu? Perrault lui-même dit avoir rêvé d'une « caméra au service de l'image, et d'une image mise en scène par la vie[18] ». Mais quelle vie, ou plutôt quel vécu? C'est ici que l'échelle humaine reprend sa place, et impose sa forme de « médiance structurale » ou d'expérience vive à ce que sera le sens véhiculé par le cinéma vécu. C'est une imbrication de la vie devant la caméra et de la vie derrière la caméra qui fait l'unicité du cinéma direct, et qui permet à celui-ci, en tant que dispositif déployé dans un milieu physique, de forger du sens à la réalité de ce milieu, mais cela seulement dans la mesure où l'appellation « milieu » renvoie à la relation écouménale qui unit l'être du sujet à l'endroit où il se trouve. En bref, la réalité du cinéma direct – qui est aussi sa *vérité* – est celle de l'expérience vive de son auteur ; elle n'existe pas autrement. Dans l'ouvrage qui accompagne ses derniers films, Pierre Perrault a cette phrase : « Si le regard ne produit qu'une représentation du monde, autant refaire le monde avec des mythes pour mieux le vendre à la crédulité[19] ». Il s'agit d'une revendication. L'expérience singulière, pour Perrault, doit pouvoir accéder à une esthétique qui lui soit propre, pour ne pas sombrer dans le spectacle (la fiction) ou la positivité (la pure médiation technique).

L'énonciateur du direct est le foyer perceptif qui accomplit l'être des lieux qu'il occupe, non pas en se disant lui-même, mais en se donnant à

---

[16] Augustin Berque, *op.cit.*, p. 30.
[17] Pour l'historique des termes, voir Gilles Marsolais, *L'aventure du cinéma direct revisitée*, Laval, Les 400 coups, 1997.
[18] Pierre Perrault, *L'image du verbe*, postface à *Pour la suite du monde*, Montréal, l'Hexagone, 1992, p. 278.
[19] Pierre Perrault, *L'oumigmatique ou l'objectif documentaire*, p. 14.

voir dans sa rencontre avec l'altérité. À l'instar de l'explorateur des temps anciens, Pierre Perrault n'aura jamais eu le contrôle sur le mouvement qu'on trouve dans ses films ; ce mouvement, c'est avant tout *son* mouvement – le mouvement de la caméra, comme des objets, des individus qui la traversent d'un cadre à l'autre, n'en sont que le redoublement. L'événement dans son apparition, le surgissement de la parole, l'issue incertaine d'une entreprise collective (un marsouin ! pas d'orignal !), le geste imprévu, voilà ce que Perrault a toujours très ouvertement affirmé rechercher. Il a traqué précisément cela, l'imprévu. On dira qu'il a sélectionné des espaces que lui offraient les vicissitudes de l'Histoire (une île aux Coudres oubliée, une université acadienne en plein litige linguistique, une Abitibi menacée par le capital, etc.) pour ensuite les fractionner dans une esthétique qui humanise ces espaces en leur donnant le statut de lieux contingents, parcourus par une présence qui les revisite, qui les explore. Ce que Perrault nous offre à l'arrivée, ce ne sont pas les lieux eux-mêmes, mais les lieux en tant qu'ils ont été vécus, en tant qu'ils ont été traversés par un sujet orienté à l'imprévu qu'offraient justement ces lieux et leurs habitants. C'est le chiasme qui assure au cinéma direct son rapport revendiqué au réel, tout en le préservant de chuter dans une vaine objectivité idéologique. Petites régions vécues, éprouvées dans une temporalité humaine, et n'ayant pour seul lien cohésif que le passage d'un explorateur en butte à la *doxa*. Si l'œuvre de Pierre Perrault fut jamais régionaliste, c'est en ce sens, et il est possible que cela soit tout à son honneur : « En vérité la région, si elle ne veut pas être engloutie par l'Empire, n'a d'autre choix que de chercher refuge dans le maquis de son humanité[20]. »

On commence à percevoir que le direct fut peut-être le dispositif d'énonciation (ou de *relation*, au sens tripartite évoqué plus haut) auparavant impensable, qui aura permis de donner consistance à cet entre-deux qui fut l'échec de tant d'explorateurs par le passé : le *lien* entre le singulier et le lieu nécessairement pluriel, formé comme un chiasme, irréductible à un médium, ce qu'est précisément la relation écouménale. Samuel Hearne ne put empêcher que ce lien demeure inféodé au récit utopique de la conquête. Son journal, en ce sens, n'a qu'une valeur rétrospective. Pierre Perrault, en toute connaissance de cause, ne pourra se contenter d'utiliser la caméra et la prise de son. Il devra faire œuvre d'un refus du symbolique dans le recouvrement territorial. C'est le sens d'une

---

[20] *Ibid*, p. 23.

phrase en forme de leitmotiv, qu'il se plaira à répéter : « aujourd'hui, il n'est plus besoin d'Homère pour connaître Ulysse[21] ».

Le dispositif du cinéma direct n'est pas fixe ; il doit « suivre » l'événement, en traquer l'apparition. Il doit aussi se mouvoir selon des axes instaurés par la parole et le geste, qui dans leur fugacité n'établissent aucune permanence mais pointent vers un ailleurs où le monde (celui de l'oralité) pourra trouver sa suite (si l'on me permet de paraphraser ainsi le titre du long-métrage le plus connu de Perrault). Par là – dit dans le film l'Autochtone de la Côte-Nord en pointant du doigt –, derrière les montagnes, s'étend le Mouchouânipi, la terre de mes pères où nous voudrions retourner pour survivre. C'est à telle extrémité de l'île que s'est toujours effectuée la pêche au marsouin, de dire l'insulaire, c'est là que nous la ferons encore. Et l'équipe du cinéaste s'y rendra, elle y retrouvera les mêmes beaux parleurs qui, par leurs mots et leur pantomime, convoqueront la mémoire et prophétiseront l'avenir, c'est-à-dire s'inscriront, en médiateurs, dans une temporalité à leur échelle, dans une Histoire qui leur est propre. À travers cela, le cinéma direct fera bien plus que suggérer une quelconque topologie de la région. Cette dernière prendra la forme d'une suite de lieux rendus uniques dans leur morphologie – dans leur *profondeur* de sens – par la rencontre de la perception, du paysage, de la parole et des gestes.

Une esthétique de la résistance

Le personnage (ou semi-personnage) des films de Perrault se tient exactement dans la *brèche* entre passé et futur dont parle Hannah Arendt, ou si l'on préfère dans « le lieu de l'homme », pour reprendre l'expression de Fernand Dumont, qui fut proche de Perrault. Si la première donne du cinéma-direct est celle qu'impose le vécu (celui du cinéaste comme celui de ses semi-personnages), il est nécessaire que cet art particulier se soit constitué comme un art qui ne se contente pas de simplement témoigner, mais qui davantage accède à la résistance. Hannah Arendt nous dit deux choses en ce sens :

> Du point de vue de l'homme, qui vit toujours dans l'intervalle entre le passé et le futur, le temps n'est pas un continuum, un flux ininterrompu ; il est brisé au milieu […], et le lieu où se tient l'homme n'est pas le présent tel que nous le comprenons habituellement, mais plutôt une

---

[21] Pierre Perrault, *L'image du verbe (postface à Pour la suite du monde)*, p. 282.

brèche dans le temps que *son* constant combat, *sa* résistance au passé et au futur fait exister. […][22]

Arendt ajoute en second lieu ceci : « Le souvenir (siège de la tradition) est sans ressource hors d'un cadre de référence préétabli […] et l'esprit humain n'est qu'en de très rares occasions capable de retenir quelque chose qui n'est lié à rien[23]. »

Dans le monde de l'oralité, le conte est le mode de récit dominant. La temporalité du conteur est toujours une temporalité liée à la résistance au sens où l'entend Hannah Arendt, toujours une temporalité humaine *en situation*. Celui-là même qui détient le récit et en déroule les fils atteste par le fait même de son lien intime avec le contenu événementiel de ce récit. (« j'ai vu », « j'ai entendu dire que », « mon père a connu un homme qui », etc.). La capacité d'insuffler du réel que possède le conteur, comme d'ailleurs son rapport à la résistance, est menacée depuis longtemps déjà. Ce n'est pas sa simple appartenance au mode d'être de l'oralité qui explique entièrement cette menace. Walter Benjamin fut le premier à formuler l'intuition d'une *perte* d'un trait qui fait la spécificité singulière de l'homme ; il fut le premier aussi à tracer le lien qui fait de cette perte un phénomène moderne : « C'est comme si nous avions été privés d'une faculté qui nous semblait inaliénable, la plus assurée entre toutes : la faculté d'échanger des expériences[24]. » Pour Benjamin, c'est très clair : cette perte n'est pas une diminution dans la densité de la vie intérieure, mais un affaiblissement de l'appartenance existentielle de l'homme à son milieu : « le cours de l'expérience a chuté, nous dit-il, et il semble bien qu'il continue à sombrer définitivement[25]. » La pensée de Benjamin annonçait alors, avec une justesse inquiétante, la funeste réalité des années de guerre à venir. Son pressentiment d'une séparation moderne de l'homme avec la valeur ontologique de ses expériences annonçait cependant l'établissement d'un contexte à venir dans un futur qui se révélerait aussi bien plus large. Ce que Benjamin remarque dans son texte, ce n'est rien d'autre que le rapport mutuel qu'entretiennent l'expérience vive et le mouvement qui fait que celle-ci est relationnelle aux lieux qu'elle traverse. Mouvement et arrêt, comme voyage et retour,

---

[22] Hannah Arendt, préface à *La crise de la culture*, Paris, Gallimard, 1972, p. 21-26.
[23] *Ibid*, p. 14.
[24] Walter Benjamin, *Le conteur, réflexions sur l'œuvre de Nicolas Leskov*, dans *Œuvres III*, Paris, Gallimard, coll. « Folio », 2000 [1936], p. 115.
[25] *Ibid*.

ou si l'on préfère : traversée et habitation du lieu font la dynamique à partir de laquelle Benjamin bâtit sa théorie du conteur.

> Si les paysans et les marins furent les maîtres anciens de l'art de conter, l'artisanat fut sa haute école. En lui la connaissance des contrées lointaines, que rapporte celui qui a beaucoup voyagé, s'alliait à la connaissance du passé, que recueille plus volontiers le sédentaire[26].

Ici apparaissent les grandes figures qui peuplent l'œuvre de Perrault, et qui sont bien, quand on y regarde de près, des variations sur les modes fondamentaux d'appartenance au milieu que sont le nomadisme et la sédentarité. Ce que Benjamin soulevait en 1936 s'est confirmé inexorablement par la suite, au point où le récit tributaire de l'expérience vécue n'a pas que perdu sa popularité, mais s'est finalement trouvé enfermé dans la circularité des signes, retranché davantage de l'expérience qui lui donnait sa raison d'être, et de la véracité à laquelle il contribuait aussi par rétrospection. Le conte est devenu pure fiction. Le conte, la légende, et leurs avatars ne sont demeurés en référence avec le lieu réel, avec la spatialité, que par l'intermédiaire du travail de l'imaginaire. Toute l'œuvre de Perrault – au sein de laquelle il n'est pas rare de rencontrer des conteurs – semble nous dire que cette position est problématique dans notre monde contemporain, voire qu'elle est intenable. Il lui faut remettre la résistance en mouvement pour donner à voir une communauté et une territorialité en-dehors de la Lettre. Il s'impose que quelqu'un marche dans le contexte qu'évoque le conte ou la parole rapportée, afin de vérifier sans cesse leur matérialité, quitte à dissiper la légende par endroits, mais aussi peut-être à donner un surcroît d'émerveillement.

La suite du monde de l'oralité est avant tout un tissu territorial à rapiécer en poursuivant la seule forme de permanence que puisse avoir l'oral : *la rumeur*. Partout où Perrault sera amené à s'arrêter, ce sera pour vérifier et pour donner une consistance esthétique à un ouï-dire. L'explorateur moderne qu'il a été a construit une cartographie de la trace sensible, de la rencontre avec la parole et le geste, une synchronie humaine du disparate, c'est-à-dire la démonstration d'une même épreuve temporelle de l'appartenance à des exigences et à des lieux différents. Et en effet, pour qu'il y ait un monde qui persiste dans le temps, ne doit-il pas d'abord y avoir son enracinement dans l'espace physique, dans le moment éprouvé par la perception? Pierre Perrault, de l'Ile-aux-Coudres jusqu'en Ungava, dans son mouvement incessant à travers le Québec, n'a

---

[26] *Ibid*, p. 117.

pas cessé de soulever cette interrogation. Le manque autour duquel s'est bâtie son œuvre n'est pas celui d'un passé commun, ni de « raisons communes ». C'est le manque d'un territoire perçu individuellement, mais ressenti collectivement.

Bibliographie

ARENDT, Hannah, *La crise de la culture*, Paris, Gallimard, 1972.

BENJAMIN, Walter, *Le conteur, réflexions sur l'œuvre de Nicolas Leskov*, dans *Œuvres III*, Paris, Gallimard, coll. « Folio », 2000 [1936].

BERQUE, Augustin, *Écoumène. Introduction à l'étude des milieux humains*, Paris, Belin, 2000.

CASEY, Edward S., *Representing Place. Landscape Paintings and Maps*, Minneapolis, University of Minnesota Press, 2002

CORBIN, Alain, *Le territoire du vide. L'Occident et le désir de rivage*, Paris, Flammarion, 1990.

HAMELIN, Louis-Édmond, *Discours du Nord*, Québec, Cahiers du GÉTIC, coll. « Recherche », n° 35, Université Laval, 2002.

HEARNE, Samuel, *Le piéton du Grand Nord. Première traversée de la toundra canadienne* [traduction commentée de *The journals of Samuel Hearne 1769-1772*], J.B. Tyrell, London, 1911 et 1934] Paris, Payot, 2002.

MERLEAU-PONTY, Maurice, *Le visible et l'invisible*, Paris, Gallimard, coll. « Tel », 2001 [1964].

PERRAULT, Pierre, *Le mal du Nord*, Hull, Vent d'ouest, 2000.

_____, *L'oumigmatique ou l'objectif documentaire*, Montréal, L'Hexagone, 1995.

_____, *L'image du verbe*, postface à *Pour la suite du monde*, Montréal, l'Hexagone, 1992.

RANCIÈRE, Jacques, *La fable cinématographique*, Paris, Seuil, 2001.

Deux voix sur une seule voie ou l'empreinte littéraire d'une célèbre cordée

Hélène Guy

Université de Sherbrooke

> *J'ai une prédilection (c'est une question de topologie mentale) pour les terrains abrupts, et quel terrain ne l'est pas, si l'on y regarde d'assez près?*
>
> Kenneth White, *L'esprit nomade*

Dans la neige ou sur la feuille, nul ne pourrait se remémorer Louis Lachenal sans Lionel Terray ni parcourir les *Carnets du Vertige* sans *Les conquérants de l'inutile*. Si ces deux grands alpinistes-écrivains ont certes laissé leurs traces en haute montagne, ils ont aussi marqué la littérature alpine de leurs voix respectives. Mais comment rendre compte de l'empreinte littéraire qu'ils ont gravée à force de croiser la plume et le piolet?

Si retracer le parcours d'un écrivain ne va pas de soi, alors comment rendre compte de celui de deux alpinistes-écrivains encordés sur une même voie, évoluant sur des territoires où se nouent impérativement les lieux et les mots, tout cela aux frontières du mouvement et de l'équilibre, là où la voix de l'un détermine celle de l'autre, défiant le vide, la chute, la mort? Dès lors, comment mesurer l'empreinte inscrite par Lachenal et Terray pour leurs descendants, lecteurs et alpinistes, qui grimpent et écrivent sur les traces de cette célèbre cordée?

En inscrivant leurs parcours d'alpinistes autant par les voies de la vie, de la lecture que de l'écriture, Lachenal et Terray jouent sur deux plans : celui de l'exploration où, notamment, la lecture de la montagne à grimper devient un enjeu de survie, puis celui de la consécration fondée en partie sur la reconnaissance de la communauté des grimpeurs et, assurément, sur l'écriture de leurs récits respectifs. Sur le plan de la vie, si la cordée de Lachenal et de Terray s'est démarquée, c'est que le cheminement de chacun a été mené de pair avec celui de la cordée, autant sur les grandes voies que par l'esprit qui l'a animée. En effet, l'évolution de la cordée, comparée faute de mieux à l'évolution du couple, repose sur les déplacements successifs de deux grimpeurs s'éloignant d'au plus cinquante mètres l'un de l'autre, se retrouvant après chaque longueur de corde au relais sur des lieux plutôt exigus, traversant des nuits en bivouac, accrochés à la paroi à se réchauffer mutuellement, partageant des jours d'intimité sans jamais s'éloigner quoiqu'il arrive. Lorsque deux alpinistes évoluent sur la paroi, celui qui assure, c'est-à-dire qui est prêt à retenir l'autre s'il chute, peut suivre les déplacements de son compagnon par les mouvements de la corde, cette corde qui devient l'unique canal de communication lorsque les grimpeurs ne se voient plus. Dans les passages périlleux, si la corde est bien ancrée à la paroi à l'aide de coinceurs et de pitons, le fait d'être attaché permet de parer une chute ou, dans le cas contraire, celui qui perd pied entraîne la cordée, trop souvent, vers une mort certaine. Par leur cordée qui a accumulé nombre d'exploits, un attachement particulier s'est développé entre Lachenal et Terray dont les écrits sont autant tributaires de la logique de la cordée que de celle du récit alpin.

Ce qui est advenu a eu lieu

Cette nécessité d'écrire l'indicible, Paul Ricœur la traduit bien lorsqu'il affirme que « les mises à l'épreuve, les maladies, les blessures, les traumatismes du passé invitent la mémoire corporelle à se cibler sur des incidents précis qui font appel principalement à la mémoire secondaire, au ressouvenir, et invitent à en faire récit[1] ». Il décrit l'enjeu de cette lutte pour survivre loin de la montagne au retour de l'Annapurna[2] que Lachenal et Terray tentent de reproduire par le récit en refusant de se taire, comme le précise Lachenal en ces termes :

> Je ne veux pas reprendre ici la petite histoire de la vie quotidienne. Herzog a écrit le livre officiel, voilà une bonne chose de faite. Ce qui reste ancré dans mes souvenirs, après cinq ans, ce qui peut garder de l'intérêt, ce sont les grandes lignes, les grands moments. Sur ceux-là, je voudrais exposer mes idées[3].

À ce sujet, Lachenal prend la peine de rappeler un détail sur lequel il insiste, relatant une anecdote faute de pouvoir traduire l'inexprimable. Racontant son retour du sommet, alors qu'il est incapable de se déplacer

---
[1] Paul Ricœur, *La mémoire, l'histoire, l'oubli*, Paris, Seuil, 2000, p. 48.
[2] L'Annapurna a été le premier des quatorze sommets de 8000 mètres en Himalaya gravi en 1950 par une expédition française dirigée par Maurice Herzog à laquelle participaient, notamment, Louis Lachenal et Lionel Terray. Bien des écrits ont été produits à la suite de cette victoire où Herzog et Lachenal, au retour du sommet, ont subi de sévères engelures suivies d'amputations.
[3] Louis Lachenal, *Carnets du vertige*, Chamonix, Guérin, coll. « Édition illustrée », 1996, p. 203.

parce qu'il a de terribles engelures et que ses compagnons tardent à lui apporter vivres et soins, il arrête son récit pour y introduire le commentaire suivant :

> Tout le monde bien entendu (shahibs et sherpas) par une attirance naturelle vers le chef, s'affaire autour de Momo [Maurice Herzog], qui d'ailleurs à mon sens sait en profiter. Tout cela semble du mauvais esprit, je ne devrais certainement pas l'écrire mais sinon en restera-t-il quelque chose ? Et je tiens à ce que cela reste[4].

Ce rapport à la pérennité par l'écriture est réaffirmé par Lachenal qui tient à expliquer que sa décision d'atteindre le sommet de l'Annapurna, sachant fort bien qu'il devait pour cela sacrifier ses deux pieds, « n'était pas une affaire de prestige national. C'était une affaire de cordée[5]. » Il ajoute dans son récit : « C'est tout ce que je voulais dire à ce sujet[6]. » En effet, lors de l'assaut final que Lachenal a effectué avec Herzog, au moment où il aurait préféré rebrousser chemin à cause de ses pieds gelés, il n'a jamais envisagé l'abandon de son compagnon de cordée, et c'est pour cette seule raison, ni patriotique ni glorieuse, qu'il dit avoir atteint le sommet de l'Annapurna. Quant à Terray, il décrit avec une émotion extrême le retour du sommet de Lachenal qu'il voit disparaître sous ses yeux dans une crevasse : « Le choc est si violent que j'en perds mon contrôle. En larme, je pousse des cris désespérés. Minutes atroces, où j'ai cru perdre à jamais le compagnon des plus belles journées de ma vie[7] ! » Mieux que quiconque, Terray peut mesurer le drame qu'il partage inévitablement avec Lachenal et, moins intensément, avec Herzog, drame qui allait perdurer au-delà de la descente de l'Annapurna, car leur cordée ne pouvait survivre aux graves blessures de Lachenal. Ainsi, par leurs récits, Lachenal et Terray font appel à leur mémoire afin de relater, le premier par l'explication et le second par la mise en scène, leur terrible et victorieuse expédition en Himalaya.

En montagne, bien des alpinistes s'encordent, mais tous ne parviennent pas à franchir les nombreux obstacles professionnels, personnels et familiaux qui ponctuent la formation d'une cordée. Comme les lieux sont déterminants dans le rappel des souvenirs, ce sera à travers leurs grandes courses, cette kyrielle d'ascensions prestigieuses prescrites à une époque donnée, que Lachenal et Terray mettront en relief la formation de leur

---

[4] *Ibid.*, p. 262.
[5] *Ibid.*, p. 299.
[6] *Ibid.*
[7] Lionel Terray, *Les conquérants de l'inutile*, Chamonix, Guérin, coll. « Édition illustrée », 1995, p. 374.

célèbre cordée. À force de grimper ensemble et de rêver à de nouveaux sommets, ils seront en mesure d'écrire leurs récits respectifs dans lesquels chacun dédie un chapitre à l'autre : « Encordé avec Terray[8] ! » et « Je rencontre Lachenal[9]. » Deux courses y seront relatées avec détails : l'Éperon de la Walker dans les Grandes Jorasses et la face nord de l'Eiger. Le récit de ces courses permet de rappeler le véritable enjeu de ces ascensions, soit la transformation de jeunes hommes en dieux de la montagne. Dans ce contexte, l'importance des lieux est réitérée par Paul Ricœur :

> C'est sur la surface de la terre habitable que nous nous souvenons avoir voyagé et visité des sites mémorables. Ainsi les « choses » souvenues sont-elles intrinsèquement associées à des lieux. Et ce n'est pas par mégarde que nous disons de ce qui est advenu qu'il a eu lieu[10].

Ces « choses » souvenues font appel à des passages qui, d'un relais mémoriel à un autre, marquent textuellement l'itinéraire de la cordée. En alpinisme, seuls les lieux peuvent servir de repères pour situer les grimpeurs au sein d'une communauté qui évalue la performance de ses membres en fonction des courses qu'ils ont effectuées. Les plus grands alpinistes, dont Terray, signent eux-mêmes leurs récits ou, à défaut, laissent leurs carnets en héritage, surtout dans le cas de ceux qui meurent accidentellement en montagne, tel Lachenal.

Parcours de l'ascension

Le parcours de l'ascension est inscrit sans équivoque dans les récits de Lachenal et de Terray qui recourent à un vocabulaire marqué religieusement, comme Kenneth White l'a constaté pour d'autres textes de même nature :

> Le fait que dans l'expérience humaine, parfois face à la mort, les énergies psychiques et mentales soient rendues au maximum a pour résultat immédiat que le fond psychique, marqué religieusement, mythologiquement et métaphysiquement, remonte[11].

C'est ainsi que bien des expressions reliées à la religion se retrouvent dans les récits de Lachenal et de Terray, qui métaphorisent le parcours de chacun vers la montagne. Prenons exemple sur celui de Terray qui débute

---

[8] Louis Lachenal, *op. cit.*, p. 51.
[9] Lionel Terray, *op. cit.*, p. 121.
[10] Paul Ricœur, *op. cit.*, p. 49.
[11] Kenneth White, *Poétique de la montagne*, Bruxelles, Les Éditions du héron, coll. « Latitudes », 2003, p. 12.

par l'appel : « les cimes étaient là, scintillantes sous la lumière, et leur appel était plus fort que ma raison[12]. » Même sans le sou, il avoue ceci :

> L'espoir que je nourrissais au fond de mon cœur était d'exercer le métier de guide indépendant, c'est-à-dire le vrai métier de guide, celui qui, depuis l'âge d'or de l'alpinisme, consiste à gagner sa vie en accompagnant dans la montagne les touristes et les alpinistes en séjour dans la vallée[13].

Déjà, la figure de l'être qui sacrifie tout pour son idéal prend forme. Les obstacles s'additionnent pendant ses courses, si bien qu'il affirme : « Cette escalade est un martyre ; mes mains ont si froid qu'il faut constamment les battre jusqu'au sang pour leur redonner un peu de chaleur[14]. » Le corps sacrifié de l'alpiniste, en plus d'être un lieu de mémoire, permet ce passage du martyre au miracle : « À chaque longueur de corde, un incident se règle par un miracle[15]. » Nul ne sera étonné qu'au sortir de l'Éperon de la Walker aux Grandes Jorasses, Terray affirme : « Il nous semblait que nous ne serions jamais assez habiles ni assez forts pour triompher d'obstacles tellement au-dessus de l'échelle humaine[16]. » Inévitablement, la métamorphose s'opère lorsqu'il dit avoir :

> [...] surmonté l'inadaptation congénitale de l'homme à cette nature de roc et de glace. L'aisance et la rapidité de nos évolutions avaient pris un aspect presque surhumain. Nous étions devenus des sortes de bêtes sauvages de l'alpe, [...] nous pouvions [...] dévaler les couloirs au mépris des lois de la pesanteur[17].

Puis, dans un climat de béatitude, il ajoute : « après l'effort dont nos muscles palpitaient encore, comme il était doux de se laisser pénétrer par cette paix infinie[18] ! » Plus loin, devant les vertiges d'autres cordées, c'est l'homme qui redevient poussière qui est rappelé :

> Les ans et les tempêtes ont passé, les cordes sont devenues de paille, et un jour le rocher s'est retrouvé aussi nu qu'aux premiers âges du monde. Seuls ces pitons sont restés pour témoigner du sacrifice de ces conquérants de l'inutile[19].

---

[12] Lionel Terray, *op. cit.*, p. 122.
[13] *Ibid.*, p. 138.
[14] *Ibid.*, p. 154.
[15] *Ibid.*
[16] *Ibid.*, p. 155.
[17] *Ibid.*, p. 157.
[18] *Ibid.*
[19] *Ibid.*, p. 205.

Devant ces lambeaux d'équipement en guise de pierres tombales qui parsèment les voies d'escalade, l'alpiniste espère revenir de la montagne transfiguré et c'est dans l'Himalaya que cela va s'opérer pour Terray. Une condition prévaut toutefois, celle de l'abandon total :

> J'allais pouvoir connaître ces cimes fabuleuses où l'homme n'a pas sa place. Ainsi, j'allais pouvoir pénétrer dans ce paradis où rien n'a été souillé, où tout est grand, beau et pur... L'Himalaya, c'était pour moi l'aventure totale, le don de soi pour un but idéal, toujours poursuivi, si rarement atteint[20].

Pour y parvenir, le chef d'expédition de l'Annapurna, Maurice Herzog, devait remplir une ultime condition :

> Enfin, au-dessus de ses qualités et de ses défauts, Herzog avait la vertu capitale pour diriger une expédition : il avait la foi ! Il entreprenait cette œuvre [...] avec un enthousiasme, un dynamisme capables de renverser les montagnes[21].

Habituellement, la foi *déplace* ou *soulève* les montagnes ; pourquoi les *renverse*-t-elle dans le texte de Terray si ce n'est pour rendre le sommet accessible? Finalement, la métamorphose s'opère lorsque, dans la tempête impitoyable, Terray entend des pas dans la neige :

> Je me précipite dehors juste à temps pour accueillir Herzog tout seul. Les vêtements et la barbe givrés, le regard illuminé de joie, il m'annonce la victoire. Dans cette minute solennelle, je veux lui serrer la main. Horreur ! ce qu'il me tend n'est qu'un glaçon, dur comme le bronze[22].

Herzog lui dit : « Ce n'est rien, ça reviendra[23]. » Ainsi, à travers ses récits de courses, Terray relate son parcours où l'ascension de l'homme va de l'appel jusqu'à la transfiguration, utilisant abondamment « un vieux stock usé de métaphores[24] », comme le souligne avec justesse Kenneth White. Est-ce à dire que la montagne a besoin de ce langage pour prendre forme, ou n'est-ce pas plutôt parce que nul récit d'ascension, si glorieux soit-il, ne pourra jamais justifier l'abandon des enfants par un père si ce n'est justement pour répondre à un appel qui va bien au-delà de la montagne elle-même?

---

[20] *Ibid.*, p. 303.
[21] *Ibid.*, p. 307.
[22] *Ibid.*, p. 373.
[23] *Ibid.*, p. 373.
[24] Kenneth White, *op. cit.*, p. 12.

Parcours de la cordée

Le déplacement de point de vue de l'alpiniste sur la cordée suppose une perception spatiale réorganisée. Si, comme l'indique Paul Ricœur, « le corps constitue à cet égard le lieu primordial, l'ici, par rapport à quoi tous les autres lieux sont là-bas[25] », la cordée, formée de deux corps qui sans cesse s'éloignent et se rapprochent de quelques dizaines de mètres dans un mouvement continuel d'ascension, devient un seul corps aux dimensions variables et pouvant contenir le corps de l'un et de l'autre, sans quoi tout déplacement deviendrait impossible et la chute, inévitable. Nous n'introduirons pas ici la métaphore de la conquête amoureuse ni ne traduirons la corde par cordon ombilical afin d'éviter les clichés dont Kenneth White nous a mise en garde : « Mais la métaphore de la possession sexuelle, si elle s'impose tout aussi spontanément que les métaphores religieuses, est tout aussi superflue, pour dire le moins[26]. » Nous ferons plutôt appel au paysage dans lequel se projette la cordée au fur et à mesure que, dans une grande ascension, elle progresse vers le sommet de la voie, évitant le pire à chacun des déplacements de l'un ou l'autre des alpinistes dans un rapport d'interdépendance absolue. Précisons que sur l'Éperon de la Walker des Grandes Jorasses et la face nord de l'Eiger, l'évolution en premier ou en second de cordée comportait des risques presque équivalents dans la mesure où les ancrages n'étaient ni suffisants ni solides. C'est par une lecture du paysage dans le parcours de la cordée que nous tenterons ici de retracer et de comprendre le rapport à la montagne qu'aura été celui de Lachenal et de Terray. Pour cela, nous analyserons leur progression sur ces deux voies, car ce sont elles qui ont permis la formation de la cordée, étant toutes deux reconnues comme sites empreints de grandes difficultés par la communauté des alpinistes et comme lieux qui ne pardonnent pas. Dans ce sens, le rapport au paysage et à la géographie tel que proposé par Paul Ricœur y est déterminant :

> Les lieux les plus mémorables ne sembleraient pas capables d'exercer leur fonction de mémorial s'ils n'étaient pas aussi des sites notables au point d'intersection du paysage et de la géographie. Bref, les lieux de mémoire seraient-ils les gardiens de la mémoire personnelle et collective s'ils demeuraient « à leur place », au double sens du lieu et du site[27]?

---

[25] Paul Ricœur, *op. cit.*, p. 51.
[26] Kenneth White, *op. cit.*, p. 10.
[27] Paul Ricœur, *op. cit.*, p. 52.

L'Éperon de la Walker des Grandes Jorasses et la face nord de l'Eiger auront marqué le parcours de la cordée. Plus encore, ces grandes voies lui auront permis de se former, d'être saluée par la communauté des grimpeurs et de laisser sa trace dans l'histoire de l'alpinisme et de la littérature alpine.

Le corps de l'alpiniste conditionne ses mouvements sur la voie. C'est peut-être pour cela que, lors de leurs premières rencontres, Terray est frappé par le regard de Lachenal : « ce visage pâle et maigre où brillaient deux yeux très vifs[28] » et ce dernier, par « cette impression de puissance, de violence contenue[29] » que dégageait Terray, si bien qu'il n'est pas étonnant de lire que « bientôt une solide camaraderie commença à se nouer entre [eux][30] ». Déjà, deux alpinistes aux physiques fort différents sont réellement et symboliquement attachés l'un à l'autre dans leur récit. C'est sur la face Est du Moine que Lachenal et Terray vont s'encorder ensemble pour la première fois, car leurs deux compagnons sont victimes d'un début d'ophtalmie. L'hésitation des deux alpinistes est relatée dans le récit de Lachenal :

> Louis [Lachenal] n'ose proposer sa compagnie à un homme comme Terray, qui, sagement, ne s'encorde qu'avec des alpinistes dont il est sûr. De son côté, Terray jauge la valeur de Louis, dont il a pu admirer la tenue sur la glace mais dont les qualités de grimpeur lui sont pratiquement inconnues en dehors de quelques escalades qui sont de médiocres références.[31].

Aussitôt acceptée par Lachenal, cette offre de Terray oriente la formation de la cordée en montagne. Dans le récit de Lachenal, on peut y lire : « La nuit passe vite et voici la cordée au pied de la paroi, qui n'est guère éloignée du refuge[32] ». Ces précisions, temporelles et spatiales, semblent mettre l'accent sur la cordée qui n'a pas encore amorcé sa traversée, ni dans la durée ni dans l'espace. Au retour, Terray prendra soin de préciser : « en 1945 cette course n'avait pas été répétée depuis sa première ascension par les excellents grimpeurs Aureille et Feutren, et ceux-ci à leur retour l'avaient à juste raison déclarée difficile[33]. » Ces renseignements sur la voie marquent le début du parcours, parcours qui se doit d'être difficile et reconnu comme tel. Lachenal et Terray pourront donc

---

[28] Lionel Terray, *op. cit.*, p. 128.
[29] Louis Lachenal, *op. cit.*, p. 61.
[30] Lionel Terray, *op. cit.*, p. 129.
[31] Louis Lachenal, *op. cit.*, p. 91.
[32] *Ibid.*, p. 91.
[33] Lionel Terray, *op. cit.*, p. 130.

s'aventurer dans l'Éperon de la Walker aux Grandes Jorasses, ce qu'ils font à la suite de longs et minutieux préparatifs.

Au tiers de la paroi, au moment où la descente est encore possible, Terray démêle la corde au relais en constatant : « il ne me reste plus qu'à tirer la corde qui me rattache encore au monde[34]. » En accord avec Lachenal, ils décident de sortir par le haut. Alors qu'il ne semble plus y avoir de prises, Terray poursuit son ascension et lui donne sens :

> Je ne suis plus le même homme, […] les liens de la terre se sont rompus : je n'ai ni peur, ni fatigue ; je me sens comme porté par les airs ; je suis invincible, rien ne peut m'arrêter, j'ai atteint cette ivresse, cette dématérialisation que cherche le skieur sur la neige, l'aviateur dans le ciel, le plongeur au tremplin. Après 15 mètres de cette voltige, je parviens à m'arrêter et à planter un piton[35].

Cette forme de dématérialisation pourrait nous étonner puisqu'elle s'opère dans un contexte d'escalade où la matière, en l'occurrence le roc et la glace, y joue un rôle de premier plan. Pourtant, bien des alpinistes parlent de ces moments d'extase où ils font corps avec les éléments, où toutes leurs facultés convergent vers le haut dans un mouvement de danse marqué par l'équilibre et par l'esthétisme. Dans cet épisode, il est à noter que Terray avait au préalable ancré Lachenal à un mousqueton, le plaçant ainsi à l'abri. Un autre épisode de même nature signale leur progression dans cette délicate voie où Lachenal, d'un pas athlétique, rejoint Terray à son insu et, par conséquent, sans avoir été assuré :

> Terray trouve absurde de courir des risques inutiles et marque son mécontentement, mais il est vivement frappé par la dextérité et la célérité de son compagnon. Cherchant des comparaisons parmi les escaladeurs célèbres et n'en trouvant guère, il se rend compte qu'il est là en présence d'un don qui pourrait devenir un phénomène[36].

Effectivement, les risques pris par Lachenal se transforment en atouts dans une grande voie où la vitesse, tout autant que la corde, engendre la sécurité, mais pour des grimpeurs d'élite seulement. Terray vient de découvrir que son compagnon de cordée est capable, lui aussi, de prouesses surnaturelles. La communauté des grimpeurs est prise à partie, comme s'il voulait s'assurer de la véracité de sa découverte. Plus avant dans l'Éperon de la Walker, c'est avec une corde devenue inutile, voire meurtrière, que Lachenal et Terray poursuivent leur ascension : « J'espère que

---

[34] *Ibid.*, p. 148.
[35] *Ibid.*, p. 149.
[36] Louis Lachenal, *op. cit.*, p .92.

la suite ne nous réserve pas de mur infranchissable. [...] Je crois que la corde ne servira pas à grand-chose. Si l'un de nous tombe, il entraînera l'autre[37]. » Le mur, aussi réel que symbolique, marque le dernier passage de la voie. S'ils en réussissent le passage, la cordée sera consacrée. Toutefois, les alpinistes doivent progresser dans un état où « les cordes sont trempées et commencent à geler[38] ». Au moment où ils atteignent le sommet et que s'achève la descente, Lachenal mentionne : « La corde qui nous réunissait depuis cinquante heures est enlevée. Les nœuds ne veulent pas se laisser défaire, notre cordée est solide[39]. » Ainsi prend fin cette ascension qui donne son sens à la cordée Lachenal-Terray :

> En réalité, mise à part l'admiration mutuelle, Lachenal et Terray, pour la première fois, se sont complétés merveilleusement. Ils sont considérés désormais à juste titre comme formant la plus forte cordée du moment et, pendant plusieurs années, ils vont exercer une suprématie indiscutée sur tous les cercles du grand alpinisme[40].

Le même scénario se répète sur la face nord de l'Eiger, à la différence près que la cordée, maximisant les capacités de chacun, franchira avec une relative aisance les passages très délicats. Cela suscite cette réflexion de Terray :

> […] les alpinistes combattent seuls en plein cœur de la haute montagne ; où qu'ils portent le regard, ce ne sont que rocs gigantesques dressés vers le ciel dans un geste tragique, froids glaciers dont les écroulements font résonner les monts d'un infernal bruit de tonnerre. […] l'homme se sent là comme sur une autre planète, rien ne vient détremper l'acier du courage qu'il s'est forgé[41].

Par leurs ascensions prodigieuses, Terray et Lachenal vont tous deux adopter un style d'escalade plus proche de l'art que de la conquête : ils valoriseront, comme l'affirme Lachenal, davantage la course elle-même que l'atteinte du sommet et, aux dires de Terray, un alpinisme qui s'apparente plus à un art qu'à une entreprise militaire. C'est probablement ce qu'exprime la cordée dans le récit de tous ses déplacements sur les grandes voies, ce plaisir esthétique où une certaine dématérialisation est rendue possible.

---

[37] *Ibid.*, p. 129.
[38] *Ibid.*, p. 153.
[39] *Ibid.*, p. 157.
[40] *Ibid.*, p. 162.
[41] Lionel Terray, *op. cit.*, p. 206.

Empreinte littéraire

Édités d'abord chez Gallimard en 1961, les *Carnets du vertige* de Louis Lachenal et *Les conquérants de l'inutile* de Lionel Terray ont été réédités respectivement en 1996 et 1995 aux Éditions Guérin à Chamonix dans une superbe collection illustrée. Pour les alpinistes-écrivains, cette maison demeure un lieu de consécration. Fait intéressant, les *Carnets du Vertige* ont été publiés après la mort de Lachenal, alors que ce dernier rassemblait ses notes dans le but de faire un livre ; si bien qu'il y a alternance de ses textes, présentés en italique, et des textes de Gérard Herzog, frère de Maurice. En reconstituant la genèse de la célèbre cordée, nous n'avons pas fait de distinction entre les textes de Terray et ceux de Lachenal, ceux d'Herzog et quelques extraits de ceux de Terray. Lus parallèlement, ces deux livres deviennent l'empreinte littéraire d'une cordée où chacun grimpe ce que l'autre a grimpé, mais toujours dans une position légèrement différente. Avec ces deux livres, l'héritage littéraire de Lachenal et de Terray ne peut être évalué qu'« aux frontières du littéraire[42] » selon l'expression de Pierre Rajotte, dans la perspective où ils visent un public spécifique, celui de la communauté des alpinistes, et nous permet de grimper, comme le dit si bien Kenneth White, en compagnie de « ces compagnons de cordée mentale[43] ».

Les filtres de lecture religieux ou mythologiques semblent incontournables lorsqu'il s'agit d'étudier des récits alpins, car les alpinistes y racontent les souffrances auxquelles ils ont dû faire face et les épreuves qu'ils ont eu à surmonter, devenant ainsi transfigurés et reconnus comme des dieux par la communauté des grimpeurs. Dans les récits de Lachenal et de Terray, tous les mots justifiant ces lectures s'y trouvent en abondance.

L'approche géopoétique proposée par Kenneth White introduit une autre lecture qui, bien que nouvelle, s'avère particulièrement efficace. En effet, le rapport à la terre, avec les mouvements qu'il suppose, devient aussi une voie de lecture privilégiée, car les alpinistes-écrivains ne peuvent ni grimper ni écrire sans être tributaires des éléments naturels, des interactions avec leurs partenaires et des données scientifiques, notamment issues de la géologie. Les rapports sensibles, intellectuels et esthétiques qu'ils mettent en relief dans leurs récits permettent un mode de lec-

---

[42] Pierre Rajotte, *Le récit de voyage : Aux frontières du littéraire*, Montréal, Triptyque, 1997.
[43] Kenneth White, *op. cit.*, p. 22.

ture plus près de l'essence même de la roche et de la glace pour marquer leur appartenance à la terre.

La progression d'une cordée a lieu sur des parois où, par la résolution de problèmes multiples liés à la survie de chacun de ses membres, les alpinistes deviennent aptes à relever des défis inimaginables, tel l'atteinte d'un premier sommet à 8 000 mètres d'altitude en Himalaya au milieu du XXe siècle. Lors du déclin d'une cordée, l'écriture devient à son tour un lieu de consécration privilégié. Fait intéressant, les compagnons d'une même cordée écrivent parfois le même récit, même si, dans les faits, deux livres sont édités. Cela est inévitable puisqu'ils grimpent ensemble, à une dizaine de mètres d'écart seulement, ce qui a comme effet d'introduire des points de vue de narration différents. Dès lors, par ses réalisations, la cordée devient une référence incontournable sur les parois où elle a évolué ainsi qu'en littérature alpine, tant pour les grimpeurs que pour les chercheurs.

Bibliographie

LACHENAL, Louis, *Carnets du Vertige*, Chamonix, Guérin, coll. « Édition illustrée », 1995.

RAJOTTE, Pierre, *Le récit de voyage : Aux frontières du littéraire*, Montréal, Triptyque, 1997.

RICŒUR, Paul, *La mémoire, l'histoire, l'oubli*, Paris, Seuil, 2000.

TERRAY, Lionel, *Les conquérants de l'inutile*, Chamonix, Guérin, coll. « Édition illustrée », 1995.

WHITE, Kenneth, *Poétique de la montagne*, Belgique, Les Éditions du héron, coll. « Latitudes », 2003.

Exploration des frontières du soi. Le récit alpin comme mise en fiction d'une expérience limite

Caroline Proulx

Université du Québec à Montréal

L'espace, le territoire, les lieux nous habitent. Que ce soit les grandes étendues du désert, la vastitude du Grand Nord, les labyrinthes urbains, ils appellent le désir d'exploration, les pas de l'homme qui cherche à faire sa trace. Parcourir l'espace, en faire l'expérience signifie intérioriser ce qui est extérieur, intégrer en soi ce qui est *autre*, aller au devant d'une altérité constituée de tous ces lieux inconnus. Certains de ces espaces, de ces lieux marquent particulièrement l'imaginaire, lié ou non à l'expérience du parcours. Les montagnes, longtemps conçues comme le domaine des dieux par diverses civilisations[1], relèvent à la fois du géographique et du mythique. Elles sont non seulement le lieu d'une pratique, celle de l'alpinisme, mais aussi d'un imaginaire propre qui se dessine à travers une multiplicité de récits. Les textes qui racontent l'ascension des alpinistes vers les plus hauts sommets du monde révèlent une des particularités de cette pratique par la mise en acte, à travers l'écriture, d'une expérience limite où la mort est une réalité toujours envisageable. Le présent article étudie précisément ce lien entre l'écriture et l'expérience, là où l'écriture s'érige *à partir de* cette expérience, dans la

---

[1] Voir à ce sujet Jean-Paul Roux, *Montagnes sacrées, montagnes mythiques*, Paris, A. Fayard, 1999 et *Hommes, cimes et Dieux*, Paris, Arthaud, 1984 où Samivel écrit : « l'homme a pénétré dans un milieu nouveau, un "autre monde", présentant des aspects fascinants, mais peu favorables à la survie. […] Cet impressionnant faisceau de convergences a déterminé universellement la sacralisation des montagnes […] quand elle ne furent pas elles-mêmes divinisées, elles servirent de résidences terrestres aux divinités de l'En-haut. » (p. 19). Cette croyance est toujours présente dans les mœurs des Sherpas qui habitent les hautes régions du Népal et du Tibet. Ainsi, leur travail pour aider les alpinistes est toujours précédé de rituels particuliers afin d'apaiser les esprits de la montagne et permettre que l'ascension se déroule dans les meilleures conditions. Les Sherpas constituent sans aucun doute le peuple qui illustre le mieux l'aspect mythique et religieux lié aux montagnes.

perspective de deux récits : *L'Everest m'a conquis*[2] et *Tragédie à l'Everest*[3]. Ces récits relativement récents se déroulent au même endroit (le mont Everest dans l'Himalaya) et inscrivent le même trajet dans la montagne (le versant népalais). Toutefois, ils mettent en scène deux expériences considérablement différentes que transcrit la forme même du récit. C'est cette différence de l'expérience se reflétant dans l'écriture qui permet de penser, de façon globale, comment les récits participent d'une fragmentation de l'espace dans la représentation[4].

L'Everest, de l'ascension à l'écriture

Dans la tradition du récit dit « alpin » ou « d'expédition », des noms tels que le McKinley en Alaska, l'Aconcagua en Argentine, le Kilimandjaro en Afrique, le Vinsen en Antartique, l'Annapurna, le Nanga Parbat, le Lhotse et le mystérieux K2 de la légendaire chaîne himalayenne, pour ne nommer que ceux-là, se répètent et constituent un réseau de figures qui traversent les récits. De toutes ces montagnes, l'Everest est incontestablement celle qui se place au premier rang[5]. Avec ses 8 850 mètres[6], Sagarmatha en népalais, Chomolungma en tibétain qui veut dire « la déesse mère de la Terre », se dresse comme le « Toit du monde ». Belle et impitoyable, cette pyramide de roches et de glace attire les alpinistes depuis près d'un siècle. Tel que le souligne Krakauer dans *Tragédie à l'Everest*,

> il fallait s'attendre qu'un jour ou l'autre quelqu'un décide d'en faire l'escalade. L'explorateur américain Robert Peary avait annoncé qu'il avait atteint le pôle Nord en 1909. Roald Amundsen avait mené une expédition norvégienne au pôle Sud en 1911. L'Everest, le « troisième pôle », devenait l'objectif le plus convoité des explorateurs terrestres[7].

---

[2] Yves Laforest, *L'Everest m'a conquis*, Montréal, Stanké, 1994.
[3] Jon Krakauer, *Tragédie à l'Everest*, Paris, Presses de la Cité, 1998.
[4] Fragmentation de l'espace ici au sens où les représentations, par la mise en œuvre de subjectivités et d'expériences singulières, participent à une déconstruction de l'unité d'un lieu, d'un espace défini et délimité notamment par la géographie. On verra dans les pages qui suivent comment l'Everest apparaît différemment d'un récit à un autre à cause de l'expérience singulière vécue par les alpinistes dans ce lieu physique et terrestre.
[5] Je souligne par ailleurs que dans l'univers de l'alpinisme d'autres sommets sont tout autant convoités sinon davantage dont le K2, réputé pour la difficulté de son ascension et pour sa position de deuxième sommet (8 611 mètres) après l'Everest.
[6] Il s'agit de la mesure la plus exacte et récente faite à ce jour de la montagne par le « Global Positioning System ». Elle a été réalisée en mai 1999 par une équipe d'alpinistes américains et acceptée par le National Geographic. La dernière mesure réalisée en 1954 donnait une hauteur de 8 848 mètres au « Toit du monde ».
[7] *Ibid.*, p. 25.

Les premiers alpinistes à s'y rendre furent les Britanniques en 1921, mais il fallut attendre l'ascension d'Edmund Hillary et Tensing Norgay en 1953 pour annoncer la conquête du sommet. Depuis, plusieurs expéditions ont été organisées desquelles beaucoup de grimpeurs ne sont jamais revenus, renforçant par le fait même le mystère de cette montagne, nourrissant les imaginaires et les récits.

Le 15 mai 1991, un premier Québécois se tient sur le « Toit du monde ». Il s'agit d'Yves Laforest qui publiera par la suite *L'Everest m'a conquis*. Ce récit, d'une grande humilité au-delà de l'exploit, possède les caractéristiques rencontrées généralement dans les récits de type alpin, c'est-à-dire la mise en acte, par l'écriture, de l'expérience vécue en montagne : la préparation et les conditions de départ de l'alpiniste, le voyage, les paysages grandioses traversés, les conditions climatiques, les détails techniques de l'ascension, les accidents, l'attente, le sommet, l'échec, la réussite, le retour. *Tragédie à l'Everest* s'inscrit également dans ce type de récit. Jon Krakauer y raconte l'expédition meurtrière d'*Adventure Consultants*, compagnie de guides de haute montagne dirigée par Rob Hall, alpiniste néo-zélandais, au printemps 1996. Cette expédition, qui se déroule cinq ans après la réussite de Laforest, expose une situation initiale différente de l'expédition de 1991, situation ayant contribué à la tragédie. Krakauer, journaliste et alpiniste plus ou moins expérimenté, se trouve au cœur d'une expédition dite « commerciale » où, pour 65 000 dollars américains, des « clients[8] » tentent de gravir l'Everest avec guide et porteurs. L'expédition de Laforest fut, quant à elle, de style « traditionnel ». Dans ce type d'expédition, l'équipe est constituée d'alpinistes confirmés. Ceux-ci doivent s'en remettre à leurs propres capacités d'atteindre le sommet, y compris de porter leurs charges et celles de l'équipe dans les camps supérieurs, ce que les expéditions commerciales ne demandent pas aux « clients ». En plus d'élaborer une critique acerbe et bien ficelée de la commercialisation de l'Everest[9] dans les an-

---

[8] Expression utilisée par Krakauer dans son récit et qui désigne tous les alpinistes plus ou moins chevronnés, sinon littéralement inexpérimentés, qui tentent l'ascension des hauts sommets avec des organismes tels que *Adventure Consultants* ou *Mountain Madness*.

[9] Le passage suivant est assez éloquent au sujet de l'aspect critique du récit vis-à-vis de la commercialisation : « L'Everest était demeuré jusque là un domaine réservé à une élite d'alpinistes. [...] L'ascension de Bass bouleversa tout cela. En allant au sommet de l'Everest, il devint le premier à avoir escaladé les Sept Sommets, ce qui lui conféra une renommée mondiale, incita un essaim de grimpeurs du dimanche à suivre ses traces et fit brusquement entrer l'Everest dans l'époque post-moderne » (Krakauer, *op. cit.*, p. 33-34).

nées 1990, *Tragédie à l'Everest* se construit aussi différemment de *L'Everest m'a conquis* dans la perspective même de l'expérience. Ainsi, tout en convergeant sur certains aspects qui en font des récits typiquement alpins, les deux textes divergent sur plusieurs plans, notamment sur celui de la forme qui se pose comme le reflet même de l'expérience.

La représentation du lieu à l'image de l'expérience

L'expérience façonne chaque récit de manière différente tout comme les mêmes lieux donnent naissance à des représentations multiples, parfois contradictoires. Les descriptions de ces lieux géographiques et physiques donnent à voir la subjectivité dans laquelle elles sont inscrites. L'image de la montagne elle-même en est un bon exemple :

> Au détour du sentier qui monte en lacets, on aperçoit la pyramide sommitale de l'Everest derrière la grande muraille de rocher de Lhotse. Après tant d'années d'attente, les larmes nous montent aux yeux malgré nous. La magnificence de l'Everest restera gravée dans mon cœur. Avec un nuage accroché à son sommet, il se dresse au-dessus de tout et de tous, auréolé de mystère[10].

> Bien que j'eusse escaladé des centaines de pics, l'Everest était tellement différent des autres que mon imagination ne m'était d'aucun secours. Le sommet semblait si froid, si haut, si inaccessible ! [...] Tout en reprenant ma progression sur la piste, j'oscillais entre une anticipation non dénuée de nervosité et un sentiment d'effroi qui menaçait de m'envahir complètement[11].

Les deux fragments reproduisent ici le même moment, tant pour Laforest que pour Krakauer, c'est-à-dire celui de la vue de l'Everest durant la marche d'approche. Dans les deux cas, l'apparition de la gigantesque pyramide à l'horizon saisit et impressionne le narrateur. Chez Laforest, il s'agit d'un « spectacle grandiose », magnifique, « auréolé de mystère » alors que chez Krakauer, elle fait émerger une impression de froideur et d'inaccessibilité qui domine tout autre sentiment. Si, chez les deux alpinistes, la vue de la montagne fait surgir des doutes et des réserves quant au projet de se rendre au sommet – ce qui arrive fréquemment dans les récits sur l'Everest –, chez Krakauer, le phénomène est beaucoup plus radical et fait naître un véritable « sentiment d'effroi » que confirme tout le reste du récit. À partir de cette vision de la montagne, un imaginaire se constitue où le narrateur projette l'ascension. Le récit s'écrivant dans une temporalité *d'après-coup*, la question qui se pose est celle de l'influence

---

[10] Yves Laforest, *op. cit*, p. 32-33.
[11] Jon Krakauer, *op. cit.*, p. 59-60.

de l'aventure globale dans la reconstitution d'un tel moment. C'est supposer que ces descriptions contribuent à nouer le récit selon la logique de l'expérience : réussite après efforts et souffrances chez Laforest, réussite dans des circonstances cauchemardesques chez Krakauer. Dans la diégèse, l'Everest apparaît magnifique aux yeux de l'un et effroyable aux yeux de celui qui y a vécu l'horreur, révélant l'intime relation entre l'expérience et la représentation du lieu physique mise en œuvre. Ainsi, la figure même de la montagne est saisie et décrite à partir de cette expérience.

L'écriture, parcours de l'expérience

D'un lieu à un autre, la représentation inscrit le parcours de l'expérience. Si les récits sur l'Everest et les autres grands sommets s'énoncent bien souvent dans une perspective de conquête de la montagne, chez les deux auteurs ici concernés cette dimension se pose tout autrement. Chez Laforest, le titre en laisse d'emblée la marque évidente et traduit le ton de l'ouvrage : ici, c'est l'Everest qui conquiert l'alpiniste. Le narrateur décrit son rapport à la montagne, un rapport complexe qui se noue dans l'imaginaire avant le départ et dans l'expérience concrète lors de l'ascension. Que ce soit l'appréhension qui le fait hésiter plusieurs années avant la concrétisation du projet ou l'angoisse présente à plusieurs moments du récit, l'alpiniste s'en remet à la montagne davantage qu'il ne lutte avec elle. « À bout de forces, impuissant, avec une pointe d'irritation, je me résigne à remettre entièrement mon destin entre les mains des dieux de la montagne[12] ». Ce passage représentatif de l'attitude de Laforest se situe dans un moment critique de l'ascension : le passage du glacier du Khumbu, incontournable dans le trajet du versant népalais pour se rendre au camp « 1 ». Sous des formes différentes, ce type de propos se répète jusqu'à la fin, lors de la descente. Ainsi, le parcours décrit mène le narrateur bien au-delà de la victoire *sur* et encore moins *contre* la montagne : « La difficulté de l'ascension nous fait aller au delà de nos limites. Oui, la montagne, si grande et si inaccessible, nous fait grandir pas à pas, jusqu'à ce qu'on s'atteigne soi-même[13] ». Tel le *Zarathoustra* de Nietzsche qui s'exile dans la solitude des hauteurs avant d'aller enseigner le surhumain aux hommes d'en bas, l'ascension permet au narrateur de vivre une descente au plus profond de lui-même, une exploration des frontières du soi qui modifiera son existence. Avec la figure de Zarathoustra, comme le dit Max Chamson dans *Le roman de la mon-*

---

[12] Yves Laforest, *op. cit.*, p. 92.
[13] *Ibid.*, p. 127-128.

tagne, « Un grand message était délivré aux hommes et, parmi tous ceux-ci, à ceux qui fréquentent l'altitude. Certains l'ont compris. D'autres l'ont interprété[14] ». Yves Laforest l'a vécu. Puis il l'a écrit.

En décrivant étape par étape le processus, à une intensité et un rythme variable et par le biais de la répétition, son texte fait vivre au lecteur l'ascension de l'Everest. Après un court prologue, les trois premiers chapitres racontent l'expédition dans les Andes qui le met en contact avec les membres de sa future équipe en 1984 et l'expédition de reconnaissance au camp de base de l'Everest en 1990, une année avant l'ascension. À ce moment, débute son parcours parallèle, si je puis dire, puisqu'à travers le récit de ses hésitations, on entre dans l'intériorisation de l'expérience qui s'écrit au delà de la description factuelle :

> le simple fait de voir l'Everest me tourmente à chaque instant. Je ne peux m'empêcher de me croire incapable d'en réaliser l'ascension. Quels que soient les arguments que mon esprit oppose à cette idée, je ne parviens pas à me convaincre du contraire. Seul l'éloignement de cette région chargée de la présence de l'Everest amènera une certaine accalmie dans mon esprit[15].

Caractéristique du texte, ce processus révèle la mise à distance qui s'opère à partir de l'immanence de l'expérience. Les difficultés sont parfois telles qu'elles amènent le sujet à s'extraire des événements (au cœur même de l'action) par le biais d'une réflexion. Dès le quatrième chapitre, on assiste aux préparatifs et on entre dans l'expédition elle-même. De manière globale, *L'Everest m'a conquis* a une structure linéaire, mais celle-ci permet justement de créer cet effet de parcours, tel un fil d'Ariane dans le labyrinthe qu'est l'ascension jusqu'au « Toit du monde », là où se déploient de multiples dédales et impasses signifiants.

Si les récits de montagne sont souvent écrits de façon linéaire et retranscrivent dans cette logique les étapes du parcours, ce n'est néanmoins pas toujours le cas. *Tragédie à l'Everest* constitue un bon exemple d'une autre forme de structure. Le premier chapitre, s'intitulant « Sommet de l'Everest. 10 mai 1996. 8 848 mètres », indique que le récit débute par ce qui vient généralement vers la fin, c'est-à-dire le moment où l'alpiniste se tient sur le sommet. Avec le titre, on se sait d'emblée dans une dynamique autre où l'expérience, qui fut bénéfique pour l'alpiniste québécois en 1991, se révèle tragique pour l'Américain en 1996. À cet égard, Krakauer

---

[14] Max Chamson, *Le roman de la montagne*, Étrepilly, Christian de Bartillat éditeur, 1987, p. 174.
[15] Yves Laforest, *op. cit.*, p. 39.

cite un fragment de *Sur cette montagne* de Shipton en guise d'ouverture qui évoque le danger à partir duquel tout le récit se construit :

> *Une ligne rouge, pourrait-on dire, est tracée autour de la partie supérieure de ces hautes montagnes. Personne ne devrait la dépasser. Au-delà de 7 500 mètres, la pression atmosphérique trop basse a un effet si sévère sur l'organisme qu'un obstacle peut rendre l'escalade impossible et que la moindre tempête peut avoir des conséquences mortelles*[16].

Dans *Tragédie à l'Everest*, l'expérience est non seulement difficile du début jusqu'à la fin, à cause des conditions qui apparaissent bien différentes de celles rencontrées et vécues par Laforest en 1991, mais elle fait sombrer huit alpinistes en moins de vingt-quatre heures le 10 mai 1996 dans des circonstances horrifiantes. Ainsi, non seulement le texte de Krakauer débute par le moment du sommet, mais celui-ci se trouve à être le nœud qui structure de manière fragmentée le récit. D'un chapitre à l'autre, la narration effectue des sauts dans le temps et l'espace et brise la continuité du récit d'expérience, ceci contribuant à l'effet tragique de l'aventure racontée. De plus, le texte est constamment entrecoupé d'informations qui participent de ces ruptures temporelles et spatiales. Le titre du deuxième chapitre, « Dehra Dun, Inde. 1852. 680 mètres », est à lui seul un exemple très évocateur de ce phénomène. On y lit le récit de la découverte de l'Everest par un dénommé Radhanath Sikhdar en 1852, ainsi qu'un bref historique au sujet de l'Everest. Il faut ici mentionner que l'abondance de renseignements qui fragmentent *Tragédie à l'Everest* s'explique notamment par ce qui est à la genèse du livre, c'est-à-dire un article commandé à l'auteur par la revue *Outside*, celle-ci ayant déboursé les 65 000 dollars pour avoir une place dans l'expédition. En bon journaliste, il expose donc non seulement les circonstances de l'expédition elle-même, mais également plusieurs données qui peuvent intéresser le lecteur. Toutefois, au-delà de la communication d'informations, Krakauer révèle ce qui se trouve véritablement à l'origine de l'urgence du projet :

> Ce qui s'était passé sur la montagne continuait à me torturer et je pensais que l'écriture pourrait me libérer du souvenir de l'Everest. […] j'espérais qu'en libérant mon âme, dans le trouble et le tourment qui suivirent ce malheur, mon récit y gagnerait quelque chose. Je voulais qu'il ait ce caractère brut, direct et véridique que le temps et la dissipation de mon angoisse auraient pu atténuer[17].

---

[16] Krakauer, *op. cit.*, p. 17. En italique dans le texte.
[17] *Ibid.*, p. 15.

Le traumatisme à l'origine de l'écriture se lit dans tout le récit et dans sa structure même. La fragmentation du texte permet cet effet « brut », « direct » et « véridique » dont parle Krakauer. Dans cette dynamique, l'auteur ne cesse de revenir sur les « lieux » qui l'ont profondément marqué et inscrit son récit dans une véritable « compulsion de répétition[18] ». Si Krakaeur reconnaît son traumatisme dans la disparition de certains de ses coéquipiers, la figure de la mort agit néanmoins comme lieu de l'irreprésentable et du *refoulé*. L'écriture prend son sens dans le désir de dire ce qui échappe dans l'après-coup de l'expérience. Et de fait, à travers un parcours de plus en plus éclaté, à travers des témoignages et un travail de déduction, les derniers chapitres cherchent à reconstituer la trame de la tragédie. En ce sens, de manière répétée et quasi obsessive, le narrateur ne cesse de reposer les mêmes questions, qui demeurent sans réponse.

Le sommet, lieu de l'irreprésentable

Pour sa part, l'écriture de *L'Everest m'a conquis* témoigne de la force, des articulations, nœuds et crevasses du parcours qui vont mener à la réussite. Cette dernière est bien entendu l'atteinte du sommet tant convoité. « Je ne vois pas de raison de me lancer dans l'aventure de l'Everest si je n'ai aucune chance d'atteindre le sommet[19] », dit le narrateur avant même d'accepter la proposition de ses compatriotes américains. Comme on le sait, il y parviendra. Pendant quarante-cinq minutes, il se tiendra sur le « Toit du monde », à la limite des cieux, au seuil de l'infini :

> J'aurais voulu que mes premiers mots portent toute la signification et l'intensité de ce que je suis en train de vivre. […] Je voudrais parler, exprimer tout haut ce que je ressens, mais je ne trouve pas les mots. […] La joie m'habite. Je suis au sommet de la Terre, à la naissance du vaste ciel. La douleur, le froid, l'absence quasi totale d'oxygène : plus rien de cela n'existe[20].

---

[18] Expression à lire au sens défini par Freud dans « Au-delà du principe de plaisir » où il tente de comprendre ce qui est à l'origine de cette répétition pour le sujet qui : « ne peut pas se souvenir de tout ce qui est en lui refoulé et peut-être précisément pas de l'essentiel, de sorte qu'il n'acquiert pas la conviction du bien-fondé de la construction qui lui a été communiquée. Il est bien plutôt obligé de *répéter* le refoulé comme expérience vécue dans le présent au lieu de se le *remémorer* comme un fragment du passé » (Sigmund Freud, « Au-delà du principe de plaisir » [1920], *Essais de psychanalyse*, Paris, Payot, 1981, p. 57-58).
[19] Yves Laforest, *op. cit.*, p. 21.
[20] *Ibid.*, p. 229.

Le besoin de faire entendre quelque chose de ce silence monte en lui, mais les mots ne viennent pas, semblent inopérants. Après coup, Laforest réussit à traduire cette absence de parole puisqu'il en laisse une trace dans son récit. À l'atteinte du sommet, il dit encore ceci :

> Un silence quasi religieux s'établit. Je me sens comme suspendu entre ciel et terre. Je me sens comme faisant partie de la Création, de ces montagnes, entièrement, sans frontière entre moi et mon environnement. Totalement uni, accepté, aimé. […] Je n'éprouve qu'une immense gratitude envers cette montagne de glace et de roc qui m'a permis d'aller au sommet de moi-même[21].

À la lumière de ces extraits, le moment du sommet se pose comme la pierre angulaire qui structure et construit tout le récit, il est ce qui appelle l'écriture. Il apparaît comme motif précis qui incite Laforest à raconter, vers quoi tout converge. Malgré le désir de le nommer, cet « instant dans l'éternité » se révèle irreprésentable. Un instant de « joie » où plus rien n'existe selon les mots du narrateur, un instant où le sujet de l'écriture de *L'Everest m'a conquis* est en fait si proche du silence du néant, loin du bruit des pulsions qui l'ont animé et gardé en vie durant trois mois lors de l'ascension.

Dans *Tragédie à l'Everest*, l'atteinte du sommet figure tout autant la part d'irreprésentable qui motive l'écriture, mais l'irreprésentable ici lié intimement à la mort au sens concret du terme. Cette mort tragique de plusieurs grimpeurs constitue le point de butée de la parole et fragmente l'expérience dans l'écriture chez Krakauer. Au sommet de la « réussite » qu'est le moment du sommet il écrit :

> Pendant de nombreux mois, j'avais imaginé ce moment et anticipé l'émotion qu'il provoquerait. Mais maintenant, alors que je me tenais vraiment au sommet de l'Everest, je n'avais plus la force de m'en soucier[22].
>
> Il me faudrait de nombreuses heures pour apprendre que « magnifique » n'était certainement pas le terme adéquat et que dix-neuf hommes et femmes étaient bloqués dans la montagne par la tempête, luttant de toutes leurs forces pour rester en vie[23].

Dans le premier extrait, le récit souligne l'importance de la réalité physiologique qui prend le pas sur l'émotion générée par l'exploit. Le narrateur comprend qu'il a devant lui un paysage extraordinaire, mais il

---

[21] *Ibid.*, p. 230-231.
[22] Jon Krakauer, *op. cit.*, p. 18.
[23] *Ibid.*, p. 213.

donne à lire un détachement bien éloigné de « l'extase » vécue par Laforest. Dans le deuxième extrait, Krakauer exprime ce qui l'empêche de transcender ce lieu devenu pour lui maudit, à énoncer ce qui fait « trou » dans l'écriture et ce, malgré les descriptions de ses compagnons, gelés à -70°C à moins de trois cents mètres des tentes où gisent des alpinistes revenus vivants du sommet, dans un état de fatigue extrême. C'est l'inhumain de ces morts qui empêche le narrateur de transcender le traumatisme de l'expérience, surtout lorsqu'il pense à Yasuko, l'alpiniste japonaise qu'ils ont dû laisser au col sud alors qu'elle respirait encore, condamnée à mourir après une nuit passée dehors dans la tempête :

> Les deux corps étaient en partie enfouis [...] Le premier corps était celui de Namba, mais Hutchison ne put l'identifier avant de s'être agenouillé et d'avoir enlevé la carapace de huit centimètres de glace qui lui recouvrait le visage. Il eut la stupéfaction de constater qu'elle respirait encore[24].

Des mois plus tard, alors que Krakauer écrit son aventure, cette réalité horrifiante est toujours omniprésente. Ainsi, dans les répétitions et les fractures, dans le nœud que constitue le moment du sommet et ses suites, le récit donne à vivre la tragédie de l'expérience.

L'ascension comme expérience-limite

Si l'expérience d'Yves Laforest n'est pas celle de la tragédie vécue par Jon Krakauer, elle reste néanmoins liée aux dangers, à la possibilité sans cesse renouvelée de la mort, aux états limites du corps et de l'esprit. D'entrée de jeu, Laforest manifeste des réserves quant au projet de gravir l'Everest :

> [...] la montagne me semblait si inaccessible que je n'osais même rêver de la gravir. Ce sentiment était à vrai dire alimenté par la lecture des récits d'ascension des plus hauts sommets de l'Himalaya, notamment le fameux livre d'Herzog sur l'Annapurna. L'ascension et surtout la dramatique descente qui a suivi coûtèrent à l'auteur tous ses doigts et tous ses orteils à cause d'engelures[25].

On note au passage une autre caractéristique du récit alpin en général, c'est-à-dire les références et citations à d'autres textes de montagne qui ont marqué l'imaginaire des alpinistes. L'expérience de ceux qui ont laissé une trace, notamment les grandes figures de Herzog, Hillary, Norgay, Messner, stimule les grimpeurs. Laforest cite plus précisément deux

---

[24] *Ibid.*, p. 258.
[25] Yves Laforest, *op. cit.*, p. 19.

ouvrages comme ayant été à l'origine de la découverte de l'univers de la montagne : *Annapurna premier 8000* de Maurice Herzog et *Les conquérants de l'inutile* de Lionel Terray. À l'époque où il fait ces lectures, l'intérêt pour les récits des hauteurs l'incite concrètement à l'aventure qu'il commence tout juste à découvrir. Chez Krakauer, on retrouve également une intertextualité foisonnante. Il s'agit notamment de longues citations qui introduisent chacun de ses chapitres. Les citations de *Tragédie à l'Everest*, tout comme les références de Laforest, retracent une mémoire de l'histoire alpine, mémoire qui convoque la dimension tragique et inévitable de l'alpinisme.

> Le danger me semblait faire partie du jeu et je considérais que, sans lui, l'escalade ne différait pas de centaines d'autres divertissements insignifiants. […] Si la montagne était une expérience magnifique, ce n'était pas en dépit de ses périls mais grâce à eux[26].

Ces mots de Krakauer révèlent ce qu'une majorité d'alpinistes s'entendent pour dire, dont Yves Laforest lui-même : l'expérience de la montagne est une expérience limite. Sans ce « regard de l'autre côté de la frontière », sans les efforts physiques et mentaux demandés dans l'ascension des plus hauts sommets, l'alpinisme ne peut avoir le même sens.

Si la perspective de la mort traverse et structure de manière évidente *Tragédie à l'Everest*, dans *L'Everest m'a conquis* la finitude est aussi présente, mais s'inscrit différemment. D'entrée de jeu, l'accident qui se produit dans les Andes où se trouve Laforest en 1984 révèle cette condition incontournable de la pratique de l'alpinisme :

> De notre côté aussi, les conditions nous obligent à modifier nos plans. Il y a dix jours, une avalanche a complètement enseveli l'emplacement du camp établi sur le glacier. Trois grimpeurs ont péri sous des tonnes de glace. Seulement 2 des victimes ont été retrouvées. Depuis, la voie normale est bloquée[27].

Ce passage ainsi que toute la portion du récit qui l'entoure décrit l'événement dans un style factuel et détaché caractéristique de plusieurs récits de montagne. L'alpiniste étant confronté constamment avec la possibilité de sa finitude, cet « incontournable de l'existence » finit par faire partie du « paysage ». Toutefois, si l'énonciation des passages où il est question de la mort semble détachée, on lit néanmoins l'angoisse qui se

---

[26] Jon Krakauer, *op. cit.*, p. 280.
[27] Yves Laforest, *op. cit.*, p. 16.

dissimule dans les articulations, dans ce qui constitue les silences du texte. La répétition de la question : « est-ce que mon tour viendra? », les mots, voire certaines figures qui expriment cette mort plus souvent qu'autrement lors de l'expédition à l'Everest, apparaissent comme le contour, la mise en relief de ces espaces où se dresse l'angoisse du néant, proprement innommable. À ce sujet, le glacier du Khumbu, plus précisément la « cascade de glace » entre le camp de base et le camp « 1 », est un lieu du parcours qui figure la menace omniprésente de la mort. Il s'agit d'un passage extrêmement dangereux où des avalanches de séracs peuvent se produire à tout moment, tant sur le glacier lui-même qu'au-dessus, provenant de l'éperon ouest. Laforest y revient souvent, marque ce lieu d'un imaginaire mortifère. Certains passages sont plutôt évocateurs :

> J'imagine avec horreur les corps broyés sous des tonnes de glace. [...] En attendant mon tour d'y monter, j'ai la gorge nouée et l'impression de faire face à un peloton d'exécution. [...] J'entre dans ce labyrinthe mortel [...] Tous mes sens aux aguets, j'épie la moindre fissure, je suis attentif au moindre craquement. La peur me nourrit l'estomac[28].

Les images que le texte fait surgir font sentir l'angoisse que le glacier génère chez Laforest, ne serait-ce que celle du « peloton d'exécution » et du « labyrinthe mortel ». Avec la description des crevasses, tout un imaginaire s'ouvrant sur le néant se met en place. Non seulement le glacier est l'exemple le plus signifiant de la présence de la mort à travers les dangers de la montagne se dressant dans chaque relief du paysage (et c'est le cas aussi chez Krakauer), mais l'endroit devient réellement le théâtre d'un accident alors que le Laforest est au camp « 1 ». On note d'ailleurs que le narrateur de *L'Everest m'a conquis* transcrit une angoisse certaine à chaque moment où il doit traverser ce glacier, même après l'avoir franchi sans encombre une dizaine de fois.

Le glacier du Khumbu n'est pas la seule représentation de l'omniprésence du danger et de la possibilité de la mort. Lors d'un passage se déroulant au camp « 4 » situé au col sud, on lit : « À quelques mètres de nos tentes, il y a même un sherpa étendu dans son sac de couchage, face contre terre. Il est mort dans sa tente en 1988[29]. » Plus loin, au moment où il cite le journal d'un compagnon, Laforest dit encore :

> J'aperçois quelque chose du coin de l'œil. Je tombe sur les corps d'un homme et d'une femme parfaitement conservés par le froid. J'ai en-

---

[28] *Ibid.*, p. 87-91.
[29] *Ibid.*, p. 213.

tendu parler de ces deux-là. Ils ont fait face à leur destin sur cette petite vire quelques minutes après que leur approvisionnement en oxygène se soit interrompu. Je me demande si j'irai les rejoindre…[30]

Ces passages rappellent la réalité horrifiante à laquelle le narrateur de *Tragédie à l'Everest* est confronté lors de la descente de la montagne. Ainsi, s'il n'y a pas de tragédie dans l'expédition qu'a vécu Laforest, il n'en demeure pas moins que son parcours est marqué par une mémoire qu'abrite la montagne, la mémoire d'anciennes tragédies lues ou révélées à la vue de ces corps morts. Bien conservés grâce aux conditions de l'altitude, ces corps que rencontrent les grimpeurs constituent la toile de fond, si je puis dire, de l'expérience de l'alpinisme en plus des conditions telles le froid, les avalanches et le manque d'oxygène. Le récit de Laforest, tout comme celui de Krakauer, ne cesse de pointer les dangers inhérents à l'ascension et met en scène une conscience chez le sujet qui fictionnalise de façon extrêmement aiguë *l'être-pour-la-mort* heideggerien. Dans cette mesure, l'expérience de la haute altitude se déploie comme une « expérience limite » qui modifie tout le rapport de l'être avec son milieu, avec le temps et avec lui-même.

À travers l'expérience de l'altitude, l'alpiniste a non seulement à faire face à des conditions extérieures, mais également à ses propres limites. En effet, le corps et l'esprit subissent une fatigue hors du commun due aux conditions extrêmes et aux effets de l'altitude, mais aussi à l'attente inévitable à chaque étape du parcours. L'esprit et le corps sont liés, en interaction dans le sentiment d'angoisse qui saisit le narrateur à plusieurs moments :

> Il me faut arrêter de longues minutes de l'autre côté pour reprendre mes sens. À cette altitude, la moindre inquiétude vous bloque la respiration. Au niveau de la mer, on ne se rend pas compte à quel point les émotions ont une influence sur le corps, mais ici, l'impact est immédiat[31].

L'angoisse, la fatigue, l'usure des jours passés à des températures sous zéro prédisposent au mauvais pas, à de mauvaises décisions qui peuvent être fatales. Au sommet, au moment qui suit l'euphorie de la réussite, Laforest dit :

> Pour ma part, j'ai atteint la dernière de mes limites. Il me faut descendre. MAINTENANT […]. Mes premiers pas sont hésitants. Je suis à bout. Depuis des semaines, j'ai demandé à mon système de fonction-

---

[30] *Ibid.*, p. 236.
[31] *Ibid.*, p. 90.

ner en état d'asphyxie constante. [...] Je rassemble mes dernières énergies pour revenir vivant des limites du monde et alors seulement je pourrai me reposer[32].

Ce passage décrit l'état dans lequel le narrateur se trouve à plusieurs moments du récit. Si ces limites sont angoissantes, elles ne font pas pour autant reculer l'alpiniste comme l'énonce Laforest : « C'est l'expérience ultime que j'apprécie par-dessus tout : évoluer aux limites de ses capacités personnelles, reculer ses limites, en partageant cette expérience avec d'autres qui la vivent en même temps[33]. »

Ainsi, grâce à une conscience aiguë de la finitude qui les tenaille sans arrêt, Laforest et Krakauer révèlent qu'autre chose est à l'œuvre dans le désir de l'alpiniste. Le sujet vivant l'expérience limite de l'alpinisme évolue au cœur du combat des pulsions de vie et de mort si l'on en croit les narrateurs de *L'Everest m'a conquis* et *Tragédie à l'Everest*. Dans « Le Moi et le Ça[34] », Freud nous donne une définition tout à fait adéquate de ce travail pulsionnel en définissant « la vie elle-même » comme « un combat et un compromis entre ces deux tendances[35] ». On pourrait même aller jusqu'à dire, lorsqu'un Laforest écrit qu'il ne peut continuer car il « souffre trop[36] », que l'expérience se tient si proche de la pulsion de mort qu'elle n'en fait rejaillir que davantage la pulsion de vie et par le fait même, le sentiment d'être vivant. De son côté, Krakauer ne dit que trop bien cette réalité en faisant son « bilan » :

> Parmi ceux qui m'ont mis en garde contre la tentation d'écrire tout de suite, plusieurs m'avaient déjà déconseillé d'aller sur l'Everest. Et, de fait, les raisons de ne pas y aller ne manquaient pas, mais l'escalade d'une telle montagne est un acte profondément irrationnel. C'est le triomphe du désir sur la raison[37].

Et de fait, à la question qui lui demandait la raison de l'acharnement à escalader l'Everest, l'alpiniste George Leigh Mallory fit cette réponse en 1924 devenue célèbre : « Parce qu'il est là ». Une réponse qui ne fait que confirmer cet « au-delà du raisonnement » qui pousse les hommes et les femmes à se lancer dans l'expérience de l'ascension du « Toit du monde ». Comme toute expérience qui se tient aux limites de la vie, il n'y

---

[32] *Ibid.*, p. 239.
[33] *Ibid.*, p. 219.
[34] Sigmund Freud, « Le Moi et le Ça », *op. cit.*, p. 219-262.
[35] *Ibid.*, p. 254.
[36] Yves Laforest, *op. cit.*, p. 165.
[37] Jon Krakauer, *op. cit.*, p. 15.

a pas de mots assez forts pour exprimer la pulsion à l'origine de pareils actes.

Conclusion

L'aventure de l'Everest terminée, Yves Laforest retrouve le sens de sa quête et de « son amour de la montagne » dans les mots de Rimbaud :

> Je ne parlerai pas, je ne penserai rien
>
> Mais l'amour infini me montera dans l'âme[38].

Ainsi, son récit livre toute la beauté et la richesse de cette expérience aux confins du monde, aux limites de l'humanité. L'écriture demeure la trace éternelle du parcours dans l'espace enneigé de la montagne. Chez Jon Krakauer, ce parcours réalisé signifie toute autre chose. L'horreur demeure imprégnée jusqu'à la toute fin, des mois après son retour :

> Cela me réconforte de savoir que Beck, Lou et les autres sont apparemment capables de voir les côtés positifs de cette expérience. Je les envie. […] Au moment où j'écris ces lignes, une demi-année a passé depuis mon retour du Népal et, durant ces six mois, il n'y a guère eu que deux ou trois heures chaque jour où je n'ai pas pensé à l'Everest[39].

On voit à quel point l'expérience de la haute altitude et de l'Everest particulièrement peut être différente et comment les récits témoignent à la fois de ces différences comme des constantes qui traversent ou motivent les alpinistes dans leur exploration. Intimement liée au parcours, la forme même des récits traduit la singularité de ces pratiques. *L'Everest m'a conquis* et *Tragédie à l'Everest* sont des exemples frappants de cette résonance entre l'expérience et l'énonciation des récits alpins. L'ascension des plus hauts sommets amène les alpinistes à écrire. Revenus de ces espaces touchant l'infini et le silence de la mort, cet au-delà de la « frontière interdite », les survivants des hauteurs tentent de révéler ce qui sans doute ne peut pas se dire. Pour qu'une trace persiste à travers le temps et l'espace.

Bibliographie

CHAMSON, Max, *Le roman de la montagne*, Étrepilly, Christian de Bartillat éditeur, 1987.

---

[38] Yves Laforest, *op. cit.*, p. 249.
[39] *Ibid.*, p. 292-293.

FREUD, Sigmund, *Essais de psychanalyse*, Paris, Payot 1981.

KRAKAUER, Jon, *Tragédie à l'Everest*, Paris, Presses de la Cité, 1998.

LAFOREST, Yves, *L'Everest m'a conquis*, Montréal, éd. Stanké, 1994.

ROUX, Jean-Paul, *Montagnes sacrées, montagnes mythiques*, Paris, A. Fayard, 1999.

SAMIVEL, *Hommes, cimes et Dieux*, Paris, Arthaud, 1984.

UNSWORTH, Walt, *L'Everest*, Paris, Denoël, 1981.

Déambulateurs

Huit remarques sur l'écrivain en déambulateur urbain

André Carpentier
Université du Québec à Montréal

> *Je n'en finirai jamais avec le vagabondage débordant qui me retient dans le creux de moi-même.*
>
> Léon-Paul Fargue, *Méandres,* 1946

J'ai choisi de proposer ici quelques remarques sur le déambulateur urbain, parce que l'appellation me correspond, même si je marche parfois dans des milieux et paysages naturels. Ce déambulateur urbain — que Baudelaire nomme flâneur[1], que j'appelle aussi le dériveur, et même le dériveur à plume lorsqu'il est écrivain —, ce déambulateur urbain dont je commenterai brièvement l'action et la disposition d'esprit, ce sera donc à la fois un peu moi, qui, depuis quelques années, suis engagé dans une marche dérivante au sein de la prolixité des choses du monde en parcourant en flâneur les ruelles montréalaises, c'est d'ailleurs ce qui me permettra à l'occasion d'assumer à la première personne les éléments d'une posture d'écrivain déambulateur ; mais ce déambulateur urbain, ce sera aussi et beaucoup les autres de mes lectures, les autres aux pas multiples et aux mots abondants, les écrivains flâneurs de ce monde qui ont insinué en moi le goût de la dérive urbaine et avec qui je souhaite partager cette réflexion.

Mes remarques porteront donc sur ce déambulateur urbain « qui va herboriser sur le bitume[2] », selon la jolie formule de Walter Benjamin, qui va parcourir des fragments de ville dans l'amitié des choses, des lieux, des gens, des coïncidences, qui veut dire ce qui se produit entre l'espace urbain et lui et qui pour ce motif, en porteur de sa géographie secrète, flâne sans se dégager de sa circonstance et sans craindre de met-

---

[1] « Observateur, flâneur, philosophe, appelez-le comme vous voudrez... », Charles Baudelaire, « Le peintre de la vie moderne », dans : *Baudelaire. Œuvres complètes*, Paris, Éditions du Seuil, coll. « L'intégrale », 1968, p. 546.
[2] Walter Benjamin, « Le Paris du second Empire chez Baudelaire » [1938], *Charles Baudelaire. Un poète lyrique à l'apogée du capitalisme*, Paris, Petite Bibliothèque Payot, 2002, p. 59.

tre le pied dans le monde et dans l'histoire. Mes remarques porteront plus précisément sur celui qui marche en milieu urbain familier — par fait de naissance ou d'adoption —, comme Charles-Albert Cingria à Lausanne, Fernando Pessoa et José Cardoso Pires à Lisbonne, Tiziano Scarpa à Venise, Léon-Paul Fargue et Jacques Réda à Paris, Paul Chamberland et José Acquelin à Montréal, Franz Hessel et Siegfried Kracauer à Berlin, tous écrivains qui ont fait du milieu urbain proche un passage vers autre chose, qui ont fait du familier leur exotisme et leur zone d'errance.

Remarque une : Errance et pensée

Que faut-il donc entendre, dans ce contexte, par errance ? Certes pas l'itinérance de celui qui habite la rue, mais la flâne du capteur de signes, qui parcourt un espace aux traits familiers, bien que porteur de mystère, d'indicible, qui consent à perdre certains repères et à se laisser guider par la perception immédiate. J'aime rappeler que dans la formation du verbe errer au sens où nous l'entendons ici, il y a eu contamination du verbe latin *iterare*, faire route, voyager, par le verbe *errare* : se tromper, pour former le sens d'aller s'égarer çà et là, au hasard du labyrinthe. Errer signifie donc s'écarter du droit chemin, le chemin du prévisible, du donné d'avance comme sûr. « *Se perdre* est le seul endroit où il vaille vraiment la peine d'aller[3] », écrit Tiziano Scarpa. Ainsi le contraire d'errer serait de se déplacer en suivant un itinéraire. Je préciserais cependant qu'il arrive que le corps suive un itinéraire, mais que l'esprit soit errant. Dans tous les cas, j'aime parler d'une dérive, et du dériveur comme de celui qui s'abandonne à un mouvement spontané, qui lâche prise. Un dériveur chez qui la reprise de parcours agit à la manière d'un rituel prédisposant à la coprésence de celui qu'Alain Médam appelle l'« écrivain passant[4] » et des sédiments de sens qui l'attendent. Car l'espace que l'on traverse est toujours un destin.

Tout le contraire d'un marcheur triomphant, l'écrivain dériveur, dans son errance, se heurte aux obstacles, tâtonne, trébuche — n'est-ce pas justement cela, marcher, se jeter en déséquilibre et se rattraper à chaque fois, à chaque pas ? —, il investit le lieu de sa présence humaine par les moyens d'un regard, d'une écoute, d'un travail de tous les sens, car il lui arrive de sentir, de tâter, même de goûter. Il est là où il se trouve — comme on retrouve un objet perdu —, tous sens aux aguets, parce que dans le moment de la dérive, il est sans lieu propre. L'espace urbain est

---

[3] Tiziano Scarpa, *Venise est un poisson*, Paris, Christian Bourgois, 2002, p. 13.
[4] Alain Médam, « À Montréal et par-delà, passages, passants et passations », *Villes pour un sociologue*, Paris, l'Harmattan, 1998, [p. 119 à 139], p. 131.

son champ d'exercice, auquel il répond par des reprises de parcours indéfinis. Le lieu — si on me permet cette allusion à Kant — est la forme de sa sensibilité ; la rue, son ruban de Mœbius — ce ruban torique et unilatère en forme de 8 qui symbolise l'infini.

Le corps de l'écrivain déambulateur est ce qui est mu dans l'espace et qui traverse le lieu, qui assure sa présence au monde. « Le monde perçu [...] est l'ensemble des chemins de mon corps[5] », écrit Merleau-Ponty dans ses « Notes de travail ». Or, nous savons que ce corps, entrelacs de relations, est directement lié au pouvoir de la pensée. Chez l'écrivain déambulateur, en effet, malgré son air de ne pas y toucher, car il se promène souvent en flâneur, la relation est étroite entre les éléments de l'apparaître, le lieu qui les porte et sa pensée. Parce que penser, justement — et penser justement —, « c'est réapprendre à voir, à être attentif, c'est diriger sa conscience, c'est faire de chaque idée, de chaque image [...] un lieu privilégié[6] », comme le suggère Camus, qui, plus loin, ajoute : « Penser, c'est vouloir créer un monde[7]. »

Pour l'écrivain déambulateur, le lieu existe par les corps, les choses et les événements qui le constituent et qui sont autant d'appels à la signification. Le lieu, la chose, l'événement deviennent pour lui ce qui est mis face à son regard ; il n'y a de lieu, de chose, d'événement que parce qu'il les reçoit sur un mode relationnel. C'est ce que veut dire penser : devenir relation au sein des relations. Et alors il soupèse la diversité des apparences — c'est d'ailleurs là le sens premier du verbe penser, *pensare* : soupeser. L'écrivain déambulateur ressent, conçoit, fouille, imagine, pense la substance des choses, des gens, des scènes, des événements, des lieux ; la substance, c'est-à-dire ce qui se tient dessous, ce qui constitue la permanence des choses. Et curieusement, c'est aussi là tout le sens du mot sujet : ce qui se trouve dessous, à la fois comme ce qui est soumis à la pensée et les différents états de l'individu qui pense.

« Penser, c'est passer[8] », écrit Michel de Certeau. Nous pourrions inverser les termes et dire que, dans l'acte déambulatoire, passer c'est pen-

---

[5] Maurice Merleau-Ponty, *Le visible et l'invisible*, Paris, Gallimard, coll. « Tel », 1964, p. 295.
[6] Albert Camus, *Le mythe de Sisyphe*, Paris, Gallimard, coll. « Idées », 1961 [1942], p. 43.
[7] *Ibid.*, p. 134.
[8] « Penser, c'est passer ; c'est interroger un ordre, s'étonner qu'il soit là, se demander ce qui l'a rendu possible, chercher en parcourant ses paysages les traces des mouvements qui l'ont formé, et découvrir dans ces histoires supposées grisantes comment

ser, car le corps et la tête agissent en complices dans le rapport au lieu. En fait, ce serait cela, déambuler : laisser le monde extérieur pénétrer l'esprit, comme s'il existait un pacte entre la subjectivité du déambulateur et le monde perçu.

Remarque deux : Fouille et savoir

Or donc, le flâneur urbain, toujours en manque de lieu, s'aventure de corps et d'esprit dans la profusion du monde. Il va au hasard et à l'avenant dans l'espace urbain, en quête de significations à éveiller par cette relation même au lieu. Pour cela, il va si possible sans assignation de tâche sociale, si possible débarrassé de son savoir préconstruit, si possible en état de disponibilité. Il se laisse captiver par certains signes du monde, signes pleins ou signes maigres, qu'habituellement il ne perçoit que peu, ou pas. Son mode d'observation est de l'ordre d'une fouille subjective, plutôt que du ressort de l'utilitaire. Car le dériveur maintient un décalage par rapport aux fonctions d'usage ; il ne les nie pas, il les observe à proche ou moyenne distance. Le lieu urbain, avec ses énigmes, ses charades, ses intrigues, ses devinettes, est son espace de réalisation. Le déambulateur, bien qu'en apparence se dissociant, en réalité se relie au lieu par un déplacement qui est le « non-lieu où tout se passe[9] », c'est sa manière à lui de se territorialiser — ou de se reterritorialiser temporairement — sur une ligne de fuite[10].

Le dériveur est à l'aise dans cet écart à proximité des choses, dans son retrait bougé au milieu de l'agitation, qui est la forme de son anonymat et sa manière de tenir à distance ce qu'il cherche à capter, sans trop savoir de quoi il s'agit. Et cette disposition ne lui est possible que par le fait de sa propre et radicale disponibilité.

Le désœuvrement est sa condition ; le désœuvrement qui fait pendant à sa frénésie. Car il y a, chez le dériveur, outre sa névrose de passage, « une pulsion scopique et gnostique[11] », écrit Michel de Certeau, pulsion à observer et à percer des mystères — dans le sens profane de réalités insaisissables, qui renverraient au caractère profond des choses. Et comme cela se produit dans le lieu opaque de la pluralité, le déambula-

---

penser, vivre autrement. » Michel de Certeau, *Histoire et psychanalyse entre science et fiction*, Paris, Gallimard, coll. « Folio », 1987, p. 51.
[9] Alain Médam, *op. cit.*, p. 121.
[10] Voir : Michel Roux, *Géographie et complexité. Les espaces de la nostalgie*, Paris, l'Harmattan, 1999, p. 25.
[11] Michel de Certeau, *L'invention du quotidien 1/Arts de faire*, Paris, Union générale d'édition, coll. « 10-18 », 1980, p. 172.

teur doit savoir penser l'altérité, la pluralité, la diversité — qui « est le lieu de l'art[12] », écrit Camus —, voire l'étrangeté, et cela à travers son propre prisme ! Dans sa démarche, le monde se réduit aux proportions de son être, condition favorable à la subjectivation du monde dans un face-à-face d'égal à égal. Dans sa relation au lieu urbain, le déambulateur prétend compter pour la moitié, état d'esprit obligé s'il veut substituer l'ordre d'un vécu à l'ordre d'un imaginaire collectif et figé. Le mot imaginaire référant ici à ces « images d'un auteur, d'une culture, collective ou individuelle, et les significations qu'elles peuvent offrir[13] ». Ces images et significations induisent des possibilités, mais aussi des limitations à la réception de l'espace ; cependant, par leurs effets contraignants même, il arrive qu'elles se constituent en défi et ainsi dynamisent la perception et l'écriture.

La grande affaire de la déambulation, plus que de marcher et d'observer, c'est de libérer son regard, en fait de libérer ses sens et jusqu'à son esprit ! De se libérer, non pas du savoir et du souvenir, mais du su, du souvenu, de ce qui, dans le savoir et le souvenir, se fige en une façon de matière écran. Le flâneur déambule, en quelque sorte, parce qu'il préfère féconder ce qu'il ignore ignorer que ce qu'il sait savoir. Ce en quoi il est artiste — c'est-à-dire qu'il frôle l'imperceptible en tissant (texte, *textus*, tissu) son émotion dans le langage. Cet ouvrage de déambuler ne le guide donc pas vers un savoir numérique ou scientifique — sa démarche étant moins directement cognitive qu'heuristique —, mais le tient dans une visée d'accès intuitif au proche mystère du lieu — il n'en demande pas davantage, lui qui est plus écrivain que géographe, s'il est géographe !

L'écrivain déambulateur, par ses parcours, fait donc émerger le sens en combinant, d'une part, des perceptions significatives, qui abordent l'espace tel qu'il est perçu, et d'autre part, des pratiques signifiantes de l'espace, qui se rapportent au sujet tel qu'il se comporte et agit dans cet espace et tel que cet espace signifie pour d'autres qui le traversent, et aussi pour lui-même[14]. Oscillant entre réalités objectives et réalités construites, il se branche au territoire, qu'il investit de ses propres valeurs.

---

[12] Albert Camus, *op. cit.*, p. 155.
[13] Éric Bordas, « Imaginaire et imagination », *Le dictionnaire du littéraire*, Paul Aron, Denis Saint-Jacques, Alain Viala (dir.), Paris, Presses universitaires de France, 2002, p. 290.
[14] Voir Albert Lévy, « Pour une socio-sémiotique de l'espace. Problématique et orientations de recherche », *Sociologie en ville*, Sylvia Ostrowetsky (dir.), Paris, l'Harmattan, 1996, p. 162-163.

Les catégories référentielles se superposent (référents sociologiques, historiques, mémoriels, identitaires, esthétiques, etc.), les filtres de son regard se multiplient et s'ajustent en conséquence, produisant aussi bien des phases d'amnésie que d'anamnèse. Car l'écrivain déambulateur, qui sillonne et réécrit sans cesse le lieu, parcourt aussi des temps, et ainsi peut-être construit-il son propre temps.

La déambulation engage à une culture du passage. Une forme de présent infini qui fait trait d'union entre les temps des espaces fréquentés, les espaces de tous les temps, les autres et soi, soi d'avant, de maintenant et de jamais ; rien d'étonnant à ce que Michel de Certeau conçoive la déambulation comme « procès infini d'être absent et en quête d'un propre[15] ».

Remarque trois : Premier détour par le Je

Déambulant dans ma ville ou en pays exotique, je ne suis pas du genre à me précipiter sans rien voir, mais il arrive parfois que, tout absorbé au marcher, sans doute par souci d'égarement, j'en oublie d'être un observateur passionné. Et c'est souvent là le début de quelque chose.

Jacques Réda en fait la remarque dans *Ferveur de Borges*[16] : que dans l'espèce générale de la marche déambulatoire, flânerie et exploration, qui sont chacune à sa façon un mode de recherche, se contrarient. Tandis que « la flânerie est plutôt désintéressée, […] l'exploration, au contraire, suppose un but et la plus extrême attention », voire des désirs de compréhension, de « clartés[17] », écrit Réda. Et pourtant, comment ne pas s'engouer simultanément d'une approche et de l'autre, de l'abandon de l'une, la flânerie, à l'impression et au spectacle du moment, et du caractère d'étude plus consciencieuse de l'autre, la marche exploratoire, qui fait du lieu un domaine de recherche. À moins que flâne et exploration se puissent combiner, ou qu'elles soient porteuses d'une démarche par quelque manière commune. C'est d'ailleurs ce que suggère implicitement Réda qui, pour capter ce qui l'appelle dans les rues, faubourgs et banlieues, affecte l'humeur rêveuse et détachée du promeneur, ce qui lui permet d'atteindre à un état second, participant à la fois de l'hypnose, dit-il, et de l'éveil du chasseur, un état qui serait la condition première pour surprendre certaines significations.

---

[15] Michel de Certeau, *L'invention du quotidien*, p. 188.
[16] Jacques Réda, *Ferveur de Borges*, Paris, Fata Morgana, 1987, p. 91.
[17] *Ibid.*, p. 92.

Et quel serait donc l'objet de recherche du déambulateur ? Une hypothèse parmi d'autres plausibles renverrait à l'état même dans lequel cette effraction dans le lieu plonge le déambulateur. « Ce qu'il y a d'important, écrit Charles-Albert Cingria, c'est moins ce qu'on voit que l'état dans lequel on se trouve quand on voit[18] ». Cet état ne se réduit pas à l'humeur du déambulateur, mais réfère à sa manière d'être dans le lieu, à sa présence, à ce qui lui fait signe. Cet état, l'écrivain l'énonce, souvent sans s'en rendre compte, comme une donnée inéluctable de la littérature de déambulation — comme l'inscription du temps qu'il fait au revers de la carte postale.

Je vais donc me perdre par mes ruelles prétendant rester soucieux des usages et des significations du lieu urbain que je fréquente, mais pleinement conscient de travailler à tracer la représentation de ma propre ruelle, une façon de ruelle vécue, je dirais : de ruelle pratiquée. Et plus qu'une ruelle perçue ou pratiquée, une ruelle à produire, inlassablement et sans espoir d'achèvement. L'écrivain déambulateur cherche à dire des choses sur ses lieux de passage en piochant dans ses observations, dans sa sensibilité, dans ses travers, dans sa mémoire, dans son savoir, mais aussi dans la matérialité même du lieu. Il fouille par l'écriture, et sans doute jusque dans l'écriture. Il lui arrive même d'oublier le lieu de référence et de ne plus dériver que dans sa propre écriture.

Le mieux, c'est quand le territoire me darde jusqu'à la maison et m'incite, ou plutôt m'oblige à la notation, même si ce n'est que le lendemain ou plus tard. Le mieux encore, c'est quand tout un pan de formulation ou un simple mot, voire un accent lyrique — du genre qui permet d'accéder à l'émotion et à la pensée — s'impose et entraîne tout un fragment d'écriture, qui n'est jamais que l'infime fraction d'un monde... qui n'est pas le monde. Ma méthode serait donc : au retour à la maison, laisser travailler la fonction imaginante et imageante à propos d'une impression de camée dans la tôle rouillée d'un hangar, d'un promeneur chargé de son hypothèque et de sa solitude de gardien de phare, d'un cook à bedaine poilue, accroché à son barbecue, qui, dans la théogonie des ruelles, est le Zeus du Panthéon.

Comme je vois la chose, il y aurait deux phases dans la démarche de l'écrivain déambulateur, une première qui le mènerait, par fascination, à tout fouiller du regard, à tendre l'oreille, à ouvrir la main, à sentir, mais à retenir sa parole, si pressée de relater, d'exprimer ; et une seconde étape,

---

[18] Charles-Albert Cingria, *Bois sec Bois vert*, Paris, Gallimard, coll. « L'Imaginaire », 1963 [1948], p. 13.

inverse de la première, où il se convierait lui-même à retenir son ardeur, à laisser le lieu venir à lui et à laisser aller ses mots. Et alors l'écrivain déambulateur, en artiste travaillant sur le motif, de capter frénétiquement des images et de jeter dans le carnet, non pas les phrases qui leur correspondent, mais les seules phrases possibles, celles qui font être la chose, celles sans quoi la chose n'existerait tout simplement pas. Mais je le dis mal : l'œuvre n'est pas la réalité, elle se surajoute à elle, « et ce faisant, précise Carlos Fuentes, elle la crée[19] ».

Et dans ce travail, chacun son approche langagière. Pour Charles-Albert Cingria, c'est ce qu'il nomme *surexactitude*, que Jacques Réda, dans *Le bitume est exquis*, ouvrage consacré à Cingria, décrit comme « une juste amplification du détail jusqu'à une sorte de démesure mais qui fait voir et toucher presque[20] ». J'en parle parce que ça me convient comme aspiration.

Remarque quatre : Deuxième détour par le Je

Mais qu'est-ce donc, à tout prendre, que cette expérience de dérive plume à la main, sinon une mise en fragments de bricolages plus ou moins narratifs, plus ou moins réflexifs, plus ou moins lyriques, de l'expérience d'une tranche du monde ? Le plus difficile, à l'écrit de ces morceaux, réside dans le maintien du pacte référentiel, cette cohésion attendue et prétendue entre la réalité et soi-même. Par quelque manière, la référence, ici, me pose plus de problèmes qu'en Inde, au Népal ou dans les plaines d'altitude de l'Ouest du Tibet[21], j'entends dans l'écriture, comme si le peu d'exotisme me paralysait, non pas dans la marche, mais dans la quête de ce petit quelque chose qui déclenche l'écriture. Je veux parler de cette petite magie qui connecte l'observation à la langue personnelle de l'écrivain, qui seule peut porter cette langue personnelle jusqu'à la notation, et possiblement à l'écriture. Mais cela aussi je le dis mal : la petite magie, c'est que le lieu parle la langue personnelle de

---

[19] Carlos Fuentes, *Géographie du roman*, Paris, Gallimard, coll. « Arcades », 1997, p. 19.
[20] Jacques Réda, *Le bitume est exquis*, Montpellier, Fata Morgana, 1984, p. 58. Quelques années plus tard, dans une entrevue, Réda ajoutera : « C'est un excès métaphorique qui ne "passe" que si tout — dans la phrase, dans le paragraphe, dans l'œuvre même et son climat particulier — le justifie. » *L'Œil-de-Bœuf rencontre Jacques Réda*, Paris, L'Œil-de-bœuf, 1993, p. 21.
[21] Curieusement, dans le lieu exotique, je crois assez bien savoir ce que je suis ; dans le lieu familier de l'autre, cependant, on dirait que mon savoir m'ignore : je ne sais plus trop ce qu'il advient de moi.

l'écrivain et que celui-ci l'entende, et qu'alors ce soit le dehors qui fasse écho dans le creux vacant de l'écrivain passant.

Pour la circonstance, je me suis donc un peu engagé dans le « métier de réaliste[22] », pour reprendre une expression chère à Nerval, lui-même déambulateur et maraudeur, mais pas si réaliste que ça, à tout bien considérer, et plutôt pas, à vrai dire, si du moins on appelle réaliste celui qui tend à trouver sa sincérité en se fidélisant à la richesse du monde extérieur, qu'il entend traiter avec exactitude ; mais je le serais au moins un peu par l'aspect d'une observation plus absorbante que vigilante, une observation cependant éclairée par la fonction imaginante et imageante, ce qui constitue ma manière de réagir avec sincérité à ce que je vois. Cela, bien que sachant, comme nous l'apprend Kierkegaard, que « la vraie subjectivité n'est pas celle qui sait[23] ». Mais celle qui fouille, dirais-je.

Voilà sans doute pourquoi l'écrivain observateur se met sans cesse en situation, c'est-à-dire se situe par rapport aux données du réel, entre autres par des mots techniques ou scientifiques, par des descriptions et par des listes, par lesquelles on dirait qu'il joue à citer le réel à comparaître ; mais « cette "mise en situation", écrit le philosophe Thierry Paquot, ne peut se satisfaire d'une description de type "réaliste" ou "naturaliste", elle réclame du faux pour dire le vrai, un vrai dissimulé, travesti, inachevé[24] ».

En fait, je suis pleinement éveillé au fait que les fragments que je façonne s'écrivent dans la frange commune de la dualité réalité / invention, cette zone où le compte rendu (je ne peux dire vérité) et l'imagination (ni fantaisie ni tromperie) se superposent et confondent. Il me semble qu'il en va toujours ainsi dans l'expérience de l'extériorité paysagère. Et pour passer à l'aveu, disons que j'ai bien conscience de m'intéresser moins à la validité référentielle qu'à ce que Pierre Sansot appelle une « conviction d'ordre poétique[25] », la mienne de conviction, bien sûr, qui transite par mon regard et par ma langue personnelle, mais qui passe aussi par l'objet

---

[22] « ... Je m'arrête. — Le métier de *réaliste* est trop dur à faire. » Gérard de Nerval, « Les nuits d'octobre », *Œuvres*, tome 1, Paris, Gallimard, coll. « Bibliothèque de la Pléiade », 1952 [1852], p. 133.
[23] Sören Kierkegaard, *Post-scriptum aux Miettes philosophiques*, traduit du danois par Paul Petit, Paris, Gallimard, coll. « Tel », 1949, p. 268.
[24] Thierry Paquot, « Le paysage urbain, l'écoumène de la modernité », *Ville contre-nature. Philosophie et architecture*, Chris Younès (dir.), Paris, La Découverte, 1999, p. 159.
[25] Pierre Sansot, *Les pierres songent à nous*, [sans inscription de lieu], Fata Morgana, 1995, p. 26.

épié, auquel je donne sens en l'observant. Pas *mon* sens, pas *son* sens — je ne sais même pas ce que cela voudrait dire — , mais *du* sens hérité de cette relation même. À noter que le mot poétique, ci-haut employé, n'est pas pris au sens du poème, en tant que forme poétique, mais comme cela dont parle Paul Valéry dans *Tel quel* lorsqu'il définit « La poésie » :

> Est l'essai de représenter, ou de restituer, par les moyens du langage articulé, *ces choses* ou *cette chose*, que tentent obscurément d'exprimer les cris, les larmes, les caresses, les baisers, les soupirs, etc., et que *semblent vouloir exprimer les objets*, dans ce qu'ils ont d'apparence de vie, ou de destin supposé. Cette chose n'est pas définissable autrement. [26]

J'appartiens à l'ordre des écrivains déambulateurs qui écrivent moins sur le vif qu'en rétrospective. Cela me va, puisque je choisis l'appropriation interprétative contre l'illusion du tableau fidèle à la réalité. C'est là que se construit ma sincérité. À toutes fins pratiques, comme déjà dit, je cherche moins à cerner le cliché des ruelles montréalaises qu'à fonder ma ruelle imaginaire. Les ferments de cette compulsion ressortissent à ce petit paradis urbain lui-même et à l'état dans lequel sa fréquentation me tient.

Mais la chose, bien que juste, est un peu bien vite dite ; il ne faudrait pas faire trop bon marché du lieu tangible, qui fait sa place en moi en me martelant les pieds, en m'esquintant le dos, en me traversant le corps, ce qui est un autre aspect de ce qui fonde l'état du déambulateur.

Remarque cinq : Secret et variété

Dans le réseau urbain, au sein de ce qui, à la plupart, paraît de peu de variété, voire uniforme parce qu'usuel, ou informe parce qu'usé, le déambulateur se laisse distraitement porter vers des dislocations, des anfractuosités, des saillies, vers le chaos et le hasard qui façonnent l'hétérogène du lieu, mais aussi vers le plat, le banal, le truisme de ce familier — peu importe que l'orbe de sa planète soit toujours le même ! Et tout ensemble, ce chaos et cette répétition de se composer en mystère, au sens de ce qui se cache[27]. Je n'ai pas d'autre mot. Aragon, dans *Le*

---

[26] Paul Valéry, *Tel quel*, dans : *Œuvres de Paul Valéry II*, édition établie et annotée par Jean Hytier, Paris, Gallimard, coll. « Bibliothèque de la Pléiade », 1960 [1941], p. 547.
[27] « [...] le poète appelle ce qui, en se dévoilant, fait apparaître justement ce qui se cache », Martin Heidegger, « ...L'homme habite en poète... », *Essais et conférences*, Paris, Gallimard, coll. « Tel », 1958 [1951], p. 240.

Paysan de Paris, nomme cela « la lumière moderne de l'insolite[28] », référant à cette matière qui convie le passant à une forme de distraction méditative et au « sentiment du merveilleux quotidien[29] » qui le braque sur ses propres abîmes.

Pour l'écrivain déambulateur, ces espaces urbains, distribués sur le territoire tels les sentiers et culs-de-sac d'un labyrinthe, même dans leur caractère de cohérence et de répétition, induisent leur principe de variété, qu'ils mettent constamment en jeu — et qui le mettent, lui, en péril et en joie. Ces lieux ne lui paraissent ni neutres, ce qui en ferait des espaces sans lieu, ni vides de cohérence, ce qui ne prêterait qu'à des énumérations et à des conjonctions — il y a ceci *et* cela *et* cela encore *et* autre chose *et* son contraire *et*, etc. —, et même lorsque le déambulateur choisit d'énumérer la diversité, produisant des listes ou des énoncés descriptifs, apparemment dans une façon de détachement, il imprime toujours sa marque. Car la liste, sous couvert de mise en ordre du réel, est sa stratégie de résistance, sa manœuvre de récusation contre toute tentative de synthétiser l'hétérogène. Et la description, opération d'ancrage qui désigne le même défaut de totalité, n'est elle-même jamais neutre, qui renvoie à un anthropocentrisme sous le jour propre des idées et sensations du déambulateur ; qui plus est, la description engage à une aspectualisation et à une mise en situation qui mettent le sujet et l'objet en relation, et en relation avec d'autres.

C'est que tout, dans le lieu pratiqué, porte sa charge — charge de savoir, charge d'émotion —, même et avant tout l'écrivain déambulateur lui-même, à qui le réseau urbain se dévoile à la façon d'un jeu de blocs, au-dessus duquel, en adulte enfant, il vole un temps, puis se replie et se courbe, et régresse jusqu'aux dimensions de son labyrinthe, et s'y perd, en outre de s'y engager avec la lucidité aveugle du peintre poursuivant des volumes dans le plat de la figuration. Le plus difficile, c'est de s'élever à peine au-dessus de ce qu'on voit, pas trop, on risquerait d'être happé par des désirs et des obsessions de synthèse, voire de vérité. Plutôt se maintenir dans ses ellipses, dans ses accumulations, dans son goût pour le sous-texte des ombres. On trouve, chez tous ces écrivains passants, qui sont des plus-que-passants, de ces ellipses et concaténations, et ce penchant pour les arcanes du commun.

---

[28] Louis Aragon, *Le paysan de Paris*, Paris, Gallimard, coll. « Le livre de poche », 1966 [1926], p. 20.
[29] *Ibid.*, p. 16.

Remarque six : Troisième détour par le Je

Marcher dans le réseau des ruelles, dans son aspect d'espace semi clos et normé, c'est jouer à dedans/dehors : il faut périodiquement en sortir, traverser une rue et aborder un nouveau segment et ses fragments fugitifs de réalité. Il y a là quelque chose de frénétique, mais aussi de régénérateur, peut-être même d'initiatique, comme s'il s'agissait de travailler à être admis au mystère du lieu — qui comme le paysage se constitue de visible et d'invisible. Le déambulateur de ruelle se précipite donc sans cesse dans la petite épreuve d'un nouveau segment, d'un nouveau paysage et ses valeurs de face cachée, et ses analogies de structures avec les occupants, à peu près toujours le même paysage, mais finalement tout à fait autre, paysage de hangars décrépits, de potagers en friche, de terrasses modestes, mais parfois jusqu'à fastueuses, avec des glycines et des piscines, comme autant de métaphores de notre civilisation fanée érigeant ici et là ses marques d'humanité et ses mirages de sur-modernité ; et chaque fois le déambulateur espère en ressortir, et en ressortir moins malade de son temps et de son lieu.

Cette forme d'avancée critique au ralenti qu'est la dérive flâneuse soumet l'écriture à sa fonction interactive entre l'être et le lieu, qui consiste à ouvrir l'un à l'autre et l'autre à l'un. C'est précisément là que se situe l'art de l'écrivain déambulateur qui, par sa vision et son langage, je dirais surtout par l'activité d'une conscience imaginante et imageante, transfigure le lieu qui le transfigure. N'est-ce pas une fonction de l'imaginaire (compris ici au sens de ce qui relève du domaine de l'imagination), que de justement viser à éprouver de nouvelles relations, au sens de nouveaux rapports réciproques ?

Je dirais que la déambulation implique un échange entre des pulsions subjectives et des injonctions objectives émanant du milieu ambiant. Dans les meilleurs cas, il arrive que s'établissent ce que Michel Roux appelle des « *relations analogiques*[30] » entre l'être et le lieu arpenté et que cela crée « du *sens* et de l'*existence*[31] » entre eux — ce qui constitue une assez jolie définition de la relation. C'est que, dans l'écriture de déambulation, le sujet déambulateur est le médiateur d'une production sensible par laquelle l'écriture vise à s'enraciner authentiquement dans le réel. C'est-à-dire subjectivement.

---

[30] Michel Roux, *Géographie et complexité. Les espaces de la nostalgie*, p. 48.
[31] *Idem.*

Je propose de redire cela d'une autre manière : la puissance imaginante et imageante de l'écrivain déambulateur agit comme axe d'échange et de métabolisation (dans le sens de mettre le monde dans son univers), qui, idéalement, fait s'ouvrir la réalité et conduit à faire être les choses — pour soi. C'est bien ce que dit le géographe Michel Roux : « Le territoire n'existe pas "en soi" mais "par soi" et "pour soi".[32] » Pour cela, donc, il y a exigence d'être à la fois attentif et imaginatif, dans le sens d'attentif dans le travail d'imagination et imaginatif dans l'attention portée aux choses, aux êtres, aux événements. Certains peintres, surtout, ont bien compris cela. Un Picasso, pour qui l'art commence là où le réalisme finit. Un Paul Klee, pour qui la peinture — je dirai donc la littérature — ne rend pas le visible, mais l'invisible. Et qui sait, peut-être le visible n'est-il qu'un moment de l'invisible.

Remarque sept : Espace et répétition

L'écrivain déambulateur relance inlassablement sa marche dans un milieu qu'il espère générateur d'écriture. C'est la grâce qu'il se souhaite. Cet écrivain, comme Jean-Michel Maulpoix le dit de Jacques Réda, est avant tout « piéton de sa propre langue[33] ». Sa vraie destination, c'est le passage frayé dans les mots. Et il arrive parfois que le lieu se transforme en objet, que le sujet déambulateur projette sur les horizons de sa sensibilité et qui donc transite par sa représentation privée du monde. Il me semble que c'est d'abord et avant tout justement cette sensibilité et cette représentation privée qui traversent l'œuvre des grands écrivains déambulateurs. On aura bien plus vite oublié les détails architecturaux et mondains de la rue des Martyrs que la sensibilité de faux misanthrope de ce vieillard pittoresque, nommé Paul Léautaud, qui s'enfonce dans la nuit avec des reliefs de table dans la poche pour ses chats de rencontre.

L'écriture et la déambulation ont en commun les détours et retours, les contournements, les arrêts, les audaces, les errements, les abandons, sur la voie des apories du présent et d'une identité impénétrable. Et bientôt l'écriture elle-même se fait déambulatoire, qui va et vient sans but précis, sans téléologie, selon la fantaisie de l'écrivain passant, qui a la manie de parcourir des lieux, qui erre, qui se fraie un chemin dans le réel et s'y compose un regard, qui laisse porter son attention sur ceci, rebondir sur cela, dévier vers autre chose, jusqu'à ce que cette attention revienne à

---

[32] Michel Roux, *Inventer un nouvel art d'habiter. Le ré-enchantement de l'espace*, Paris, l'Harmattan, coll. « Ingénium », 2002, p. 23.
[33] Jean-Michel Maulpoix, *Jacques Réda*, Paris, Seghers, coll. « Poètes d'aujourd'hui », 1986, p. 42.

son point d'origine, le déambulateur, tel qu'en lui-même il marche vers un devant-lui et pense par devers lui, c'est-à-dire qu'il combine idées et sensations pour se relier à ce qui est et à ce qu'il est. Le déambulateur urbain dont on dit qu'il s'engage dans un pas à pas de rôdeur lâché dans l'espace, en réalité est en quête d'un écho qui le disposerait à un pas à pas dans les mots pour dire l'espace, et pour se dire dans l'espace. L'écrivain déambulateur finit toujours par prendre prétexte de l'espace pour se dire, et ultimement, cela prend forme d'échange dynamique entre son langage personnel et le lieu.

Pour Michel de Certeau, l'acte de marcher est au système urbain ce que l'énonciation est à la langue, comme un mode d'appropriation du système topographique par le piéton. Marcher serait comme faire des phrases dans l'espace langagier. Et de Certeau de citer Roland Barthes : « L'usager de la ville prélève des fragments de l'énoncé pour les actualiser en secret[34]. »

Nous ne réalisons jamais toutes les possibilités de la langue ; il en va de même de l'espace pratiqué, ne serait-ce qu'à cause de l'ordre du bâti, mais aussi des interdits sociaux, de nos défaillances d'audace, de désirs, de pulsions, d'imaginaire, de nos réserves diverses, parce qu'il y a tant à faire et à vivre, et parce que l'espace urbain est tout simplement inépuisable. Alors le dériveur à plume trie dans les signifiants de la langue spatiale, il compose des tournures spatiales. C'est ainsi que se crée, dans la marche-démarche du dériveur et dans le texte de déambulation, une organicité mobile de l'espace urbain. Cette mobilité du déambulateur, de Certeau, dans une perspective freudienne, la met aussi en lien avec l'arrachement au corps maternel, expérience jubilatoire de l'enfance, dont elle serait la répétition.

Car ce déambulateur, il lui faut et la diversité et la répétition. On pense ici à Cingria relançant infatigablement sa quête sur son vélo, à Réda sur son solex, à Fargue en taxi, la nuit, qui se monte des factures à engloutir ses droits d'auteur. On pense aussi à Restif de la Bretonne, qui va, toutes les nuits de 1790, s'immiscer dans la marge des quartiers populeux, en quête d'anecdotes et de sujets d'indignation. Le déambulateur urbain semble avoir grand besoin de se rassurer sur la pérennité des cycles et sur l'immuabilité de certaines figures. Mais en cela, peut-être, répond-il avant tout à l'exigence de reprise de cette répétition même ?

---

[34] Michel de Certeau, *L'invention du quotidien*, p. 182.

« La répétition qui rend malade et qui guérit[35] », comme le suggère Deleuze.

Pourquoi cette reprise infinie du mouvement déambulatoire ? Pour casser le silence blessant du monde et que l'altérité et la diversité s'expriment en soi ? Pour faire remonter le mystère de sous la poussière des choses, de sorte à rompre l'usuelle coïncidence avec le lieu et avec soi-même ? Pour coaliser les fragments d'une image de soi dans le monde ? Mieux : pour laisser advenir le monde qui ne serait pas plus ailleurs qu'en soi ? Pour rendre la voix à un rapport au réel que le réel lui-même étrangle ? Pour se saturer d'image, de sorte à rendre possible l'effacement temporaire d'un trauma ? En quelque sorte pour maintenir l'affrontement au réel, dans une espèce de mouvement perpétuel qui dé-fixe, jusqu'à faire disparaître l'objet sous la répétition ? Ce qui serait soutenu par des procédures répétitives de perceptions imaginaires menant à une production sérielle de fragments d'écriture ? Je ne sais pas répondre à ces questions insidieuses qui sont toutes en elles-mêmes des façons de réponses ; je ne peux offrir que le commentaire le plus général emprunté à Deleuze : que « [l]a répétition ne change rien dans l'objet qui se répète, mais [qu']elle change quelque chose dans l'esprit qui la contemple[36] ». Et que dire de celui qui en fait sa névrose ?

Remarque huit : En guise de clausule

Le domaine du déambulateur urbain, c'est l'intuition des choses et des aires de réalités urbaines, qui transite par la relation perceptive. C'est sa manière à lui d'augmenter sa sensation de vie, certes, mais plus encore, sa manière de se déprendre, non pas de ce qu'Aragon appelle « l'illusion Réalité[37] », mais de ses illusions sur la réalité ; c'est sa manière de se laisser gouverner par le « sentiment du merveilleux quotidien[38] » déjà évoqué, sa manière de devenir le lieu de résonance de l'altérité et par là, de tendre vers sa réalité par la médiation de l'extériorité. Le déambulateur se constitue en sujet en s'écartant de lui-même, de sa consistance mondaine, et en se portant à la rencontre du lieu, de l'objet. Le hasard est sa pratique et son maître de jeu. Souvent le spectacle du paysage urbain lui devient un objet de lecture, et parfois, dans les

---

[35] Gilles Deleuze, *Différence et répétition*, Paris, Presses universitaires de France, 1968, p. 30.
[36] *Ibid.*, p. 96.
[37] Louis Aragon, *op. cit.*, p. 81.
[38] *Ibid.*, p. 16. À noter qu'Aragon définit plus loin le merveilleux comme « la contradiction qui apparaît dans le réel », p. 250.

meilleurs cas, rares mais recherchés, un motif et une dynamique d'écriture, ce qui ne l'empêche pas de buter sur les mots, de bégayer sur les pavés.

Je parle évidemment d'une écriture capable de dire cette présence au monde. Une écriture limpide ou obscure, retenue ou profuse, peu m'importe — il y a longtemps que j'ai compris que la simplicité est le comble de la grandiloquence ; mais une écriture qui s'investit comme corps-esprit, une écriture qui fouille et qui se présente comme relationnelle ; j'entends, une écriture qui s'offre comme le don d'une intuition, d'une faculté imaginante et imageante, plus que d'un savoir — sauf à reconnaître, comme Carlos Fuentes, que « [l]'imagination est le nom du savoir en littérature comme en art[39] ». Et d'ailleurs, peu m'importe que la personne derrière le texte soit ou pas le dépositaire érudit et conscient de ce savoir, si son écriture en est le truchement. Il lira tous les livres parus, au titre d'histoire, de sociologie, d'urbanisme, il en apprendra beaucoup, mais pas les mêmes choses que s'il *marche* le territoire — comme disaient nos Anciens, dans une forme syntaxique autrefois permise — , au sens d'arpenter le territoire. Et j'ajouterais, me prévalant de l'étymologie du verbe marcher : de le marquer[40], ce territoire, d'y imprimer sa trace... langagière, bien sûr.

L'écrivain déambulateur se trouve, dans le lieu arpenté, comme Chateaubriand devant la mer, constatant que tout le monde regarde ce qu'il regarde, mais postulant que personne ne voit ce qu'il voit. Alors, ce lieu arpenté, il s'agit pour lui, non pas de seulement l'enregistrer comme existant en le nommant, mais de l'inventer pour lui-même en le métabolisant, sans quoi il ne serait partout que le même, homogène et se subsumant sous ses propres photocopies. N'est-ce pas ce que dit San-Antonio, dans *Plein les moustaches*, que « le monde, il faut l'inventer, sinon, en fin de compte, il est partout pareil.[41] »

---

[39] Carlos Fuentes, *Géographie du roman*, p. 19.
[40] « MARCHER, v. intr. est issu (1170) du francique °*markôn*, "marquer, imprimer (un pas)"[...] » *Dictionnaire historique de la langue française*, sous la direction d'Alain Rey, Paris, Dictionnaires le Robert, 1993, tome 2, p. 1190.
[41] San-Antonio, *Plein les moustaches*, Paris, Fleuve noir, coll. « San-Antonio » n° 123, 1985.

Bibliographie

ARAGON, Louis, *Le paysan de Paris*, Paris, Gallimard, coll. « Le livre de poche », 1966 [1926].

BAUDELAIRE, Charles, « Le peintre de la vie moderne », *Œuvres complètes*, Paris, Éditions du Seuil, coll. « L'intégrale », 1968 [1863], p. 546-565.

BENJAMIN, Walter, « Le Paris du second Empire chez Baudelaire » [1938], *Charles Baudelaire. Un poète lyrique à l'apogée du capitalisme*, Paris, Petite Bibliothèque Payot, n° 39, 2002.

BORDAS, Éric, « Imaginaire et imagination », *Le dictionnaire du littéraire*, Paul Aron, Denis Saint-Jacques, Alain Viala (dir.), Paris, Presses universitaires de France, 2002.

CAMUS, Albert, *Le mythe de Sisyphe*, Paris, Gallimard, coll. « Idées », 1961 [1942].

CINGRIA, Charles-Albert, *Bois sec Bois vert*, Paris, Gallimard, coll. « L'Imaginaire », 1983 [1948].

CERTEAU, Michel de, *Histoire et psychanalyse entre science et fiction*, Paris, Gallimard, coll. « Folio », 1987.

CERTEAU, Michel de, *L'invention du quotidien 1/Arts de faire*, Paris, Union générale d'édition, coll. « 10-18 », 1980.

DELEUZE, Gilles, *Différence et répétition*, Paris, Presses universitaires de France, 1968.

FUENTES, Carlos, *Géographie du roman*, Paris, Gallimard, coll. « Arcades », 1997.

HEIDEGGER, Martin, « ...L'homme habite en poète... », *Essais et conférences*, Paris, Gallimard, coll. « Tel », 1958 [1951].

KIERKEGAARD, Sören, *Post-scriptum aux Miettes philosophiques*, traduit du danois par Paul Petit, Paris, Gallimard, coll. « Tel », 1949.

LÉVY, Albert, « Pour une socio-sémiotique de l'espace. Problématique et orientations de recherche », *Sociologie en ville*, Sylvia Ostrowetsky (dir.), Paris, l'Harmattan, 1996, p. 161-177.

MAULPOIX, Jean-Michel, *Jacques Réda*, Paris, Seghers, coll. « Poètes d'aujourd'hui », 1986.

MÉDAM, Alain, « À Montréal et par-delà, passages, passants et passations », *Villes pour un sociologue*, Paris, l'Harmattan, 1998, p. 119-139.

MERLEAU-PONTY, Maurice, *Le visible et l'invisible*, Paris, Gallimard, coll. « Tel », 1964.

NERVAL, Gérard de, « Les nuits d'octobre », *Œuvres*, tome 1, Paris, Gallimard, coll. « Bibliothèque de la Pléiade », 1952 [1852].

PAQUOT, Thierry, « Le paysage urbain, l'écoumène de la modernité », *Ville contre-nature. Philosophie et architecture*, Chris Younès [dir.], Paris, La Découverte, 1999.

RÉDA, Jacques, *La ferveur de Borgès*, Paris, Fata Morgana, 1987.

RÉDA, Jacques, *Le bitume est exquis*, Montpellier, Fata Morgana, 1984.

RÉDA, Jacques, *L'Œil-de-Bœuf rencontre Jacques Réda*, Paris, L'Œil-de-Bœuf, 1993.

ROUX, Michel, *Géographie et complexité. Les espaces de la nostalgie*, Paris, l'Harmattan, 1999.

ROUX, Michel, *Inventer un nouvel art d'habiter. Le ré-enchantement de l'espace*, Paris, l'Harmattan, coll. « Ingénium », 2002.

SAN-ANTONIO [pseud. de Frédéric Dard], *Plein les moustaches*, Paris, Fleuve noir, coll. « San-Antonio » n° 123, 1985.

SANSOT, Pierre, *Les pierres songent à nous*, [sans inscription de lieu], Fata Morgana, 1995.

SCARPA, Tiziano, *Venise est un poisson*, Paris, Christian Bourgois, 2002.

VALÉRY, Paul, *Tel quel*, dans *Œuvres de Paul Valéry II*, édition établie et annotée par Jean Hytier, Paris, Gallimard, coll. « Bibliothèque de la Pléiade », 1960 [1941].

Franz Hessel ou l'Art difficile de la promenade

Robert Dion
Université du Québec à Montréal

> *[...] la flânerie la plus achevée, par conséquent la plus heureuse, conduit ici encore vers le livre, et dans le livre.*
>
> Walter Benjamin, « Paysages urbains », *Sens unique*

Que savons-nous de Franz Hessel dans le monde francophone ? Bien peu de choses, à vrai dire : qu'il fut le modèle de Jules, le personnage d'Henri-Pierre Roché auquel Oskar Werner prêta ses traits dans le film de François Truffaut ; qu'il fut l'ami de Walter Benjamin avec lequel il entreprit de traduire Proust en allemand ; et c'est à peu près tout. Ce n'est que depuis les années 1990 que ses principaux livres sont disponibles en français. La première traduction en date fut celle, en 1989, de *Spazieren in Berlin* ; sous le titre de *Promenades dans Berlin*[1], elle fut publiée non pas chez un éditeur littéraire, mais aux Presses universitaires de Grenoble dans la collection « Débuts d'un siècle », ce qui en dit long sur la fortune anticipée de l'ouvrage. En Allemagne, l'œuvre connut aussi une certaine éclipse avant d'être rééditée au cours des années 1980 : ainsi reparut en 1984 *Spazieren in Berlin* sous le titre *Ein Flaneur in Berlin,* qui déplace quelque peu l'accent : comme si Hessel était vu de l'extérieur, rangé *a posteriori* dans la famille des flâneurs. C'est qu'après 1929 et la parution du livre singulier de Hessel, la catégorie s'est étoffée avec notamment Walter Benjamin et Siegfried Kracauer, écrivains-flâneurs qui célébrèrent l'espace ouvert de la ville moderne et la renaissance de « l'homme des foules[2] ». Dans un compte rendu de *Spazieren in Berlin,* Benjamin consacra d'ailleurs « le Retour du flâneur[3] » : si Paris en a créé le type[4], qui se fixe avec Baudelaire et s'épanouit avec Apolli-

---

[1] Franz Hessel, *Promenades dans Berlin,* Grenoble, Presses universitaires de Grenoble, coll. « Débuts d'un siècle », 1989 [1929]. Présentation de Jean-Michel Palmier. Désormais, toutes les références à ce texte seront indiquées entre parenthèses suite à la citation, précédées de la mention *PDB*.
[2] D'après le titre de la nouvelle d'Edgar Allan Poe.
[3] Walter Benjamin, « Le retour du flâneur », dans *PDB*, p. 255-259.
[4] Ce qui explique que le mot français se soit imposé en allemand ; les équivalents « Bummler » et « Spaziergänger » n'ont ni exactement le même sens ni surtout la même

naire et Aragon, c'est, selon Benjamin, à Berlin que celui-ci véritablement renaît, avec Hessel à la fin des années 1920, à la faveur, d'une part, d'une crise économique et politique qui engendre le désœuvrement — la flânerie a partie liée avec la vacance, le temps libre — et, d'autre part, de l'extension du capitalisme sauvage, qui accélère la transformation de la grande ville et la couvre de signes à déchiffrer. Une ère de divertissement de masse (cinéma, cabaret, revues, etc.) s'inaugure dans la foulée d'une telle extension ; rassemblant plusieurs couches sociales dans le même espace public, elle prend l'aspect d'un « culte de la distraction » dont Kracauer se fera l'analyste perspicace[5]. Quant à Benjamin, il ira grossir le contingent des arpenteurs de la ville avec *Sens unique* d'abord (livre publié par l'auteur lui-même en 1928), puis avec *Enfance berlinoise* (recueil de textes parus dans les journaux entre 1933 et 1935) et le projet du *Passagenwerk*. Dans cette capitale inachevée qu'est encore Berlin au début du XXe siècle (et qu'il est toujours aujourd'hui, après une guerre destructrice et une ère de glaciation communiste), Hessel, Kracauer et Benjamin voient les multiples possibilités offertes au flâneur, qui est invité à rendre la ville plus habitable en la densifiant encore sémiotiquement ; en effet, par l'écriture, l'écrivain-promeneur se donne pour tâche de décrire un paysage urbain qui puisse rivaliser avec les paysages naturels de la marche de Brandebourg. « Le flâneur est le prêtre du *genius loci*[6] », note Benjamin : il bat le pavé de la ville pour en détecter les esprits, pour en honorer les dieux lares.

L'avènement de la figure du flâneur berlinois ressortit à la fois à la transformation de la grande ville à l'issue du premier conflit mondial et à celle du regard porté sur elle. Je m'arrête un moment sur les mutations de la ville elle-même. Qu'est-ce qui change donc dans les années 1920, à Berlin mais aussi dans les métropoles en général ? Pour commencer par une observation globale, disons que le sentiment d'une fin de l'ancienne civilisation, qui par excellence s'était incarnée dans les « cosmopoles » (le mot est de Kracauer), gagne de nombreux artistes et intellectuels après 1918. Stefan Zweig, dans *Die Welt von Gestern,* est peut-être celui qui a

---

épaisseur de connotations. En revanche, le « Wanderer » — le marcheur, le voyageur à pied — est un type bien allemand.
[5] Voir notamment Siegfried Kracauer, *Das Ornament der Masse,* Francfort, Suhrkamp Verlag, 1963. Journaliste et critique de cinéma, inlassable observateur de la vie de la cité, Kracauer a lui aussi donné, avec *Straßen in Berlin und anderswo* (Berlin, Das Arsenal, 1987 [1964]), un éloge de la flânerie.
[6] Walter Benjamin, *op. cit.*, p. 257.

le mieux témoigné de cet état d'esprit quand, sur fond d'Allemagne nazie, il se rappelle le monde d'avant 1914 :

> Quand j'essaie de trouver une formule commode pour décrire l'époque d'avant la Première Guerre mondiale dans laquelle j'ai grandi, je crois en donner l'expression la plus exacte quand je dis : c'était l'âge d'or de la sécurité[7].

Après cette entrée en matière, Zweig décrit un temps où il semblait que tout allait durer, où les droits et les devoirs étaient bien circonscrits, où « [t]out avait sa norme, sa mesure et son poids déterminés[8] ». Cette ère d'optimisme, la guerre y a mis fin brutalement, faisant bien voir que le progrès technique et économique ne menait pas forcément à un progrès moral aussi rapide et qu'il n'y avait pas plus de sol sous nos pas que de garantie à la pérennité de nos valeurs. Or, parce qu'elle concentrait jadis le brillant et l'élégance de ce monde de l'équilibre, la grande ville devient, au cours des années 1920, le meilleur révélateur de la crise des valeurs. Et Berlin, cité vaincue, se révèle le lieu où, plus que partout ailleurs, celle-ci s'exprime de manière paroxystique. *Berlin Alexanderplatz* d'Alfred Döblin, l'expressionnisme de Gottfried Benn, les poèmes d'Else Lasker-Schüler, l'esthétique de peintres comme Georg Grosz ou Otto Dix, rendent d'ailleurs compte d'une culture portée sur le paroxysme, où la rationalité héritée des Lumières se trouve battue en brèche par un irrationalisme qui trouvera une autre formulation, à l'extrême-droite du spectre politique, dans les idiosyncrasies mythiques du national-socialisme. À Berlin en effet, dans l'immédiat après-guerre, s'affrontent les nostalgiques de l'État prussien, les républicains modérés favorables à Weimar, les extrémistes de tous bords, communistes et national-socialistes, qui pour des raisons différentes exècrent le régime et entendent refonder l'Allemagne par n'importe quel moyen[9]. Tout cela se joue dans une ambiance de violence et de « pessimisme culturel » (*Kulturpessimismus*), les divers partis politiques et esthétiques mettant en œuvre des stratégies de destruction dont ils ignorent encore qu'elles feront le jeu du nazisme.

---

[7] Stefan Zweig, *Die Welt von Gestern. Erinnerungen eines Europäers,* Francfort, Fischer Taschenbuch Verlag, 1970 [1944], p. 14. Je traduis : « Wenn ich vesuche, für die Zeit vor dem Ersten Weltkrieg, in der ich aufgewachsen bin, eine handliche Formel zu finden, so hoffe ich am prägnantesten zu sein, wenn ich sage : es war das goldene Zeithalter der Sicherheit ».
[8] *Ibid.* Je traduis : « Alles hatte seine Norm, sein bestimmtes Maß und Gewicht ».
[9] Au sujet de la République de Weimar, voir l'ouvrage suivant : Gérard Raulet (dir.), *Weimar ou l'explosion de la modernité,* Paris, Éditions Anthropos, 1984.

Alors que l'habitation symbolisait l'idéal du mode de vie propre au « monde d'hier » cher à Zweig, la rue renvoie à l'ordre — ou au désordre — nouveau[10]. Si en effet l'intérieur bourgeois constitue un espace de stabilité, d'accumulation de biens et de signes, la rue, en revanche, est le lieu emblématique de leur consommation, de leur dissipation, de leur remplacement. « Les rues sont la demeure du collectif », écrivait Benjamin[11] : c'est ce qu'éprouveront aussi bien une créature imaginaire comme Franz Biberkopf que des écrivains tels que Benn ou Hessel. L'habitant des villes est ainsi conduit à faire de l'impermanence, de la destruction et de l'effacement des traces un emblème de la modernité. Cette expérience a pour nom « actualité » ; qu'il l'accepte ou la refuse, il ne pourra s'y dérober. C'est une semblable expérience que feront également les écrivains flâneurs sous la République de Weimar, avec plus ou moins de nostalgie, avec un acquiescement plus ou moins enthousiaste à la présence brutale du présent, selon le cas.

En ce qui a trait maintenant à la teneur du regard sur la ville, rappelons que les années 1920 sont marquées par une *Neue Sachlichkeit* (une « nouvelle objectivité ») qui, par exemple, poussera Grosz à peindre une bourgeoisie obscène et repue (combinant par là l'observation simple avec la vision hallucinée des expressionnistes), Walther Ruttmann à proposer, avec le film *Berlin, la symphonie d'une grande ville*, réalisé en 1927, un regard unanimiste sur la journée d'une métropole, Benn à mettre la morgue en poèmes ; et ainsi de suite. Découlant des théories de la caméra-œil et du cinéma-vérité du réalisateur soviétique Dziga Vertov, l'esthétique documentaire de la nouvelle objectivité change la manière de voir la ville, favorisant le recours à la coupe transversale, au montage parallèle et, par conséquent, à la fabrication du sens par l'assemblage des images plutôt que par leur puissance d'évocation intrinsèque ; à l'intériorité de l'art bourgeois, elle substitue un parti pris pour l'extériorité et la neutralité apparentes de la représentation. Cette esthétique influencera significativement Hessel. Dans un essai intitulé « Von der schwierigen Kunst spazieren zu gehen[12] » — en français : « l'Art difficile de la promenade » —,

---

[10] En exergue à un texte sur Marseille recueilli dans *Paysages urbains* (Walter Benjamin, *Sens unique*, précédé d'*Enfance berlinoise*, suivi de *Paysages urbains*, [s. l.], Maurice Nadeau, 1978, 1988 [1972]. Éd. revue et corrigée), Benjamin transcrit ces mots d'André Breton : « La rue... seul champ d'expérience valable », p. 291.

[11] Cité par Josef Fürnkäs, « La "voie à sens unique" weimarienne de Walter Benjamin », dans Gérard Raulet, *op. cit.*, p. 259.

[12] Franz Hessel, « Von der schwierigen Kunst spazieren zu gehen », *Ermunterung zum Genuß,* Berlin, Brinkman und Bose, 1981 [1932], p. 53-61. Désormais, toutes les réfé-

celui-ci confesse nettement sa prédilection pour le chatoiement des surfaces : les vitrines et les étalages, qui lui apparaissent comme autant de paysages ; les noms de firmes sur les immeubles, qui deviennent des sortes de formes mythologiques ; les titres courants au-dessus des enseignes lumineuses, qui constituent une lecture plus passionnante et tout aussi éphémère que celle de n'importe quel journal[13]. Le flâneur perd ici toute épaisseur et se réduit à une pure pulsion scopique.

Dans ce court texte écrit quelques années après *Promenades dans Berlin*, Hessel élabore, à l'impératif, quelque chose comme un *vade mæcum* à l'usage du flâneur : parcours ta propre ville, promène-toi dans ton quartier, sois attentif aux lieux modestes, telle en est la première injonction (*ADP*, p. 55). D'autres suivent, dont je relève les plus marquantes : apprends à connaître les seuils (*ADP*, p. 56) ; intéresse-toi à l'histoire des magasins, des auberges et des buvettes, mais n'entre pas, ce n'est pas nécessaire, car le flâneur « lit la rue comme un livre, il feuillette les destins lorsqu'il regarde au passage les murs des maisons[14] » (*ADP*, p. 57 — je traduis) ; promène-toi seul de préférence (*ADP*, p. 58)[15] ; évite la compagnie des observateurs de profession, peintres ou écrivains, parce qu'ils vont te déranger en découpant et en recadrant des parcelles de ce qu'ils voient, ou parce qu'ils essaieront d'expliquer ou d'interpréter au lieu d'enregistrer les images simplement et sans désir (*ADP*, p. 58) ; ou-

---

rences à ce texte seront indiquées entre parenthèses après la citation, précédées de la mention *ADP*.

[13] *Ibid.*, p. 55. À propos des enseignes, je renvoie le lecteur à un magnifique petit texte de Siegfried Kracauer qui converge tout à fait avec la perception de Hessel : Siegfried Kracauer, « Publicité lumineuse », *Le voyage et la danse. Figures de ville et vues de film,* Paris, Presses universitaires de Vincennes, coll. « Esthétiques hors cadre », 1996 [1927], p. 66-69. Je n'en cite qu'une phrase : « La fine pluie de réclames que déverse la vie économique se mue en constellations dans un ciel étranger », p. 66.

[14] « Er liest die Straße wie ein Buch, er blättert in Schicksalen, wenn er an Hauswänden entlang schaut ».

[15] Dans *Heimliches Berlin*, Clemens Kestner, l'*alter ego* de Hessel, dit à son jeune protégé Wendelin qui doit partir en voyage : « Donc seul. C'est le mieux aussi. Alors il n'y a pas d'intermédiaire ni de connaisseur, pas de débiteur ni de créditeur entre toi et les choses. Parmi les jeunes gens de ta génération si capable, tu n'en trouveras en effet aucun, je crois, avec qui tu puisses être dans le vieux monde à la fois contemplatif et ouvert, pathétique et sobre, et sans but ni hâte » (Franz Hessel, *Heimliches Berlin,* Francfort, Suhrkamp Taschenbuch Verlag, 1982, 1994 [1927], p. 42-43 — je traduis). « Also allein. Das ist auch das Beste. Dann ist kein Mittler und Mehrwisser, kein Borger und kein Schenker zwischen dir und den Dingen. Unter den jungle Menschen deiner tüchtigen Generation findest du doch keinen, glaube ich, mit dem du in der alten Welt zusammen sein könntest, anschauend und hingegeben, pathetisch und nüchtern zugleich und ohne Ziel und Eile ».

blie-toi, c'est la condition de la flânerie heureuse (*ADP*, p. 59) ; lis le livre de la rue, mais juste pour le plaisir, et surtout ne critique pas trop (*ADP*, p. 59) ; quand tu désires regarder quelque chose de plus près, ne te précipite pas, car les choses que tu veux voir doivent pouvoir te regarder aussi (*ADP*, p. 61). Tels sont les préceptes de l'éthique de la flânerie et de la poétique du regard auxquelles Hessel tente de donner forme dans « l'Art difficile de la promenade ». Cette éthique et cette poétique ne sont pas très éloignées de cet « art de l'égarement[16] » dont Benjamin avait fait l'apprentissage à Paris sous la gouverne de Hessel. On peut y déceler certains traits que j'ai déjà évoqués à propos de la *Neue Sachlichkeit* : ainsi le flâneur s'en tient à ce qu'il connaît bien mais reste en-dehors de ce qu'il observe ; il préfère les signes fugaces et extérieurs aux inscriptions durables, puisque lui-même ne s'inscrit dans le paysage urbain qu'« en passant », de façon éphémère ; il fait preuve de la plus grande passivité ; il prend acte de l'étrangeté des choses et de son rapport à elles. La promenade sans but[17], comme le remarque Bernd Witte dans la postface à un roman de Hessel ayant pour titre *Heimliches Berlin,* constitue d'ailleurs le préalable au « texte sans intention[18] » dont rêve le marcheur, texte aléatoire qui s'inscrit dans la lignée d'un surréalisme à la façon du *Paysan de Paris*[19], d'un « réalisme du surréalisme flâneur », comme le nomme Ross Chambers, qui propose aussi le jeu de mots « loiterature[20] » pour décrire la littérature de la flânerie. La suspension du jugement, du reste, s'accorde bien avec les principes de la phénoménologie husserlienne alors en pleine élaboration : ainsi Hessel « ne s'adonnera pas à la critique systématique de la grande ville (*Großstadtkritik*) chère aux ex-

---

[16] Walter Benjamin, « Chronique berlinoise », *Écrits autobiographiques*, Paris, Christian Bourgois Éditeur, coll. « Détroits », 1990 [1972], p. 250.

[17] Ou encore la promenade qui n'a plus de but : « Je croyais avoir un but, écrit Kracauer dans *Straßen in Berlin und anderswo,* mais je l'avais pour mon malheur oublié » (p. 7 — je traduis). « Ich glaubte ein Ziel zu haben, aber ich hatte das Ziel zu meinem Unglück vergessen ».

[18] Bernd Witte, « Nachwort », dans Franz Hessel, *Heimliches Berlin,* p. 129.

[19] Dans *Enfance berlinoise*, Benjamin associe Hessel à « un géographe, un paysan de Berlin » (Walter Benjamin, *Sens unique*, précédé d'*Enfance berlinoise*, suivi de *Paysages urbains*, p. 31). Voici par ailleurs comment Witte décrit le « surréalisme "soft" » (« sanfter Surrealismus ») de Hessel : « Il les retire [les choses et les gens] de leur contexte vivant et les transforme en signes qui s'assemblent dans un nouveau texte selon la loi du hasard » (dans Hessel, *Heimliches Berlin*, p. 129 — je traduis). « Er nimmt sie [Dinge und Menschen] aus ihrem lebendigen Kontext heraus und verwandelt sie in Zeichen, die sich nach dem Gesetz des Zufalls zu einem neuen Text zusammenfügen ».

[20] Ross Chambers, « The Etcetera Principle : Narrative and the Paradigmatic », dans Freeman G. Henry (dir.), *Discontinuity and Fragmentation,* Amsterdam/Atlanta, Rodopi, 1994, p. 1-24.

pressionnistes[21] » ; chez lui la beauté et la laideur seront également *pointées,* c'est-à-dire à la fois montrées et (main)tenues.

Je reviens à la conception de la flânerie en tant que lecture, qui est particulièrement prégnante chez Hessel. Suivant Anke Gleber[22], elle remonte aussi loin qu'à Ludwig Börne, qui formule pour la première fois, en 1822-1824 et à propos de Paris, la métaphore de la rue comme texte[23]. Hessel la développe plus longuement dans *Promenades dans Berlin* :

> Flâner est une sorte de lecture de la rue où les visages, les étalages, les vitrines, les terrasses de café, les tramways, les autos et les arbres deviennent de pures lettres, toutes égales en droit, qui, ensemble, forment les mots, les phrases et les pages d'un livre toujours nouveau. (*PDB*, p. 141)

Cette sémiotisation de la ville a pour résultat de transformer l'image en texte et ainsi de métamorphoser le visible en lisible : la théorie de la flânerie rejoint ici celle de la lecture. Berlin devient une page où l'on musarde — une page avec ses blancs, ses ratures, ses pâtés et ses marges, un texte toujours changeant, clignotant, fragmenté, mouvant, plutôt qu'un *Wort aus Stein,* une parole de pierre. Le flâneur, en se déplaçant, est invité à lire entre les lignes d'un texte qui lui aussi se déplace — figuration de la modernité de Weimar, où une bourgeoisie affairée et inquiète, prise dans le fameux « Tempo » berlinois, se heurte à la masse désœuvrée des chômeurs. Toute ville, bien sûr, est un texte. Mais dans les années 1920, Berlin, capitale à peine remise d'avoir été une « boomtown », l'est en quelque sorte *a fortiori,* dans la mesure où il prend pour modèle les villes industrielles américaines et se perçoit comme un Chicago européen ; voué corps et âme au capitalisme, il se voit, à l'instar des villes américaines, tapissé par la réclame (laquelle incarne selon Hessel une forme moderne de littérature). Du coup, l'arpenteur de Berlin devient un lecteur au second degré qui, en plus de la ville elle-même, est convié à lire le texte de la métropole.

---

[21] Jean Mondot, « Le Paris perdu de Franz Hessel », Helga Abret et Michel Grunewald (dir.), *Visions allemandes de la France (1871-1914)/Frankreich aus deutscher Sicht (1871-1914)*, Berne, Peter Lang, 1995, p. 328.
[22] Anke Gleber, « Criticism or Consumption of Images ? Franz Hessel and the Flâneur in Weimar Culture », *Journal of Communication Inquiry,* vol. 13, n° 1, hiver 1989, p. 80-93.
[23] Voici la traduction anglaise que donne Gleber d'un extrait des « Schilderungen aus Paris » de Börne : « Paris can be called an open book : wandering through its streets is *reading*. Several hours a day, I leaf through this instructive and pleasant work, so richly supplied with life-like illustrations » (*Journal of Communication Inquiry*, p. 84).

Au premier chapitre des *Promenades dans Berlin,* Hessel dévoile un autre élément important de sa conception de la flânerie : le désir d'« en rester au premier regard » (*PDB*, p. 31), de retrouver ce regard initial sur sa ville. Mais il n'y parvient pas, ou alors à peine, et pour deux raisons. Ce n'est pas qu'il ne puisse prendre ses distances vis-à-vis du spectacle familier de Berlin : on a vu que sa poétique et son éthique de la déambulation visaient à lui procurer une position en retrait. C'est plutôt, en premier lieu, que le flâneur weimarien est considéré comme suspect[24] : « J'essuie toujours, note Hessel, des regards méprisants lorsque j'essaie de flâner parmi les gens affairés. J'ai l'impression que l'on me prend pour un pickpocket » (*PDB*, p. 31). Difficile, par conséquent, de se poster devant l'épicerie de la veuve Kohlmann qui, croyant avoir affaire à un inspecteur en civil, lui jette un œil méchant ; et impossible de participer à la vie intime des cours sans passer pour un intrus. Bien que le fait de « [m]archer lentement dans des rues animées [lui] procure un plaisir particulier » (*PDB*, p. 31), le flâneur, parce qu'il va à contre-courant, doit souffrir d'être objet de méfiance et, de ce fait, accepter d'engager un échange d'affects qui l'inclut dans son propre tableau alors qu'il voudrait précisément en sortir. Le deuxième facteur qui entrave la reconquête d'un regard inaugural tient à l'impossibilité de s'arrêter bien longtemps sur tel ou tel objet, parce qu'à Berlin, ajoute Hessel, « on doit devoir, sinon on ne peut pas. Ici, on ne déambule pas quelque part, on y va[25] » (*PDB*, p. 33). La course au profit, le rythme effréné de la grande ville capitaliste sont difficilement compatibles avec l'improductivité de la flânerie et sa lenteur obligée. L'époque est à l'efficacité, à la *Zweckmäßigkeit,* pour utiliser un mot kantien. De telle sorte que, par l'effet du contraste, la flânerie acquiert une fonction critique : « For Hessel », note Anke Gleber,

> […] it is precisely the anachronistic aspect of flânerie that makes it a form of progressive resistance and gives it critical significance in an age of modern mass transit : the very aimlessness of flânerie works to renounce purposeful motion, standing in contradiction to both modern traffic and the pragmatic era of *Neue Sachlickeit* understood as a « New Functionalism[26] ».

---

[24] D'où le titre du premier chapitre, « le Suspect ».
[25] Je donne l'original allemand, auquel la traduction ne rend pas justice : « Hierzulande muß man müssen, sonst darf man nicht. Hier geht man nicht wo, sondern wohin » (Franz Hessel, *Ein Flaneur in Berlin*, Berlin, Das Arsenal, 1984 [1929] p. 9).
[26] Anke Gleber, « The Secret Cities of Modernity : Topographies of Perception in Georges Rodenbach, Robert Walser, and Franz Hessel », dans Christian Berg, Frank Durieux et Geert Lernout (dir.), *The Turn of the Century : Modernism and Modernity in Litera-*

La flânerie représente une transgression de la fonctionnalité et du pragmatisme de la ville moderne. De même, la volonté de retrouver un regard lavé des scories de l'habitude comporte une dimension subversive : Hessel entend aller à l'encontre d'une topologie urbaine qui dirige le regard vers les monuments et les « attractions », accordant sa préférence aux recoins obscurs, aux bords, aux enclaves, qu'il éclaire à partir d'une position paradoxale puisqu'il s'autorise justement de sa familiarité avec la ville pour adopter le point de vue de l'*outsider,* de l'étranger. Le flâneur se refuse à ce qui le relierait de trop près aux choses, notamment au rapport de possession. Car la possession enlève sa magie à l'objet et tue le regard ; la morale de Hessel, à cette enseigne, serait bien plutôt : « Jouis avec bonheur de ce que tu ne possèdes pas[27] ».

Flâner, c'est, en somme, savoir être étranger chez soi. Nulle part cela n'apparaît plus clairement que dans le chapitre intitulé « Tour de ville ». On y voit Hessel se joindre à un groupe de touristes étrangers et monter dans une « gigantesque voiture » pour un tour guidé de Berlin. En même temps qu'il nous fait voir les rues qu'emprunte la voiture et nous donne à entendre certains commentaires du guide, l'auteur présente — en stéréophonie — une sorte de visite alternative de la ville. Il s'amuse à déconstruire le discours touristique en s'attardant à ce que le guide néglige et en négligeant ce sur quoi celui-ci s'arrête. Il s'adresse directement, au *vous,* aux autres passagers de la voiture pour leur désigner un Berlin moins apparent, plus secret, derrière celui qui leur est proposé. Tantôt il insiste sur la rémanence du passé sous l'actuel, tantôt au contraire il médite sur sa disparition accomplie ou inéluctable. La ruine, si prégnante dans les représentations de Berlin[28], incarne de façon exemplaire cet état intermédiaire entre le révolu et le nouveau qui fascine tant Hessel : « Nous franchissons à nouveau le pont des Orphelins, écrit-il, et voyons, sur la droite, là où le vieux pont Jannowitz est démoli, un merveilleux spectacle de ruines et de nouveau monde » (*PDB*, p. 88).

---

ture and the Arts / Le tournant du siècle : le modernisme et la modernité dans la littérature et les arts, Berlin, De Gruyter, 1995, p. 372.

[27] Hartmut Vollmer, « Der Flaneur in einer "quälenden Doppelwelt" — Über den wiederentdeckten Dichter Franz Hessel », *Neue Deutsche Hefte,* t. 34, vol. 4, n° 196, 1987, p. 731. Citation tirée de *Heimliches Berlin* (« Genieße froh, was du nicht hast »).

[28] Je me permets à ce sujet de renvoyer à Robert Dion, « Ville *in absentia*. L'imaginaire de Berlin détruit », dans Lucie K. Morisset, Luc Noppen et Denis Saint-Jacques (dir.), *Ville imaginaire, ville identitaire. Échos de Québec,* Québec, Nota Bene, 1999, p. 327-342.

Toujours dans ce même chapitre sur le tour de ville, on décèle l'intertexte insistant du fameux Baedecker, l'ancêtre et le modèle de tous les guides touristiques. Mais celui-ci, au même titre que le conducteur de la voiture, est pris à rebrousse-poil : il ne représente, après tout, que l'expression d'un consensus sur ce qui est jugé beau et précieux à un certain moment (*PDB*, p. 103). C'est bien davantage ce qui ne figure dans aucun guide qui retient l'auteur des *Promenades dans Berlin* : le regard du flâneur entend se distinguer radicalement de la simple reconnaissance de la réalité que propose le guide de voyage. Rien, en fait, n'est plus éloigné, dans l'esprit de Hessel, que la vision du flâneur et celle du touriste. Cependant, ces deux figures ont au moins un aspect commun : leur souci — bien allemand ? — de l'exhaustivité. Le guide touristique, qui, en principe, dresse la liste de tout ce qui vaut la peine d'être vu, vise à signaler au visiteur les attractions « à ne pas manquer » ; or si Hessel se soucie peu de rater tel ou tel monument (« Mais, nous allons rester en ville et dans la rue. Pour une courte visite des musées, le Baedecker fournit d'excellentes indications » — *PDB*, p. 102-103), il prend bien soin, par contre, de nous montrer l'ensemble de Berlin, nous entraînant aussi bien dans le vieil ouest que dans le nord de la ville, dans Kreuzberg que dans Charlottenburg, dans l'est historique que dans le Tiergarten.

En fait, le Baedecker n'est pas le seul intertexte décelable chez Hessel : preuve, s'il en est, de la prégnance de la textualité dans ce type de récits qu'on imagine souvent, à tort, uniquement faits d'observations de première main. Chansons populaires et poèmes connus ou méconnus, mais aussi, entre autres, extraits du journal de Jules Laforgue (*PDB*, p. 112) ou encore chronique de Friedrich Nicolai (*PDB*, p. 120) sont mobilisés en vue de produire une vision kaléidoscopique de Berlin et de montrer comment certains fragments du passé restent incrustés dans le présent. À la lecture des façades, à la phénoménologie du social, se greffe par conséquent une lecture suivie et compétente de l'intertexte berlinois qui réaffirme l'importance du langage dans l'avènement même d'une cité, ce que Hessel exprime avec beaucoup de force dans un chapitre intitulé « J'apprends » : « Et autour de nous, toute une ville croît, sortie des paroles du bâtisseur » (*PDB*, p. 37). Est convoquée ici la mémoire de la Genèse, comme du reste celle du volontarisme à l'origine de la métamorphose, au fil du XVIIIe siècle, d'une insignifiante résidence provinciale en capitale de royaume et d'empire.

Recherchant « l'aventure imprévue de l'œil », Hessel s'adjoint pour ce faire les deux grands collaborateurs que sont le verre et la lumière artificielle (*PDB*, p. 141) : la vision est ainsi médiée par l'artifice moderne.

Entre les commentaires sur la lourdeur de l'architecture wilhelminienne ou sur la grâce d'un palais de l'ère frédéricienne, il ménage une large place aux manifestations colorées du kitsch, aux signes contemporains de la décadence ou de la vulgarité, à l'éclat des néons qui, le soir, redessinent la forme de la ville, à l'enjouement citadin de « la vie, devenue méridionale, de nos boulevards » (*PDB*, p. 142). Car cet espace public bigarré est bien sûr sillonné par des milliers de passants, et Hessel ne les néglige évidemment pas : des Juifs du Scheunenviertel à ceux, assimilés, de Dalhem[29], des cortèges de manifestants ouvriers — omniprésents à l'époque — à la cohue de l'Alexanderplatz, de la faune des marchés à celle des *dancings,* l'auteur des *Promenades dans Berlin* donne à lire tout un monde peuplé, varié, mouvant. Hessel aime d'ailleurs à ce point le mouvement de la grande ville qu'il a tendance à tout animer, que ce soit les statues d'Unter den Linden ou la foule inerte des gravures et des photographies anciennes : une solution de continuité semble par là s'établir entre les gens et les choses. Conformément à ce que souhaitait Benjamin dans sa *Chronique berlinoise*[30], il met en scène un *gelebtes Berlin* : un Berlin vécu, vivant, où les pierres paraissent vivre et mourir au même titre, et au même rythme, que ses habitants.

L'esprit d'ouverture du flâneur se manifeste ainsi tout particulièrement à l'égard du peuple de Berlin. Le regard de Hessel est indulgent, accueillant : souvenons-nous que le déambulateur veut s'abstenir de juger. Cette disposition l'entraîne cependant parfois à manquer l'enjeu social et politique de ses observations, ainsi que le lui reprocheront certains de ses contemporains comme Kracauer ou Tucholsky. La poésie des machines ou des ateliers ne signifie pas pour autant, en effet, que les ouvriers mènent une vie poétique : le travail n'est pas une idylle. De même, il y a quelque inconscience, surtout pour un Juif, à écrire en 1929 au sujet d'une manifestation des nationaux-socialistes :

> Le Palais des sports accueille tout cela dans ces vastes espaces courbes, avec une sorte d'immense bonhomie. L'écho impartial de ces murs renvoie les « Croix gammées au casque d'acier ! » et les « Debout pour le dernier combat ! », comme les clameurs des suppor-

---

[29] Je signale au passage que Hessel, Benjamin et Kracauer sont d'origine juive, ce qui dans cette période troublée est loin d'être indifférent ; les trois connaîtront l'exil sous le nazisme et seul Kracauer verra la fin de la guerre. Tous trois appartiennent à une même génération d'intellectuels juifs qui vécurent la Première Guerre mondiale comme une rupture décisive et qui s'engagèrent dans une critique soutenue de l'ordre bourgeois du régime de Weimar.
[30] Walter Benjamin, « Chronique berlinoise », *Écrits autobiographiques*, p. 247.

> ters. Tout cela est à vrai dire le débordement d'une même joie de vivre indomptée. (*PDB*, p. 244)

Par ailleurs, l'assassinat de Rosa Luxemburg (qui n'est pas même nommée dans le texte) et sa disparition dans le Landwehrkanal ne sont évoqués que subrepticement, et comme des événements qui troublent la quiétude d'un lieu poétique :

> En contemplant le reflet des frondaisons dans l'eau, on a peine à s'imaginer que le silence de ce pont fut profané par des crapules qui, à quelques pas d'ici, jetèrent à l'eau le corps agonisant d'une noble combattante qui a payé de sa vie sa bonté et sa bravoure. (*PDB*, p. 159-160)

Si, comme d'autres flâneurs de l'époque tels Benjamin et Kracauer, Hessel *perçoit* les effets du chômage, de l'inflation, de la libéralisation sans frein de l'économie, de l'avènement de la culture de masse, il en rejette toute interprétation polémique ; il choisit plutôt, ainsi que le constate Anke Gleber, d'esquisser un « portrait d'atmosphère[31] ». Le flâneur hédoniste et esthète « prefers to renounce any didactic exposition of that which was "learned" thereby[32] ». C'est en somme le choix théorique initial de la totale acception de ce qui s'offre à la vue qui aura fait rater à Hessel le domaine du politique ; c'est également ce qui prive son portrait de Berlin d'une certaine aura d'inquiétude qui informe les récits et chroniques de plusieurs de ses contemporains.

Je voudrais terminer rapidement sur la « Postface à l'intention des Berlinois » qui clôt *Promenades dans Berlin*. Dans ce court texte où Hessel enjoint aux habitants de Berlin de « [c]oncéde[r] à la ville un peu de [leur] amour du paysage » (*PDB*, p. 251), la prévalence de la culture sur la nature est définitivement établie : tout, dans la grande ville, y compris les parcs et les jardins en apparence les plus sauvages, vient modifier la physionomie de la terre vierge, la « culturaliser » en quelque sorte, si bien qu'il n'y aurait peut-être pas besoin, au total, de livres pour sémiotiser l'espace : Hessel recommande d'ailleurs à ses concitoyens d'abandonner son livre (une fois fini !) et de se lancer eux-mêmes à la découverte de la cité. Mais paradoxalement, quoique de manière assez prévisible quand on le connaît, il enchaîne en proposant une promenade bibliographique dans Berlin et ses environs sous la gouverne d'auteurs comme Georg Hermann, Theodor Fontane, Carl Burney et quelques au-

---

[31] Anke Gleber, « Criticism or Consumption of Images ? Franz Hessel and the Flâneur in Weimar Culture », p. 91.
[32] *Ibid.*

tres : grâce à leur concours, il deviendrait possible, d'après Hessel, de réaliser le curieux projet de « constituer une description de la ville rien qu'en compilant d'anciennes descriptions et [de] faire représenter tous les monuments par les contemporains les plus proches de leur naissance[33] » (*PDB*, p. 252-253). En définitive, pour lui, c'est le regard des citadins qui seul peut parachever les villes, si tant est qu'elles soient achevables, et leur conférer quelque chose du lié et de la cohérence des livres ; quand il remarque que « maints quartiers de Berlin [...] n'ont pas été assez regardés pour être vraiment visibles » (*PDB*, p. 253), il abonde dans le sens de Benjamin qui notait pour sa part que « ni Wedding, ni Reinickendorf, ni Tegel ne sont des quartiers au même titre que Ménilmontant, Auteuil ou Reuilly[34] ». Dans cette grande ville où, Madame de Staël le signalait déjà au début du XIXe siècle, on ne voit rien qui retrace les temps antérieurs ; dans ce Berlin qu'Adolf Glaßbrenner, un écrivain du XIXe siècle, assimilait à un composé d'éléments hétérogènes en crise permanente, à une métropole indifférente à ses traditions, fascinée par le moment présent et caractérisée par l'amour du changement, du neuf, du « pas-encore-là », le flâneur semble jouer un rôle décisif : il a pour mission d'enseigner l'oisiveté et la jouissance pour qu'enfin Berlin soit pleinement habité et qu'enfin les Berlinois, à force de trouver belle leur ville, finissent par la rendre effectivement belle[35].

Bibliographie

BENJAMIN, Walter, « Die Wiederkehr des Flaneurs », Franz Hessel, *Ein Flaneur in Berlin,* Berlin, Das Arsenal, 1984 [1929], p. 277-281.

_____, « Le retour du flâneur », Franz Hessel, *Promenades dans Berlin,* Grenoble, Presses universitaires de Grenoble, coll. « Débuts d'un siècle », 1989 [1929], p. 255-259.

_____, *Sens unique*, précédé d'*Enfance berlinoise*, suivi de *Paysages urbains*, [s. l.], Maurice Nadeau, 1978, 1988 [1972]. Éd. revue et corrigée.

_____, « Chronique berlinoise », *Écrits autobiographiques*, Paris, Christian Bourgois Éditeur, coll. « Détroits », 1990 [1972].

---

[33] Je me suis permis ici de corriger légèrement la traduction française d'après l'original.
[34] Walter Benjamin, « Chronique berlinoise », *Écrits autobiographiques*, p. 251-252.
[35] Je paraphrase là les derniers mots du texte.

CHAMBERS, Ross, « The Etcetera Principle : Narrative and the Paradigmatic », dans Freeman G. Henry (dir.), *Discontinuity and Fragmentation,* Amsterdam/Atlanta, Rodopi, 1994, p. 1-24.

DION, Robert, « Ville *in absentia.* L'imaginaire de Berlin détruit », Lucie K. Morisset, Luc Noppen et Denis Saint-Jacques (dir.), *Ville imaginaire, ville identitaire. Échos de Québec,* Québec, Nota Bene, 1999, p. 327-342.

FÜRNKÄS, Josef, « La "voie à sens unique" weimarienne de Walter Benjamin », Gérard Raulet (dir.), *Weimar ou l'explosion de la modernité,* Paris, Éditions Anthropos, 1984, p. 255-271.

GLEBER, Anke, « Criticism or Consumption of Images ? Franz Hessel and the Flâneur in Weimar Culture », *Journal of Communication Inquiry,* vol. 13, n° 1, hiver 1989, p. 80-93.

_____, « The Secret Cities of Modernity : Topographies of Perception in Georges Rodenbach, Robert Walser, and Franz Hessel », Christian Berg, Frank Durieux et Geert Lernout (dir.), *The Turn of the Century : Modernism and Modernity in Literature and the Arts / Le tournant du siècle : le modernisme et la modernité dans la littérature et les arts,* Berlin, De Gruyter, 1995, p. 363-379.

HESSEL, Franz, *Heimliches Berlin,* Francfort, Suhrkamp Taschenbuch Verlag, 1982 [1972], 1994. Postface de Bernd Witte.

_____, *Ein Flaneur in Berlin,* Berlin, Das Arsenal, 1984 [1929].

_____, *Promenades dans Berlin,* Grenoble, Presses universitaires de Grenoble, coll. « Débuts d'un siècle », 1989 [1929]. Présentation de Jean-Michel Palmier.

_____, « Von der schwierigen Kunst spazieren zu gehen », *Ermunterung zum Genuß,* Berlin, Brinkman und Bose, 1981 [1932], p. 53-61.

KRACAUER, Siegfried, *Le voyage et la danse. Figures de ville et vues de film,* Paris, Presses universitaires de Vincennes, coll. « Esthétiques hors cadre », 1996 [1927].

_____, *Das Ornament der Masse,* Francfort, Suhrkamp Verlag, 1963.

_____, *Straßen in Berlin und anderswo,* Berlin, Das Arsenal, 1987 [1964].

MONDOT, Jean, « Le Paris perdu de Franz Hessel », Helga Abret et Michel Grunewald (dir.), *Visions allemandes de la France (1871-1914)/Frankreich aus deutscher Sicht (1871-1914)*, Berne, Peter Lang, 1995, p. 317-328.

RAULET, Gérard (dir.), *Weimar ou l'explosion de la modernité,* Paris, Éditions Anthropos, 1984.

VOLLMER, Hartmut, « Der Flaneur in einer "quälenden Doppelwelt" — Über den wiederentdeckten Dichter Franz Hessel », *Neue Deutsche Hefte,* t. 34, vol. 4, n° 196, 1987, p. 725-735.

WITTE, Bernd, « Nachwort », dans Franz Hessel, *Heimliches Berlin,* Francfort, Suhrkamp Taschenbuch Verlag, 1982, 1994 [1927], p. 127-137.

ZWEIG, Stefan, *Die Welt von Gestern. Erinnerungen eines Europäers,* Francfort, Fischer Taschenbuch Verlag, 1970 [1944].

Sur les traces d'un sourcier : Charles-Albert Cingria

Philippe Archambault
Université du Québec à Montréal

> *On se promène ; on est très attentif; on va. C'est émouvant jusqu'à défaillir. On passe, on se promène, on va et on avance. Les murs — c'est de l'herbe et de la terre — ont des petites brèches. Là encore, on passe, on découvre. On devient Dante, on devient Pétrarque, on devient Virgile, on devient fantôme.*
>
> Charles-Albert Cingria, *Le canal exutoire*

Face à l'œuvre de Charles-Albert Cingria, je voudrais m'éclipser, m'effacer le plus possible pour faire de ma voix, de ma présence le lieu de l'autre, en me réservant seulement une parcelle de terrain pour le commentaire, de sorte à indiquer ici et là quelques indices de parcours, quelques traits d'une démarche, quelques repères d'une géographie. Parce que lire, c'est déchiffrer et interpréter les traces, entendues comme signes d'un passage et laissées par l'écrivain ; parce que lire, c'est marcher dans les pas de l'autre au point d'en modifier l'empreinte, il ne saurait y avoir de rencontre qu'à mi-chemin, dans un lieu inédit qui n'appartient ni à l'œuvre ni au lecteur, dans un espace-tiers aussi incertain qu'une frontière se dessinant et évoluant au fil de la lecture, de l'écriture. C'est sur cette ligne de partage que s'inscrit cette brève incursion dans l'univers cingrinien.

Charles-Albert Cingria a vécu de 1883 à 1954 ; il est né et est mort à Genève. Entre ces bornes existentielles se déploie l'aventure d'une vie vouée à l'écriture et au voyage. Son œuvre, ce vaste archipel de textes aussi divers que riches, nous laisse pressentir un élan irrésistible, un puissant mouvement à travers l'espace. À force de parcourir cet œuvre, à force de s'y perdre et de s'y retrouver, une série d'itinéraires apparaît, un réseau de routes se dessine, une constellation de lieux se forme, et puis surtout, on se familiarise avec un personnage, un promeneur insatiable, d'une curiosité et d'un enthousiasme sans limites. Toute sa vie, Cingria s'est promené, si bien que l'on peut lire son œuvre à la manière d'une carte topographique : au centre, la Suisse, et plus particulièrement le bassin lémanique, puis l'Italie, contrée des premiers voyages, l'Espagne, l'Afrique du Nord, et bien sûr, la France, où Cingria a vécu une bonne partie de sa vie, notamment à Paris et à Aix-en-Provence. Mais où qu'il soit, le poète ne demeure jamais fixe : la Suisse ou la France ne sont pas des lieux de résidence, mais bien des territoires à explorer inlassablement. À l'origine de cette exploration incessante, il semble y avoir, tout comme chez Blaise Cendrars[1], cette injonction : partir ! Dans *Le canal exutoire*, Cingria écrit ceci :

> Se promener c'est partir, seul ou en compagnie, sans s'apercevoir, dans le fond, que l'on part. On passe ainsi d'une plaine à une rivière. On marche très lentement. On achète des petites choses, on parle, on consomme. On franchit ensuite cette rivière. L'on s'assoit sur l'autre rive. […] on continue et, de cette même façon, on va toujours[2].

La promenade cingrinienne, qu'elle se fasse à pied ou à vélo (en « cycle », pour reprendre l'expression favorite du poète), est un mode d'exploration du monde, une manière d'aller à la rencontre des choses et des gens, une façon de prendre contact avec l'espace, mais également avec soi-même. C'est un acte de liberté, s'il en est, qui suggère une ouverture et une disponibilité immense à l'égard de la vie. Mais, cette manière de pratiquer un lieu — cette marche au long cours, cette démarche souple et imprévisible —, c'est aussi, et avant tout aux yeux du lecteur, une manière d'écrire, de raconter le lieu. De la promenade à son récit, de l'univers sensoriel à l'univers symbolique, de la route à la phrase, ce n'est pas seulement un processus de représentation qui est à l'œuvre, c'est le même mouvement d'exploration qui se prolonge par la voie de la langue et à travers l'imaginaire et la mémoire. Chez Cingria, l'écriture ne mime pas la marche : elle la poursuit par d'autres voies et vers d'autres horizons. L'écriture donne bien à lire un trajet et un lieu, mais un trajet réaménagé au fil de la syntaxe et de la ponctuation, un lieu transfiguré par l'érudition et l'imagination. Plus encore, l'écriture permet de penser le lieu pratiqué dans sa dimension temporelle. Afin de rendre sensible cette double pratique de l'espace, à la fois déambulatoire et scripturaire, je me propose d'explorer un récit de Cingria, exemplaire à bien des égards, intitulé « Impressions d'un passant à Lausanne » (publié en

---

[1] On se rappellera le fameux poème de Cendrars, intitulé « Quand tu aimes il faut partir ». Chez ces deux poètes, cette injonction me semble liée à un « idéal ascétique », où la liberté et une certaine forme de dénuement priment avant toute chose. Dans le cas de Cingria, voir : *Le canal exutoire* ; et dans celui de Cendrars, voir : *Blaise Cendrars* (Miriam Cendrars).
[2] Charles-Albert Cingria, *Le canal exutoire* [1931], dans *Œuvres complètes tome II*, Lausanne, L'Âge d'Homme, 1969, p. 101.

1932). Ici, il ne s'agit pas de suivre le poète pas à pas, mais de s'arrêter en différents points du texte et d'examiner quelques traces en détail afin d'éclairer une dynamique d'écriture : une manière d'écrire qui est aussi une manière de marcher.

Distante d'environ soixante kilomètres de Genève, Lausanne est une ville que Cingria connaît bien, et cela depuis l'enfance. On peut supposer qu'il fait partie de ces Genevois dont il parle, qui dans leur jeunesse, ont fait à vélo le trajet Genève-Lausanne, et qui ont goûté le dépaysement, la différence en mordant à pleines dents dans un petit pain lausannais. D'une manière générale, les aires de déambulation préférées du poète, tel que le Valais, la Savoie, la Loire et en l'occurrence le pays de Vaud, sont pour lui des territoires familiers. Si la proximité culturelle et géographique contribue à cette familiarité entre le promeneur et ces lieux, c'est davantage par une pratique directe — la marche — que s'établit une connaissance du terrain, et par une pratique indirecte — la lecture — que se construit une histoire, un imaginaire du site. Comme nous le verrons, Cingria est un promeneur informé, il n'a rien d'un touriste, il serait plutôt un guide, un initié de connivence avec le lieu pratiqué. Cependant, bien que Lausanne soit familière au poète, elle n'en demeure pas moins mystérieuse, énigmatique. D'ailleurs cet « air mystérieux » correspond à l'impression qui ouvre la marche du passant : « Il y a quelques villes, sur la mappemonde, qui incarnent par excellence le mystère. [...] Marseille, par exemple, ou Saigon. Et peut-être bien aussi Lausanne, ville terriblement mystérieuse[3] ».

Un peu plus loin, Cingria précise en quoi consiste ce mystère de Lausanne. Nous le citerons ici afin de rendre sensible le mouvement, le déploiement de la phrase cingrinienne :

> À l'œil nu, il n'y paraît rien, comme à Marseille et à Saigon [...]. Pourtant c'est inconcevable. Ni de la légèreté avec laquelle s'opère une disparition (la vôtre n'est pas nécessaire) ; ni ce que c'est, ni comment cela s'étage, ni comment, par miracle, cela tient, et sur quelle base. Surtout cela. On se demande où est le point de départ[4].

Le mystère de Lausanne concerne sa base, c'est-à-dire à la fois ses origines (ce qui lui a donné lieu) et ses diverses structures (ce qui la maintient en place). Pour Cingria, non seulement Lausanne, mais toute ville est régie par des principes furtifs et insaisissables, car pour lui « une ville a

---

[3] Charles-Albert Cingria, *Impressions d'un passant à Lausanne* [1932], dans *Œuvres complètes tome III*, Lausanne, L'Âge d'Homme, 1969, p. 11.
[4] *Ibid.*

une multitude de choses dont rien ne produit l'équivalent dans ce qui est pensé ou dans ce qui est vu[5] ». Ce caractère énigmatique de la cité vaudoise est intimement lié à la vision organique et au point de vue diachronique propres au poète : Cingria considère Lausanne comme un « individu », « un être humain[6] » évoluant à travers l'espace et le temps. Dès lors la ville apparaît comme un corps historique en perpétuelle métamorphose ; la ville et son habitacle, notion chère à Cingria, et qui renvoie à « l'ontogénèse » d'un lieu, représentent la somme impondérable d'une longue addition, comme en témoignent ces paroles du passant :

> Parlons de la ville et de ses races et de ses maisons et de ses rivières, qui ont fait un immense vallonnement bien humain, avec des lumières, des feux, par la patience des fenêtres, et des êtres qui se sont huchés là, se continuant, dans une politesse, un effort d'âme, beaucoup de gentillesse entre eux et des soins […]. Je ne sais pas comment je dis cela. J'ai trop d'amour[7].

Ce passage, qui en lui-même n'est qu'une longue addition, traduit la dimension inénarrable du lieu pratiqué par une saisie de détails, une énumération d'images qui débouche non pas sur une vue globale et totalisante — sur un panorama — de la ville, mais sur l'aveu même de son indicible : la ville est un résultat qu'on ne peut calculer, l'écriture ne peut en retracer l'équation, seulement l'évidence de son mystère. D'ailleurs, Cingria n'écrit-il pas que Lausanne est une ville « où l'on devrait se promener, paraître, disparaître : ne jamais écrire [car] ce que l'on y éprouve échappe à la concision littéraire[8] » ? Cependant, au lieu de garder le silence, comme il le conseille lui-même, le poète décide de rivaliser avec l'ineffable en tournant le dos précisément à la « concision littéraire », en adoptant, comme nous le verrons, une écriture digressive, qui se ramifie, s'accumule et s'emporte sans cesse.

Cette conception particulière de la ville, avancée en début de parcours par Cingria me semble capitale, d'une part, si l'on veut approfondir les rapports entre déambulation et écriture, et de l'autre, si l'on veut saisir cette écriture si typique de l'œuvre cingrinienne, à savoir la citation de documents historiques, ou d'une manière plus générale, le recours à l'histoire. La charge historique des textes de Cingria, qui traitent de lieux

---

[5] *Ibid.*, p. 12.
[6] Cingria le dit ainsi : « j'ai le droit alors de considérer Lausanne comme on considère un individu, un être humain en dehors de sa race, sous le seul rapport cosmique, dans sa parenté avec d'autres villes… » *Ibid.*, p. 14.
[7] *Ibid.*, p. 15.
[8] *Ibid.*, p. 14.

spécifiques, peut difficilement s'expliquer si l'on ne prend pas en compte le point de vue diachronique du poète qui envisage *naturellement* une ville ou un village comme un résultat historique. À propos de ces premières pages d'*Impressions d'un passant à Lausanne*, on pourrait les considérer comme une sorte de préambule, de préparatifs à la marche. Mais le lecteur averti le sait, le sent bien : Cingria est déjà parti, il est déjà en route.

Toutefois, c'est par ces deux mots : « maintenant, assez[9] » et par une description de l'univers physique qui l'entoure que le narrateur-promeneur fait véritablement son entrée dans le récit. C'est à partir de ce point précis du texte que se met en place une poétique déambulatoire, c'est-à-dire une fiction (un récit) de la marche qui est articulée et propulsée, d'une part, à l'aide d'une série d'indicateurs, de déictiques spatiaux (ex. « à gauche », « à droite », « je suis là ») localisant le sujet dans l'univers référentiel, et de l'autre, par un défilement de descriptions sensorielles qui traduisent non seulement une présence dans le lieu, mais aussi une traversée de l'espace. De plus, c'est dans ce même passage que le promeneur nous fait part de son projet et de son itinéraire : « C'est le sentier qui va me conduire à l'embouchure du Flon — flumen : fleuve par excellence — que je me propose de remonter, à travers un bout de campagne et toute la ville basse, jusqu'à ses sources[10]. »

Itinéraire pour le moins inusité, mais combien révélateur pour le lecteur initié à l'œuvre de Cingria, où les cours d'eau, les lacs, les sources, les embarcations, bref, où tout ce qui touche au monde aquatique occupe une place prépondérante. C'est donc une rivière dont le cours s'est fait souterrain que le promeneur veut remonter à contre-courant, muni d'un bâton à l'instar d'un sourcier à l'affût de l'eau. Cette comparaison est loin d'être gratuite : sourcier, Cingria l'a été à bien des égards, lui qui était fasciné par l'Antiquité et par le haut Moyen-Age, lui qui a consacré une partie de son temps à déchiffrer les écritures anciennes, et une grande partie de son œuvre à la reviviscence de personnages historiques, comme Pétrarque et la Reine Berthe. Pour cet écrivain érudit, la surface des choses — l'actuel — cache une réalité riche en secrets et en enseignements qu'il faut sonder, et peut-être restituer à l'aide de cet autre bâton du poète : sa plume. Outre celle du sourcier, une autre figure se dessine dans ce passage, celle du navigateur. En effet, la promenade à travers Lau-

---

[9] *Ibid.*, p. 16. La transition se manifeste aussi graphiquement par une série de points venant segmenter le corps du texte.
[10] *Ibid.*, p. 17.

sanne s'apparente à une navigation pédestre dont le but avoué est d'atteindre la source du Flon. Navigation qui tourne dès les premiers pas à la dérive, aussi bien spatiale que poétique :

> Ah ! mais j'aurais dû commencer par Ouchy, ce lieu sérieux. [...] C'est là que sont les belles machines : cette tête à creuser la terre ; et puis des rails. Des wagons de marchandises arrivent d'aussi loin qu'ils peuvent au milieu des mortels. Cinq ou six bateaux à vapeur en cale sèche, huchés les uns sur les autres comme des pains de canaris, poreux sur le ciel bleu, attendent.[11]

En tant que lecteur, il est impossible de vérifier si ce détour par Ouchy constitue une réelle déviation par rapport à l'itinéraire de départ : le « j'aurais dû commencer » le laisse seulement sous-entendre. Quoi qu'il en soit, la dérive, ce mouvement de laisser-aller par lequel le promeneur-poète se laisse porter et emporter, ne se situe pas tant au niveau de la trajectoire — du trajet à travers l'espace — qu'au niveau même de la démarche déambulatoire, et par extension, scripturaire. Autrement dit, la dérive ne renvoie pas à un écart de conduite, à une entorse au parcours établi ; le promeneur peut très bien dériver au long d'un tracé rectiligne, cela ne le contraint ni ne l'empêche en rien. Cette dérive concerne plutôt une dynamique, une façon de *faire* qui est aussi une façon *d'être*, qui se joue en premier lieu sur le plan de la marche, ensuite sur le plan de l'écriture.

En introduction, nous avons cité un extrait du *Canal exutoire*, où Cingria définit l'action de se promener en mettant l'accent sur sa lenteur et sur son caractère continu et incessant. À notre tour, nous avons avancé l'idée de disponibilité, c'est-à-dire d'un état où le sujet se laisserait emporter par le flux sensoriel qui le traverse, flux de stimuli qui serait sans cesse ravivé par l'action même de marcher. Évidemment, ces quelques traits n'épuisent pas le phénomène de dérive qui caractérise la promenade cingrinienne : ils n'ont ici qu'une valeur de pistes. Ce qui est certain, c'est qu'au fil du parcours, que Cingria suit sans trop dévier, se multiplient les haltes : chapelle, usine, café, auberge, bistrot, etc. Le passant a tout son temps, toute sa journée pour remonter le Flon, rien ne le presse. Tout au long de cette lente dérive, ponctuée d'arrêts dictés par la faim ou par la simple curiosité, se construit, comme le titre même du texte l'annonce, une mosaïque faite d'impressions diverses, où Lausanne est saisie à travers l'expérience des sens, plus particulièrement par l'odorat et la vue du passant. Cette dérive sensorielle, bien qu'elle soit en partie re-

---

[11] *Ibid.*, p. 18.

produite par l'écriture, n'appartient qu'à la marche ; on peut toujours la sonder à travers le texte, mais une telle entreprise a ses limites. Aussi nous semble-t-il plus fécond d'envisager le phénomène de la dérive sur le plan même de la dynamique textuelle.

Les extraits cités précédemment nous donnent déjà un aperçu de cette dynamique d'écriture. La phrase cingrinienne s'emporte, accumule les détails, donne à lire des pans, des fragments de paysage au profit non pas d'une reconstitution d'ensemble, mais bien d'un dépaysement. Cingria écrit à la manière d'un peintre, en capturant ici et là quelques traits significatifs, en esquissant quelques portraits, en mettant l'accent sur un ton particulier, sur un contraste ; et cela semble-t-il, dans le souci de rendre sensible le mystère de Lausanne, son charme. Mais, en plus de cet aspect qui se rapporte au style même de l'écrivain, la dérive poétique s'observe dans ces nombreux passages, qui sont autant d'échanges — de transactions — entre le passé et le présent ; passages pratiqués à la faveur de souvenirs et d'associations libres d'idées. Le passage « transhistorique » le plus frappant et le plus déroutant d'*Impressions d'un passant à Lausanne* s'effectue alors que Cingria examine de près une petite chapelle de sa connaissance, comme l'attestent ces propos :

> L'édifice, avant la Réforme, était dédié à saint Lazare, frère de Marthe et de Marie, ressuscité par Jésus. La léproserie, appelée *la maladière*, existait avant 1228. […] Il paraît qu'on trouve ici, si on creuse, des murs romains. […] [D]ans cette chapelle […], Jean-Daniel-Abraham Davel (1670-1723) reçut les secours d'une religion que son patriotisme n'incluait pas forcément[12].

Histoire biblique, Antiquité, haut Moyen-âge et XVIIIe siècle, tout cela en quelques lignes qui ne constituent qu'une amorce, qu'un avant-goût d'une digression à teneur historique se déployant sur près de dix pages ! Dans ce tronçon de texte, Cingria retrace, avec documents historiques à l'appui, les derniers jours de la vie héroïque de Davel, et cela, non sans faire quelques détours : Jeanne d'Arc, Charles VII, Hansli Cudrefin, etc. Mais, bien qu'il ait recours à l'histoire écrite, Cingria est loin de la traiter en historien : il développe plutôt ce que Jacques Chessex nomme une poétique de l'histoire[13]. Cingria se méfie de l'histoire scientifique, car pour lui, l'histoire est chose vivante, elle est perceptible dans une jambe en mouvement ou dans le son d'une voix, c'est pourquoi il se fait un dé-

---

[12] *Ibid.*, p. 22.
[13] Voir : Jacques Chessex, *Charles-Albert Cingria*, Paris, Pierre Seghers, coll. « Poètes d'aujourd'hui », 1967, p. 48-55.

voir de la rendre dynamique, ou comme il le dit lui-même : « excitante[14] ». Par ailleurs, cette embardée historique, bien qu'elle se présente comme une digression, n'accomplit pas une rupture totale : elle permet plutôt d'explorer le lieu autrement, par d'autres voies. Car le lecteur le comprend, lorsque Cingria nous parle de Davel, il est toujours en train de nous parler de cette petite chapelle. Ainsi, de cette dérive à travers le temps et au fil de l'écriture, jaillit un lieu, un « site anobli par un passé puissamment présent, grandi par le mythe, la légende et la foi[15] ». De plus, cette dérive historico-poétique contribue à un certain vertige, à une perte de repères, comme le signalent ces paroles du poète, une fois l'embardée terminée : « Ah ! mais où suis-je ? Eh ! sur la route. Mille oiseaux chantent. L'herbe sent la vie et le travail fougueux de tous les germes[16]. »

Cette question « où suis-je », le lecteur peut à bon droit la faire sienne, en y ajoutant celle-ci : comment m'a-t-il mené jusque-là ? Ce court extrait, c'est aussi le génie de Cingria, cette subtilité d'allier l'écriture à la promenade, d'aménager un pont entre l'univers de l'écrit, celui des archives, et l'univers de la marche, celui des sens. De ces passages, de ces passerelles vers l'histoire, on en retrouve plusieurs sur le chemin du passant ; tantôt elles conduisent à l'histoire officielle ou littéraire, c'est ainsi que, parlant de l'activité sportive de Lausanne, Cingria passe aux écrits de Pétrarque ; tantôt elles nous font pénétrer dans la trame des coutumes et des habitudes lausannaises, c'est ainsi que, se promenant seul près du lac, Cingria décrit la foule du dimanche ; et parfois elles mènent au cœur du souvenir, c'est ainsi que, croisant l'ancienne maison de Diaghilew, Cingria se rappelle les jours anciens. L'écriture cingrinienne est une forme de dérive par excellence, car même lorsque le promeneur a atteint la source du Flon — but de sa promenade —, le poète, lui, continue la sienne sur près de quinze pages, où se multiplient les anecdotes, les informations liées à Lausanne et à d'autres villes suisses, les références littéraires, et tous ces propos qui sont inclassables, et qui doivent le rester. Cependant, il est vrai qu'il se trace entre ces lignes un subtil parcours menant au bistrot de la gare, où, après une journée de marche et quelques soixante-trois pages de texte, le promeneur-poète s'interroge : « Que dire de plus ? Rien. Je suis dans un buffet de gare de

---

[14] Charles-Albert Cingria, *op. cit.*, p. 12.
[15] Jacques Chessex, *op. cit.*, p. 46.
[16] Charles-Albert Cingria, *op. cit.*, p. 32.

notre planète, bonne boule, et rien ne m'oblige à rester. Je ne pars pas, c'est dire je ne prends pas le train[17]. »

Une fois de plus, on peut constater à quel point l'écriture — le « dire » — est liée à la marche, et que ces deux pratiques participent d'un même mouvement d'exploration. D'ailleurs, à ce sujet, l'on sait que Cingria, tout en se promenant à travers Lausanne, « commet des notes[18] » qu'il écrit sur place. Chez ce poète, la promenade et l'écriture sont deux modes de dérive qui, combinés, donnent lieu au texte, à un itinéraire inédit dont le cours est alimenté par de multiples sources. Le Lausanne du passant n'est un lieu accessible que par la lecture, n'existant qu'à l'intérieur des limites du texte ; un lieu d'une épaisseur historique formidable, où l'on peut croiser, sur le même chemin, le facteur du coin, Davel et Pétrarque. Au fond, et ultimement, *Impressions d'un passant à Lausanne* constitue un extraordinaire témoignage qui raconte la complexité inouïe des rapports de l'homme à l'espace, des liens souvent mystérieux qui nous unissent au monde, de cet immense dialogue qui se tient entre nous et le lieu dans lequel et à travers lequel nous évoluons.

Bibliographie

CENDRARS, Miriam, *Blaise Cendrars*, Paris, Balland, coll. « Points biographie », 1984.

CHESSEX, Jacques, *Charles-Albert Cingria*, Paris, Pierre Seghers, coll. « Poètes d'aujourd'hui », 1967.

CINGRIA, Charles-Albert, *Œuvres complètes, tome II*, Lausanne, L'Âge d'Homme, 1969.

_____, *Œuvres complètes, tome III*, Lausanne, L'Âge d'Homme, 1969.

---

[17] *Ibid.*, p. 63.
[18] *Ibid.*, p. 55.

Philippe Jaccottet ou l'expérience de la promenade

Jérémie Leduc-Leblanc
Université McGill

On a souvent dit des grands poètes, ceux du moins pour qui l'espace s'envisage d'abord comme lieu de réflexion et de contemplation, qu'ils marchaient pour écrire et qu'ils écrivaient pour marcher, guettant au fil de leurs pérégrinations quotidiennes les ouvertures du monde et les fissures du réel. Dans l'œuvre de Philippe Jaccottet, cette nécessité particulière d'accorder le mouvement du corps au mouvement de l'écriture trouve une résonance bien singulière s'exprimant à travers le mouvement même de la promenade. Non seulement parce que la promenade est pour lui l'occasion de trouver dans le monde et dans l'écriture « un asile contre le monde[1] » et les hommes, en faisant de toute parole un chemin, et de l'espace un lieu d'habitation, mais aussi parce que cet accord entre la marche et l'écriture lui permet d'éprouver le monde comme ancrage et comme lieu de déploiement, d'éprouver le monde comme forme. « Marchant dans l'herbe, le sous-bois, les rues d'un village de pierres du pays qu'il a choisi, [a]llant par phrases concises, effilées, exactement et merveilleusement ajustées, [m]aîtrisant le mot et l'image[2] », il avance ainsi dans les brèches du langage et du temps avec le sentiment que tout chemin est un chemin de vie, menant avant tout à soi et en soi.

C'est donc à cette idée de promenade, entendue à la fois comme démarche et comme espace scripturaire, que nous voudrions ici nous intéresser. Car si la promenade renvoie à une manière de « vivre par [le] corps[3] », relevant dès lors d'une pratique subjective par laquelle un être se met en scène dans le monde, elle est aussi un lieu d'expression traduisant l'effort d'un sujet, ici Philippe Jaccottet, pour rendre « lisible » son

---

[1] Philippe Jaccottet, *Paysages avec figures absentes*, Paris, Gallimard, 1993, p. 9. Désormais, toutes les références à ce texte seront indiquées entre parenthèses suite à la citation, précédées de la mention *PFA*.
[2] Jacques Dupin, « En relisant la semaison », Patrick Née et Jérôme Thélot (dir.), *Philippe Jaccottet*, Cognac, Le temps qu'il fait, cahier quatorze, 2001, p. 23.
[3] David Le Breton, *Éloge de la marche*, Paris, Métailié, coll. « Essais », 2000, p. 11.

expérience du visible et de la marche. On pourrait dire alors, suivant en cela les propos d'Alain Montandon, que « se promener, écrire, lire s'enchaînent au point que la véritable promenade réside dans l'écriture de la promenade, et peut-être même dans l'invention de la promenade[4] ». Invention qui implique un certain travail de la langue, tributaire à la fois de la sensibilité de l'auteur à l'égard du monde extérieur, de son étonnement face à la nature, mais aussi de sa volonté de tracer des frontières, d'établir des espaces de sens. D'autant plus que ces promenades, vécues par Jaccottet comme « un mouvement aisé dans l'immense[5] », sont une autre manière de raconter le monde et de se raconter lui-même, de s'inventer une histoire au rythme des saisons et des années.

Une problématique de l'entre-deux

Philippe Jaccottet n'a cessé au cours des années d'en revenir aux mêmes paysages, aux mêmes vergers comme aux mêmes fleurs, comptant en cela au nombre des grands déambulateurs de notre époque. Lorsqu'on regarde plus attentivement ses « promenades » — que l'on pourrait qualifier de textes-promenades — , force est d'observer qu'elles adoptent toutes, à peu de choses près, la même structure. C'est que la promenade désigne pour lui une façon d'habiter la poésie, tant sur le plan physique que symbolique, de déterminer — littéralement — une « façon de voir et de dire ce qu'[il] a vu[6] », une façon d'être au monde et d'aménager des passages vers l'invisible. En ce sens, elle ne renvoie pas seulement à une « forme », elle ne relève pas seulement de critères esthétiques, mais correspond à une véritable éthique de « l'entre-deux », où un sujet ne s'invente et ne se dévoile que dans cette tension entre apparition et disparition, présence et absence, immobilité et mouvement. La promenade n'est donc pas tant l'occasion, pour Jaccottet, de se laisser aller à quelque rêverie solitaire ou à quelque dérive du corps et de l'esprit, que l'occasion d'être attentif aux multiples ouvertures du monde sensible en se maintenant toujours, selon son expression, « entre deux royaumes » (*S*, p. 101), entre les deux pôles du réel, qui sont pour lui le visible et l'invisible.

---

[4] Alain Montandon, *Sociopoétique de la promenade*, Clermont-Ferrand, Presses universitaires Blaise Pascal, coll. « Littératures », 2000, p. 101.
[5] Philippe Jaccottet, *La semaison. Carnets 1954-1979*, Paris, Gallimard, 1994, p. 20. Désormais, toutes les références à ce texte seront indiquées entre parenthèses suite à la citation, précédées de la mention *S*.
[6] Jean Onimus, *Philippe Jaccottet : une poétique de l'insaisissable*, Seyssel (Fr.), Champ vallon, coll. « Champ poétique », 1982, p. 11.

C'est donc dire que la promenade, comme forme et comme éthique de l'entre-deux, repose sur une double expérience du réel, situant le sujet au carrefour de deux *états*, de deux *conditions*, de deux *manières* d'être au monde. Marcher et écrire consisteraient d'ailleurs, pour Jaccottet, à avancer comme si l'on se promenait dans une sorte de couloir ou, pour reprendre ses mots, « le long d'une galerie aérée, entre le secret et l'aveu, entre la retraite et l'envol, tenant dans une main tout l'espace, dans l'autre le foyer[7] ». De fait, pour banale que puisse paraître cette affirmation, elle rend bien compte de la posture du promeneur qui tente — tant bien que mal — d'éprouver le monde dans cette proximité du mouvement et du réel. Plus encore, conscient de cette dualité fondamentale de la promenade, Jaccottet décrit le marcheur comme étant « quelqu'un qui s'éloigne sans aller nulle part » (S, p. 187) ou, autrement dit, qui avance en restant toujours au même endroit : embrassant tout l'espace sans pourtant quitter de vue son foyer. Dans le même ordre d'idée, Jean Grenier note que la promenade relève d'une *conduite* de la marche qui doit « refléter une détente du corps et de l'esprit, mais jusqu'à un certain point. C'est [parce] qu'on ne va pas *ailleurs*, mais aussi qu'on ne reste pas *chez soi*.[8] » S'opposant à première vue, ces deux définitions se recoupent pourtant étrangement l'une et l'autre, car si le marcheur *s'éloigne* de chez lui, il ne va effectivement pas *ailleurs*, sinon dans un espace balisé par l'expérience quotidienne, et s'il ne va *nulle part*, il ne reste pas pour autant *chez lui*. Cette définition de la promenade, où le poète marche sans marcher comme il avance sans aller nulle part, révèle l'essence même d'une démarche fondée sur une expérience qui serait l'expérience d'un territoire inconnu entre le monde et soi, qui serait celui de l'entre-deux.

Plus concrètement, l'expérience de la promenade consiste à définir une certaine géographie de l'espace scripturaire et imaginaire, tout en faisant du texte-promenade une démarche transitoire, voire transitive. La logique de l'entre-deux, prévalant chez Jaccottet, renvoie dès lors à une certaine mise en scène, une certaine théâtralisation du corps — et de l'écriture — dans l'espace. Pris entre deux mondes, entre un monde visible et un monde invisible, Jaccottet s'éprouve ainsi dans l'acte même d'accorder sa pensée et ses pas au rythme de son écriture : entre ce qu'il

---

[7] Philippe Jaccottet, *Observations et autres notes anciennes*, Paris, Gallimard, 1998, p. 128-129. Désormais, toutes les références à ce texte seront indiquées entre parenthèses suite à la citation, précédées de la mention *OANA*.
[8] Jean Grenier, « La promenade : Étude phénoménologique », *La Nouvelle Revue Française*, XXIV, 1964, p. 819.

est et ce qu'il vit, ce qu'il voit et ce qu'il entend. Autrement dit, l'entre-deux désigne d'abord chez Jaccottet une *pratique* subjective qui en appelle à l'intelligence visuelle et, ensuite, une *posture* symbolique qui en appelle à l'intelligence auditive. Dans un premier temps, la promenade consiste donc « à dégager les conditions générales qui rendent possible un monde[9] » pour autrui et pour soi, à rendre visible l'expérience. Dans un second temps, elle consiste à révéler l'existence des choses enfouies sous l'opacité de la vie quotidienne — des choses invisibles — en ménageant dans les textes des aires de repos et d'ouverture, des aires d'entendement et d'écoute.

Le rapport du visible et de l'invisible, dans les textes-promenades de Jaccottet, c'est finalement le rapport à « l'horizon[10] », au sens où l'entend Michel Collot, c'est-à-dire à l'organisation de la pensée et des sens, à l'articulation de l'être dans le monde. Emprunté à la phénoménologie, le terme d'*horizon* détermine un *ensemble* textuel « intégrant le sujet et les objets présents et absents[11] » à la conscience, comme dans les textes-promenades, et qui témoigne d'un usage spatial du langage et d'une relation sensible au monde. Mais surtout, ce rapport du visible et de l'invisible révèle un être lié au monde par l'écriture et par le corps, par les sens de la vue et de l'ouïe, lié à l'espace et à son propre foyer, partout et nulle part à la fois. Merleau-Ponty rappelle, en ce sens, qu'être corps « c'est être noué à un certain monde [et que] notre corps n'est pas d'abord dans l'espace : il est à l'espace[12]. » Et c'est précisément ce que mettent en relief les textes-promenades, dans la mesure où l'être ne devient *présence* que dans cette tension entre ce qui est et ce qui n'est pas, dans l'immédiateté d'une expérience qui se vit toujours au présent, à son état naissant. Ainsi, et au-delà de l'expérience physique qu'elles suggèrent, les promenades demeurent une construction imaginaire, le projet d'un être qui s'ouvre, par la marche, à l'infinité du savoir et du langage.

Les énigmes du réel

Loin d'être un simple moyen de transport, un simple thème littéraire, la promenade correspond à ce mouvement du corps et des sens par lesquels un être, un poète, un philosophe, renoue ses liens avec le monde.

---

[9] Maurice Merleau-Ponty, *Phénoménologie de la perception*, Paris, Gallimard, coll. « Tel », 1999, p. 75.
[10] Cf. Michel Collot, *La poésie moderne et la structure d'horizon*, Paris, PUF, coll. « Écritures », 1989.
[11] *Ibid.*, p. 212.
[12] Maurice Merleau-Ponty, *op. cit.*, p. 173.

Or, pour Jaccottet, ce n'est pas tant l'idée de « mouvement » qui importe, mais l'idée que la promenade est en elle-même une manière de forcer l'accès au visible. Selon lui, ce ne sont d'ailleurs pas les jambes, mais « notre œil [qui] trouve dans le monde sa raison d'être[13] ». Car si le monde est fait pour être parcouru, arpenté, piétiné, il est surtout fait pour être traversé du regard, mesuré et sondé par l'œil. On pourrait même affirmer que ce qui assure la cohésion des textes-promenades de Jaccottet, ce sont les multiples objets — oiseaux, arbres ou fleurs — qui offrent à l'œil des points d'ancrage, des espaces de signification et non, contrairement à ce que l'on aurait pu penser, les indications de mouvement, qui demeurent plutôt rares. En cela, si ce dernier a souvent l'impression de se faire « serviteur du visible » (*PFA*, p. 181), déchiffreur et défricheur des énigmes du réel, c'est dans la mesure où se promener ne consiste pas seulement à creuser des sillons dans la terre, mais à célébrer la vie par le regard, à marquer son attachement pour la terre. Il ajoute même :

> L'œil :
>
> une source qui abonde
>
> [...]
>
> Mais d'où venue ?
>
> De plus loin que le plus loin
>
> de plus bas que le plus bas[14]

Cette interrogation de Jaccottet demeure fondamentale. Conscient que c'est par le regard que l'on s'expose véritablement au monde, il fait du visible une sorte de ravissement, au sens presque religieux du terme, dans cette sorte de creusement de l'être et du monde qui confine à l'élévation morale et d'où jaillit une nouvelle connaissance du monde et de soi. Pour lui, l'œil est la source de toute vie, il est même à l'origine de toute parole.

De ce fait, la promenade est l'occasion pour Jaccottet de s'exprimer non pas dans la jubilation de marcher mais dans la jubilation de voir. Mais qu'il nous dise qu'il a traversé tel pré, tel verger, telle combe ou telle clairière n'a guère d'importance. Porté dès lors « par cet air frais,

---

[13] Philippe Jaccottet, *La promenade sous les arbres*, Paris/Lausanne, La bibliothèque des arts, coll. « Pergamine », 1996, p. 80.
[14] *Idem*, *Poésie 1946-1967*, Paris, Gallimard, coll. « Poésie », 1998, p. 113. Désormais, toutes les références à ce texte seront indiquées entre parenthèses suite à la citation, précédées de la mention *P*.

laissant tomber tout le sec et le mort qui, peu à peu, prépare la résurrection[15] » de l'être, le regard erre et voyage dans ces lieux forgés par l'habitude et les routines quotidiennes, tachant de repérer au passage quelque foyer — quelque enclos — où s'arrêter. Car c'est en arrêtant son regard sur les objets du monde, les traits du paysage, au hasard des promenades et des rencontres, en passant, que le poète accède au visible. C'est en fixant l'instant présent qu'il accède, paradoxalement, à l'éternité.

> Ces choses, herbes et fleurs, ces coloris, cette foule entr'aperçus par hasard *en passant*, au milieu d'un vague et vaste ensemble,
>
> [...]
>
> pré de mai dans mes *yeux*, fleurs dans un *regard* rencontrant une pensée,
>
> [...]
>
> herbes, coquelicots, terre, bleuets, et ces pas entre des milliers de pas, ce jour entre des milliers de jours (*PFA*, p. 85, je souligne).

Ainsi le poète, guidé par son œil, voit-il le monde *en passant*, et le célèbre-t-il *en passant* alors que les pas, eux, se perdent parmi les pas et les jours qui se comptent par milliers. Le regard « en retrait, le regard latéral, en réserve d'interpellation[16] », le promeneur avance, marchant sans presque marcher, comme il regarde sans regarder, sans fixer trop longtemps l'horizon devant lui. Comme s'il ne fallait pas regarder les choses en face, de peur qu'elles ne se dérobent ou se perdent parmi les pas et les jours.

> On voit ces choses en passant
>
> (même si la main tremble un peu,
>
> si le cœur boite),
>
> et d'autres sous le même ciel :
>
> les courges rutilantes au jardin,
>
> qui sont comme les œufs du soleil,

---

[15] *Idem*, *La seconde semaison. Carnets 1980-1994*, Paris, Gallimard, 1996, p. 138. Désormais, toutes les références à ce texte seront indiquées entre parenthèses suite à la citation, précédées de la mention *SS*.
[16] Daniel Klébaner, *Poétique de la dérive*, Paris, Gallimard, coll. « Le chemin », 1978, p. 14.

les fleurs couleur de vieillesse, violette[17].

Par le regard, le poète ne souligne pas seulement son attachement pour la terre, il marque, affirme et clame son désir même de possession. La chose vue est une chose saisie, une chose envisagée par la conscience. Il n'est donc pas étonnant de constater chez Jaccottet que l'œil suscite toute une série de métaphores d'ordre alimentaire, reposant sur la dichotomie dévorer/être dévoré, saisir/être saisi. Autant de métaphores renvoyant à la terre, à l'espace, et qui constituent ce qu'il nomme avec élégance « le pain des yeux » (S, p. 209). Aussi est-ce en s'emplissant le regard de terre — ou en se remplissant le ventre — que Jaccottet entrevoit l'éternité : comme ces « oiseaux nourris de vers [c]apables de voler à force d'avoir mangé de la terre » (S, p. 101). La terre n'est donc pas seulement une patrie, elle représente un idéal de rondeur, de plénitude :

> [...] Ô fruits
>
> mûrs, sources des chemins dorés, jardins de lierre,
>
> je ne parle qu'à toi, mon absente, ma terre… (P, p. 27)

Et plus loin, un autre fragment de poème :

> j'allais entrer dans l'herbe sans aucune peur,
>
> j'allais rendre grâce à la fraîcheur de la terre (P, p. 71)

On reconnaît ici deux mouvements à la promenade, celui d'une communication/communion où le poète s'exclame devant les fruits de la terre et celui d'une descente, correspondant au désir de dévorer et d'être dévoré.

> Marchant à flanc de coteau, suivant ces maigres chemins ou traces, sous les chênes, dans la chaleur, accédant à ces anciennes terrasses envahies d'herbes desséchés, je sens la pierre, *la terre* une fois de plus, indubitables, *je descends* les degrés de ce monument qui m'apparaît sur l'instant le plus beau qu'aucun monument [...] ; donnant une espèce de jouissance limpide, sans arrière-goût. (S, p. 145)

Force est ainsi d'observer, dans cette promenade, que se jouent à la fois un certain désir d'embrasser le monde, de le contempler dans toute sa plénitude, toute sa beauté et sa chaleur, « sans arrière-goût » précise même Jaccottet, et à la fois un certain désir d'y être incorporé. Ce que Jaccottet saisit au fil de ses promenades constitue, en quelque sorte, des « lieux de retournement » par lesquels se manifeste son désir de disparaître dans le monde, d'accéder à une sorte de repos, de paix qu'on ne

---

[17] Philippe Jaccottet, *À la lumière d'hiver*, Paris, Gallimard, coll. « Poésie », 1999, p. 112.

trouve finalement qu'au contact du monde et dans l'intimité même de la terre.

Du visible à l'invisible

Le visible constitue ainsi l'une des deux dimensions de la promenade, l'un des deux pôles permettant au poète de raviver ses relations avec la réalité. Mais « [d]u plus visible, il faut aller maintenant vers le moins en moins visible, écrit Jaccottet, qui est aussi le plus révélateur et le plus vrai » (*PFA*, p. 27), comme s'il s'agissait en fait de franchir un seuil, de « voir plus loin » que les arbres, les fleurs ou les ruisseaux. Il faut aller vers l'invisible, dans la logique de Jaccottet, s'ouvrir à une autre dimension du réel afin d'ouvrir le regard encore plus grand, de voir plus loin. Cette volonté de voir plus loin et de dépasser par l'ouïe les limites du regard en appelle à une certaine « voyance » qui n'est rien d'autre qu'une manière, selon Michel Deguy, de forcer — encore une fois — l'ouverture du monde « pour redécouvrir le chemin d'une ontologie fidèle au visible[18] ». Aussi, s'il est vrai que la marche en elle-même, comme le suggère d'ailleurs David Le Breton, « invente l'exotisme familier [et] dépayse le regard en le rendant sensible aux variations de détails[19] », on pourrait ajouter que, chez Jaccottet, elle dépayse l'ouïe. Plus encore, on pourrait même affirmer que c'est l'oreille qui dépayse le regard et qui, littéralement, donne à *voir* le monde, ouvrant même le visible à la vue. Car au contact du monde sonore, de cet autre monde dont il pressent l'existence au loin, mais qu'il ne voit pas, le sujet est confronté à un ailleurs qui modifie sa réalité, son sens des distances et la nature même des objets.

Prolongeant le mouvement du regard au-delà des limites mêmes du perceptible, l'ouïe garantirait donc le visible — dans la mesure où l'invisible se fait visible à travers l'ouïe —, entraînant le regard à sa suite, le dirigeant et l'orientant vers les différents points de l'espace. « De la même façon, écrit Jaccottet, ma pensée, ma *vue*, ma rêverie, plus que mes pas, furent entraînées sans cesse vers quelque chose d'évasif, plutôt *parole* que lueur, et qui m'est apparu quelquefois analogue à la poésie même » (*PFA*, p. 21, je souligne). Là où les pas ne font que tracer des chemins, creuser des sillons dans la terre, là où le regard n'avait d'abord perçu que des formes, des couleurs, traçant des lignes dans l'espace, l'ouïe rétablit finalement le sens du réel, ouvre l'être à la multitude, à

---

[18] Michel Deguy, « Le visible et l'invisible », *La Nouvelle Revue Française*, n° 138, 12ᵉ année, avril-juin 1964, p. 1063.
[19] David Le Breton, *op. cit.*, p. 94.

l'infini du savoir et du langage. Elle témoigne ainsi, à sa façon, « de la force, de la proximité, de la puissance du monde visible[20] », dans la mesure où elle perpétue en nous les sonorités du monde. Comme si les sons avaient le pouvoir de s'installer plus profondément en soi, plus durablement, contrairement aux images qui demeurent au dehors. Dans un texte-promenade qui résume bien son travail poétique, Jaccottet écrit :

> On marche, on se rapproche, on s'arrête. Personne toujours. [...] Alors, il apparaît qu'il n'est pas un de ces roseaux qui ne bouge. Un *chuchotement* rapide passe de l'un à l'autre, un peu plus haut que le sol ; au-dessus, des *cris* épars d'oiseaux que l'on devine, que l'on perd de vue. Entre le ciel et ses reflets. Rien que l'espace, presque immobile, et au milieu ce *murmure*, éternel (*PFA*, p. 91, je souligne.)

Dans ce fragment de promenade, on peut voir plus clairement cette distinction entre contact et ouverture, entre regard et parole — murmure ou chuchotement qui sollicitent l'ouïe — où ce qui *apparaît* est de l'ordre de la rencontre, alors que les *chuchotements*, les *cris* d'oiseaux demeurent devinés, lointains, marquant une certaine ouverture sur l'invisible. C'est donc dire ici, dans la description de la promenade, que « l'invention est moins importante que l'écoute[21] », que son seul espace demeure ce centre immobile à partir duquel l'être commence à « voir », à concevoir le monde comme unité et harmonie. On pourrait même dire, à la suite de Claudel, non pas que « l'œil écoute », mais que « l'oreille voit », qu'elle témoigne du cheminement éthique de l'être qui ne craint pas d'aller « à la rencontre du vide[22] » d'où surgit ce murmure éternel de la poésie.

Or si l'œil ne parvient pas à transpercer les murs du visible, tant il se laisse distraire par lui, et que seule l'oreille arrive à nous faire entendre ce que le regard est incapable de nous donner à voir, peut-être est-ce avant tout parce que l'œil renvoie à l'extérieur alors que l'oreille *pense* l'intériorité de l'être. Sensible à cette pensée de l'intérieur, Jaccottet écrit que « c'est la pensée qui est le dedans ; et le dehors, c'est tout ce qui saisit la pensée, tout ce qui l'affecte, l'atteint » (*S*, p. 42). En ce sens, « voir loin » pour Jaccottet, relève déjà d'une forme d'écoute où l'improbable et l'impensable peuvent survenir à tout moment sous la forme d'une rumeur, d'un grésillement ou d'un froissement de feuilles. Michel de Certeau remarque aussi que « voir (loin), [c'est] également prévoir, devancer

---

[20] Philippe Jaccottet, *Éléments d'un songe*, Paris, Gallimard, 1989, p. 113.
[21] Marcel Raymond, *Romantisme et rêverie*, Paris, José Corti, 1978, p. 111.
[22] Paul Claudel, « L'œil écoute », *Œuvres en prose*, Paris, coll. « Bibliothèque de la Pléiade », 1965, p. 169.

le temps par la lecture d'un espace[23] » qui n'est pas nécessairement un espace visible, c'est anticiper le devenir de l'être tout entier. En fin de compte, si l'on peut dire que la poésie de Jaccottet est « un acheminement toujours recommencé vers l'intérieur de soi » (*OANA*, p. 41), peut-être est-ce avant tout parce qu'elle s'adresse à notre oreille, à cette pensée du rythme, de la mélodie, de la justesse qui est avant tout une pensée de la vie, une voix donnée à la vie, même si, parfois, elle en passe par la mort.

Plaçant donc le sujet dans une forme de réceptivité et de disponibilité, la promenade se veut un lieu d'observation de soi où la plus grande extériorité du monde devient la plus grande intériorité de l'être. Elle est même, pour Claude Esteban, un « lieu de métamorphose[24] », tant l'être et le monde, par leur perpétuelle confrontation, en viennent à se transformer l'un et l'autre. Or, même si la promenade prend souvent l'allure d'une cérémonie réglée, elle consiste avant tout à épuiser le quotidien, à épuiser le regard que nous avons des arbres, des fleurs ou des oiseaux, de la vie qui constitue l'environnement du poète. Car entendre, ce n'est pas tout retenir des sonorités du monde, c'est d'abord, pour Jaccottet, l'occasion de s'enfoncer dans le monde, de s'effacer, de laisser le monde affleurer autour de soi, jusqu'à ce qu'on « oublie la simplicité, la fraîcheur qu'ont les arbres, l'air, l'étendue, les heures qui passent sans bruit » (*S*, p. 137). L'attrait de l'invisible participe donc de ce que Jaccottet nomme cet « affleurement de l'être » tant, pour lui, la rumeur de l'eau qui coule, les cris d'un oiseau entendu de loin et qu'on ne voit pas, le froissement des feuilles sont des choses « qui nous touche[nt] parfois si intimement, au hasard de nos promenades » (*OANA*, p. 52) qu'elles ne peuvent faire autrement que de conditionner notre façon même de marcher, d'écrire et de penser.

Point aveugle au cœur même du paysage et du quotidien, l'invisible est ce lieu où, soudainement, l'existence nous est donnée, où le réel apparaît enfin, délié des contraintes de la continuité. Mais on n'atteint pas l'invisible aussi aisément : « il faut, pour le rejoindre, une rupture de nos habitudes mentales, un saisissement qui entraîne, du même coup, un heureux oubli de soi » (*SS*, p. 106), sans pour autant cesser d'être attentif. Il

---

[23] Michel de Certeau, *L'invention du quotidien : 1. Arts de faire*, Paris, Gallimard, coll. « Folio/Essais », 2001, p. 60.
[24] Claude Esteban, *Critique de la raison poétique*, Paris, Flammarion, coll. « Critiques », 1987, p. 147.

faut s'oublier un peu pour que le monde commence à s'ouvrir, à fleurir autour de soi, à s'épanouir.

> Ouvrir, toujours ouvrir — ou aussi longtemps qu'on le pourra. [...] Ce qui s'ouvre à la lumière du ciel : la fleur au ras du sol. Comme de l'obscurité qui s'épanouirait, ainsi que le jour se lève. Les liserons : autant de petites nouvelles de l'aube éparses à nos pieds.[25]

Le pressentiment d'un autre monde est donc important dans la mesure où il déplace le regard que nous avons du monde, propose un autre mode d'existence en engageant le quotidien sur de nouvelles avenues de sens. Se promener, c'est ainsi mettre à l'épreuve un univers où « mille cris, mille fleurs, mille globes d'eau sonores, et un seul monde, un seul foyer » (*S*, p. 124) ne viennent pas à bout de la détermination du promeneur à voir toujours plus loin. Car celui-là sait qu'il ne parviendra véritablement à sentir, à voir plus loin et atteindre l'intérieur du monde qu'en accordant ses pas au rythme du langage, qu'en faisant du texte un lieu d'écoute de soi. Et ce que lui permet la promenade, se laissant guider peut-être plus par « la rumeur du vent invisible, le bruit de l'invisible[26] » que par ses propres pas, c'est simplement le fait d'*être* au monde et le fait d'*être* en soi.

Territoire de l'imaginaire

Cela dit, il convient peut-être de lire les textes-promenades de Jaccottet comme s'il s'agissait du détail de toiles beaucoup plus vastes, avec leur part d'ombre et de lumière, leurs objets hétéroclites, leurs nuances et leurs champs de profondeur. On pourrait alors voir, dans cette toile, un corps figé par l'écriture, immobilisé dans le temps et l'espace, avançant sur un sentier étroit à la rencontre du monde et de lui-même. Or si toute chose visible, pour Jaccottet, « souffre d'être invisible » (*S*, p. 74), ce n'est pas tant parce qu'elle nous convie à *entrer* dans un autre monde, mais parce qu'elle nous questionne. L'invisible est « la question profonde[27] », pour emprunter une expression de Blanchot, posée au poète et au marcheur, c'est le lien qui le relie au visible, qui donne au visible, pour reprendre ici les termes de Jaccottet, son opacité et sa lumière. « L'invisible [c'est-à-dire le bruit] en ces eaux, par quoi elles touchent ce que j'aurais en moi d'invisible[28] ? », s'interroge Jaccottet. L'autre monde

---

[25] Philippe Jaccottet, *Carnets 1995-1998 (La semaison, III)*, Paris, Gallimard, 2001, p. 66.
[26] *Idem, Et, néanmoins. Proses et poésies*, Paris, Gallimard, 2001, p. 58.
[27] Cf. Maurice Blanchot, *L'entretien infini*, Paris, Gallimard, 1995, p. 12.
[28] Philippe Jaccottet, *Après beaucoup d'années*, Paris, Gallimard, 1994, p. 89.

est peut-être cette zone insaisissable qu'il nomme « l'immobile foyer de tout mouvement », où tout s'apaise et se tait, et qui constitue un centre : partout et nulle part à la fois, ailleurs et pourtant ici, éloigné de soi et pourtant au plus près de ce que l'on vit, ressent et pense.

Ce ne sont donc pas les jambes qui aménagent l'espace pour Jaccottet, ce n'est pas le mouvement du corps qui organise la pensée et le visible dans le déroulement infini des mots et des images, ce sont l'œil et l'oreille qui constituent le territoire de la promenade. Inutile de dire que si elle permet au sujet de s'imprégner d'un certain sentiment de la nature, ce n'est pas en priorité par la marche. Et l'on pourrait affirmer, à la limite, que le promeneur n'avance pas et qu'il ne demeure pas immobile, qu'il est noué à l'espace, cristallisé, immobilisé dans le geste d'avancer. Quelque chose change et se trouve déplacé dans la promenade, comme si au sens de la vue, sur lequel se fondait d'abord la promenade comme expérience motrice, une certaine « vision », une certaine voyance se substituant au regard lui-même, une vision perçant les apparences ou encore levant les voiles du visible.

> Hier, par temps chaud, longue promenade [en] des lieux restés absolument sauvages et comme *loin de tout*, […] le bruit de l'eau *invisible*, *cachée sous* des buissons. Pourquoi ce sentiment de mystère ? Si absurde que cela paraisse, on dirait que quelque chose *s'est passé*, *se passe* ou *va se* passer là, sous les jeunes chênes […]. On dirait qu'on a changé de monde sans quitter celui-ci (*S*, p. 255, je souligne).

Mais prévoir, devancer le temps ou pressentir lorsqu'on parle d'expérience sensible, n'est-ce pas justement cela, en fin de compte, anticiper l'existence d'un monde derrière le visible ? Un monde dont on ne saurait rendre compte, pour Jaccottet, sinon en tentant de « ramener à soi, à nous, ce monde devenu presque invisible » (*OANA*, p. 83).

Bibliographie

BLANCHOT, Maurice, *L'entretien infini*, Paris, Gallimard, 1995.

CERTEAU, Michel de, *L'invention du quotidien : 1. Arts de faire*, Paris, Gallimard, coll. « Folio/Essais », 2001.

CLAUDEL, Paul, *Œuvres en prose*, Paris, coll. « Bibliothèque de la Pléiade », 1965.

COLLOT, Michel, *La poésie moderne et la structure d'horizon*, Paris, Presses universitaires de France, coll. « Écritures », 1989.

DEGUY, Michel, « Le visible et l'invisible », *La Nouvelle Revue Française*, n° 138, 12e année, avril-juin, 1964.

DUPIN, Jacques, « En relisant la semaison », dans Patrick Née et Jérôme Thélot (dir.), *Philippe Jaccottet*, Cognac, Le temps qu'il fait, Cahier quatorze, 2001.

ESTEBAN, Claude, *Critique de la raison poétique*, Paris, Flammarion, coll. « Critiques », 1987.

GRENIER, Jean, « La promenade : Étude phénoménologique », *La Nouvelle Revue Française*, XXIV, 1964.

JACCOTTET, Philippe, *Et, néanmoins. Proses et poésies*, Paris, Gallimard, 2001.

_____, *Carnets 1995-1998 (La semaison, III)*, Paris, Gallimard, 2001.

_____, *À la lumière d'hiver*, Paris, Gallimard, coll. « Poésie », 1999.

_____, *Poésie 1946-1967*, Paris, Gallimard, coll. « Poésie », 1998.

_____, *Observations et autres notes anciennes : 1947-1962*, Paris, Gallimard, 1998.

_____, *La seconde semaison. Carnets 1980-1994*, Paris, Gallimard, 1996.

_____, *La promenade sous les arbres*, Lausanne/Paris, La bibliothèque des arts, coll. « Pergamine », 1996.

_____, *Après beaucoup d'années*, Paris, Gallimard, 1994.

_____, *La semaison. Carnets 1954-1979*, Paris, Gallimard, 1994.

_____, *Paysages avec figures absentes*, Paris, Gallimard, 1993.

_____, *Éléments d'un songe*, Paris, Gallimard, 1989.

KLÉBANER, Daniel, *Poétique de la dérive*, Paris, Gallimard, coll. « Le chemin », 1978.

LE BRETON, David, *Éloge de la marche*, Paris, Métailié, coll. « Essais », 2000.

MERLEAU-PONTY, *Phénoménologie de la perception*, Paris, Gallimard, coll. « Tel », 1999.

MONTANDON, Alain, *Sociopoétique de la promenade*, Clermont-Ferrand, Presses universitaires Blaise Pascal, coll. « Littératures », 2000.

ONIMUS, Jean, *Philippe Jaccottet : une poétique de l'insaisissable*, Seyssel (Fr.), Champ Vallon, coll. « Champ poétique », 1982.

RAYMOND, Marcel, *Romantisme et rêverie*, Paris, José Corti, 1978.

La déambulation comme démarche documentaire : *Zones* de Jean Rolin

Christina Horvath

Université du Québec à Montréal

On dit que la vocation de dénonciation apparaît dans sa forme la plus pure lorsque, derrière l'observateur privilégié qui déambule dans une ville, on peut entrevoir la figure de l'auteur. Partant de cette hypothèse, je me propose d'analyser un récit déambulatoire emblématique à cet égard, *Zones* de Jean Rolin, paru en 1995 aux éditions Gallimard. Qu'est-ce qui pousse l'auteur contemporain à se détourner de la fiction pour conquérir une partie du domaine documentaire ? Quelle est la différence entre ce genre de déambulation et l'errance, ou encore la flânerie, passe-temps si populaire depuis le XIXème siècle ? Etudiant un projet d'écriture explicitement formulé, je me propose non seulement de répondre à ces questions, mais également d'éclaircir les stratégies principales d'un type de narration où la fiction tend à s'effacer devant une visée documentaire, en sorte que le récit montre davantage de proximité avec l'enquête journalistique qu'avec le roman.

> Le premier principe consiste à réduire graduellement mes échanges avec le monde extérieur, à [...] ne rien entreprendre de plus précis, de mieux défini, que rêvasser, lire, marcher sans but, observer à la dérobée, me tenir à l'écart, attendre, voir venir. En dépit des apparences, cet état végétatif [...] est parfois assez difficile à maintenir.[1]

En écrivain déambulateur, Rolin s'impose un certain nombre de contraintes : ainsi, il adopte la posture de l'observateur étranger alors qu'il sillonne les périphéries de sa propre ville. Lors de ses trois vagabondages successifs dans des « zones » périurbaines, du 5 au 21 juin, puis du 21 au 29 août et finalement du 27 novembre au 8 décembre 1994, il renonce à rentrer chez lui et même à rencontrer ses amis. Avec quelques objets de première nécessité pour tout équipement — une trousse de toilette, des plans Michelin de Paris et de sa banlieue, des stylos, des car-

---

[1] Jean Rolin, *Zones*, Paris, Gallimard, 1995, pp. 35-36. Désormais, toutes les références à ce texte seront indiquées entre parenthèses suite à la citation, précédées de la mention Z.

nets de notes et des lectures de chevet —, il descend dans des hôtels dépourvus de charme où il reproduit toujours à l'identique la disposition de son matériel simple. Contrairement au voyageur ordinaire dont le trajet est soumis à une certaine logique, l'écrivain déambulateur constitue son itinéraire librement, sans se plier aux règles dictées par la raison. Ainsi, il s'autorise à emprunter des lignes de bus dans les deux sens, voire même de bout en bout, démarche donnant lieu à un trajet circulaire qui, s'achevant à son point de départ exact, à la Porte d'Auteuil, montre que ce n'est pas tant la destination qui intéresse le marcheur que la déambulation elle-même.

Comment qualifier le projet déambulateur de Rolin ? Malgré sa ressemblance superficielle avec l'errance ou la flânerie, cette démarche semble se distinguer de celles-ci aussi bien par son objectif que par les règles qui la déterminent. Alors que l'errant accepte de se perdre dans la ville où il ne poursuit aucun but, le narrateur déambulateur ne perd jamais de vue la visée documentaire qui l'anime. Le flâneur, quant à lui, ne poursuit aucun but particulier si ce n'est de tuer le temps. Personnage caractéristique de la grande ville, il voit le jour au cours du XIXème siècle avec l'urbanisation accélérée et la prolifération de la littérature urbaine. Bien que la mise en scène du flâneur la plus célèbre de l'histoire littéraire soit attribuée à Baudelaire, ce n'est pas au poète des *Tableaux parisiens* que la figure doit sa naissance. Cherchant à retracer ses origines, Walter Benjamin remonte jusqu'aux « physiologies », genre d'écrits consacrés à l'examen des types urbains qui fleurissent au milieu du XIXème siècle — rien qu'en 1841 on en compte soixante-seize[2] — et ils contribuent à leur façon à la fantasmagorie de la vie parisienne : en déchiffrant la profession, le caractère, l'origine et la vie des passants, ils démontrent que la vie dans la grande ville est loin d'être aussi inquiétante que cela puisse paraître. Quant au flâneur, il est un descendant des « physiologistes herborisant sur le bitume[3] », des premiers romans policiers et des feuilletons, mais il s'attache tout autant à la tradition du philosophe promeneur, inaugurée par *Les Rêveries d'un promeneur solitaire* (1782) de Rousseau. L'œil contemplatif du marcheur qui enregistre au long de son « badaudage » des bribes d'images provenant de la vie multiple de la ville, perçoit celle-ci pour la première fois comme un kaléidoscope, remarque Karlheinz Stierle dans *La Capitale des signes* :

---

[2] Benjamin, Walter, « Le Paris du second Empire chez Baudelaire » [1938], *Charles Baudelaire. Un poète lyrique à l'apogée du capitalisme*, Paris, Petite Bibliothèque Payot, 2002, p. 56.
[3] *Ibid.*

> C'est dans un kaléidoscope de la présence pure qui ne renvoie à rien d'autre que se forme une prescience de l'ensemble vivant de la ville, qui n'avait encore jamais trouvé à ce degré l'accès à une description verbale de la ville[4].

La postérité de Baudelaire connaît un grand nombre de « promeneurs solitaires[5] » qui arpentent la ville dans le but exclusif de se perdre dans les méandres des rues et de profiter des multiples spectacles (vitrines, affiches, scènes de rues, modes, etc.) qu'offre la grande ville. Ces personnages se caractérisent avant tout par la nonchalance et l'oisiveté : ils ne circulent pas pour l'utilité, ne se pressent pas pour se rendre à un lieu de travail, mais marchent pour le simple plaisir de marcher. Dans son introduction aux actes du colloque de Rouen portant sur les lieux de la sociabilité, Maurice Agulhon montre la nature infiniment variable de ce plaisir en résumant ses principaux aspects :

> plaisir vague de la flânerie pittoresque, plaisir du touriste qui goûte l'architecture, plaisir du « lèche-vitrine », voire plaisir de la séduction (ce qu'on appelle aujourd'hui la « drague », et qui se pratique en tous lieux, consistait beaucoup, au siècle dernier, à Paris, à « suivre » et à « marcher »)[6].

Ce qui reste invariable malgré l'apparente diversité des ces occupations est le loisir que s'accorde le promeneur d'observer les gens de la rue, de prêter attention aux nuances atmosphériques, de s'émerveiller devant les richesses de la ville, bref, de savourer en connaisseur tous les détails d'une cité fourmillante. Or, on ne trouve rien de tel chez Jean Rolin, qui n'interrompt son activité incessante d'observation et de description que le temps de parcourir rapidement le journal. Rolin ne fait pas de lèche-vitrine et il n'affiche pas une allure nonchalante non plus, d'autant moins que le no man's land périurbain qu'il traverse se prête très peu à ce genre de badaudage. De peur de perdre de vue le projet documentaire qui l'obsède, il s'autorise peu de répit. Ascétique, il évite obstinément les maigres plaisirs rencontrés sur son passage : à l'évidence il estime que céder à la tentation d'un quartier plus agréable ou jouir d'une vue

---

[4] Karlheinz Stierle, *La Capitale des signes*, Paris, Editions de la Maison des sciences de l'homme, 2001, p. 74.
[5] Ceux-ci ont peu en commun avec le promeneur de Rousseau qui se perd davantage dans ses rêveries solitaires et l'auto-exaltation qu'il ne se consacre au monde qui l'entoure.
[6] Maurice Agulhon, « Propos d'ouverture », *La rue, lieu de sociabilité ? Rencontres de la rue*, Actes du colloque de Rouen, 16-19 novembre 1994, Rouen, Presses Universitaires de Rouen, 1997, p. 8.

« noble » sur Paris risquerait de le détourner du but de son voyage, l'observation quasi sociologique de la banlieue.

But en soi, la déambulation documentaire de Rolin se heurte cependant à plusieurs obstacles. Parmi les dangers qui risquent de mettre son projet en péril, le narrateur évoque la tentation de renouer avec son quotidien ; il fait tout de même quelques entorses aux règles lorsqu'il prend un verre chez un couple d'amis rue Notre Dame des Champs, se rend à une manifestation ou dîne dans un restaurant gastronomique où il a ses habitudes. Il parle également de l'envie de suspendre son cheminement pour retourner au centre-ville, de rester allongé sur un banc du parc Monceau ou d'entamer une conversation plus profonde avec un inconnu. La principale crainte du voyageur concerne cependant le but même de sa quête :

> [...] je suis descendu vers la gare Saint-Lazare en ruminant la lancinante question de ce que je pourrai bien faire, en « voyage » à Paris, qui ne soit pas du journalisme pittoresque ou de la sociologie de comptoir. [...] Indéniablement, il avait suffi que je sorte de ma poche ce carnet minuscule et que je me mette à griffonner [...] pour devenir à mon tour invisible [...]. (Z, p. 37-39)

Une fois les règles et la méthode de sa quête établies, le narrateur se livre à une activité triple qui consiste à décrire les déplacements entrepris et les lieux de désolation traversés, à enregistrer une série de silhouettes, de portraits, de scènes et de conversations observées dans les lieux publics et à coucher sur papier les réflexions et constats que lui inspire le matériau recueilli. Dans ses descriptions, il enregistre avec la plus grande exactitude possible les stations successives des lignes de transports empruntées ainsi que le nom et l'adresse des hôtels, bars, cafés ou bistrots où il fait halte. Animé par le même souci d'objectivité, il cherche à tirer un portrait fidèle des usagers des transports publics, des sans-abri faisant la manche, des cafetiers ou des consommateurs aperçus dans les bistrots. Derrière cette apparence d'objectivité qui se traduit par un ton pince-sans-rire, on voit pourtant se profiler nombre d'*a priori* ou d'idées reçues répandues sur la banlieue que le narrateur s'efforce à combattre mais qui, tenaces, finissent par avoir raison de lui. Ceux-ci transparaissent moins à travers les descriptions – le portrait du vieux Turc absorbé dans la lecture du quotidien *Hürriyet* ou celui de la jeune Beur aidant une vieille dame – qu'à travers les commentaires du narrateur qui présume que les propos du journal ne peuvent être que mensongers, de même que la vieille dame est nécessairement alcoolique et raciste :

> [U]ne gamine beur d'ailleurs ravissante [...] aide à se relever une vieille dame [...] Crainte [...] que la vieille ne soit ivre, crainte bien pire, [...] que tout d'un coup, sous le choc de sa chute récente [...], elle ne se mette à accabler d'injures (racistes) la gamine. Pourquoi imaginer de telles choses, alors qu'il est tout de même bien plus vraisemblable qu'elle va la remercier avec effusion ? (*Z*, p. 56-57)

Ainsi, le narrateur s'avère-t-il incapable d'éviter le piège de la partialité qu'il a pourtant pressenti lui-même lorsque, en formulant son projet, il exprimait sa méfiance à l'égard de la sociologie de comptoir. Aussi fin observateur soit-il, Rolin ne se contente pas toujours de décrire ce qu'il voit. Il se laisse parfois influencer par le discours officiel sur les banlieues, évoquées par les médias en tant que foyers de l'insécurité, du commerce des stupéfiants et de la délinquance juvénile et confirme les clichés, surtout lorsque ceux-ci ont l'air de coïncider avec la réalité observée. À la lecture du passage suivant, on ne peut guère s'empêcher de penser que, si de l'expérience de la longue déambulation en banlieue ne résulte que la confirmation des images schématiques et non leur dépassement, l'auteur eût pu s'épargner ce voyage à toute évidence peu réjouissant :

> […] venant de Bagnolet, un groupe de zoulous à la carrure inhumaine, armés de litrons pleins, s'engouffrent dans le métro Gallieni. Il n'est pas nécessaire d'être sociologue, ni même éducateur de rue, pour craindre qu'avant la fin de la soirée ils n'aient commis un nombre appréciable de délits, et peut-être même de bien saignants. (*Z*, p. 73-74).

Pour rendre justice à Jean Rolin, il faut quand même ajouter que ses *a priori* ne font surface qu'occasionnellement, échappant accidentellement à sa vigilance constante qui est à l'origine de sa grande réserve vis-à-vis de l'interprétation. C'est justement par cette volonté de s'abstenir de tout jugement que *Zones* se distingue de la plupart des récits urbains documentaires qui, comme ceux d'Annie Ernaux, *Journal du dehors*[7] et *La vie extérieure*[8], élèvent l'aspect documentaire au rang de visée générale, tout en reléguant l'intrigue à l'arrière plan. Contrairement à Ernaux dont les observations sont généralement suivies de commentaires ou d'interprétations explicites, Rolin tente d'enregistrer exclusivement les bribes de conversations ou les tranches de vie captées et laisse au lecteur le choix d'en tirer ou non une leçon. C'est pourquoi la lecture dans *Libération* d'un article relatant le meurtre d'un jeune Asiatique par un Juif à Garges-lès-Gonesse met le narrateur de *Zones* en colère :

---

[7] Annie Ernaux, *Journal du dehors*, Paris, Gallimard, 1993.
[8] Annie Ernaux, *La vie extérieure*, Paris, Gallimard, 2000.

> [...] il n'y a rien à gagner à présenter de manière simpliste des affaires compliquées, ou du moins ambiguës [...]. Je remarque que la presse bien-pensante fait souvent preuve d'une grande réserve [...] en ne nous intéressant qu'aux formes traditionnelles du racisme, celles qui sont bien visibles, bien repérées et appellent des jugements bien carrés, par crainte de découvertes troublantes [...]. (Z, p. 51-52).

Si le projet documentaire de Jean Rolin n'est pas exempt de la reprise de certains clichés (par exemple l'évocation du public multiethnique d'un PMU de la périphérie ou la description pittoresque du parc de Sarcelles[9], comparé complaisamment à un camp de réfugiés), il a néanmoins l'incontestable mérite de capter l'essence même de la banlieue. Paradoxalement, il le fait presque inconsciemment, malgré lui, mettant simplement bout à bout des fragments de textes glanés dans les lieux publics. Pratique intertextuelle, le collage est une méthode qui tâche de conserver l'hétérogénéité du matériau intertextuel au lieu de l'absorber, de le fondre dans le texte du roman. Incorporant dans son récit de voyage les divers textes qui circulent dans l'espace périurbain (affiches publicitaires, pages de journaux abandonnés, graffitis, notes, panneaux, indications, enseignes, etc.), Rolin ouvre celui-ci sur une extériorité d'autant plus grande que les documents extérieurs sont généralement reproduits tels quels, mettant l'accent sur la discontinuité du texte et de l'intertexte. C'est pour souligner le double caractère, à la fois relationnel et transformationnel, de cette pratique que certains auteurs comme Tiphaine Samoyault l'appellent « bricolage » :

> La notion de bricolage (mise en évidence par Claude Lévi-Strauss pour caractériser le fonctionnement de la pensée mythique, par association de termes hétéroclites et par analogie) semble bien convenir à ces opérations de recyclage de matériaux, de collage et de combinatoire[10].

En bon bricoleur, l'auteur de *Zones* juxtapose des voix et des contextes variés pour injecter le réel directement, par petites doses, dans son

---

[9] « le parc accueille une foule considérable et babélienne, majoritairement d'origine africaine ou antillaise. Pas plus qu'au PMU, les différentes communautés ne se mélangent. Les gens sont pour la plupart regroupés par familles, ou par bandes, autour de petits foyers d'où émanent des fumées à la douce odeur de merguez (ou d'autres grillades), ce qui donne au parc une allure d'un bivouac ou d'un camp de réfugiés. Sous une charmille, un orchestre africain de percussions fait assez de bruit pour couvrir celui des transistors de type ghetto-blasters que beaucoup de jeunes ont posé sur l'herbe ou portent à l'épaule » (Z, p. 82).
[10] Tiphaine Samoyault, *L'Intertextualité : mémoire de la littérature*, Paris, Nathan, 2001, p. 49.

texte. Ainsi, le discours du narrateur et les divers types de discours référentiels s'interpénètrent dans le récit qui absorbe entre autres les bribes des brochures publicitaires des hôtels fréquentés, les affichettes qui couvrent les murs, les graffitis relevés au bord des autoroutes, les panneaux lumineux et les mâts de signalisation, les enseignes et les inscriptions diverses. Le narrateur va même jusqu'à interpréter cette multitude de textes comme la véritable particularité de la banlieue :

> Je tombe sur […] un grand panneau lumineux sur lequel s'affichent […]: « Pâtisserie-boulangerie », « lundi 22 août », « 11 h 37 », « Saint-Fabrice », « 25°C ». […] désormais, c'est une des caractéristiques lancinantes de la pseudo-ville […] que cette prolifération cancéreuse de signes, […] qui ne s'adressent à personne, émanent on ne sait trop de qui, et ne sont porteurs d'aucun sens […]. (Z, p. 86-87).

Le récit déambulatoire de Rolin présente les principales caractéristiques du collage-recyclage : de petits fragments empruntés à la vie quotidienne sont collés dans un récit, directement reproduits dans leur typographie (et langue) d'origine et clairement reconnaissables comme appartenant à un réel externe. Cherchant à dresser un inventaire du matériau recyclé qui fait intrusion dans le récit, on est frappé par la grande diversité des formes et des types de discours présents dans le texte de Rolin. Les documents empruntés au réel appartiennent d'une part à la catégorie de l'intertexte non-verbal (pictogrammes, signes), d'autre part à celle de l'intertexte verbal (graffitis, notes, inscriptions diverses), même si, dans de nombreux cas, il est quasiment impossible de trancher entre les deux : les affiches publicitaires et les enseignes lumineuses véhiculent leur message en mobilisant souvent simultanément le texte et l'image. Conscient du caractère factice des lieux, en vérité des non-lieux traversés, constituant une sorte d'entre-deux entre la ville et la campagne, le narrateur repère également un lien évident entre la prolifération des signes creux, n'engendrant aucune communication, et le sentiment du vide qui émane de ces espaces de transit. Ainsi, lors de sa déambulation, il tombe inévitablement sur le vide qui le guette, aussi bien dans les chambres d'hôtel identiques — « Être dans une chambre d'hôtel Ibis, c'est n'être nulle part. Par moments, leur anonymat, leur rigoureuse similitude pourrait même faire douter de la réalité du monde extérieur » (Z, p. 73) — qu'aux arrêts situés au bord des voies rapides, dans un paysage périurbain « au milieu de rien […] au milieu de ce dispositif si violemment hostile à la flânerie » (Z, p. 62) :

> À l'horizon se dresse […] un hôtel sans nom […] voisinant au milieu de rien avec un magasin de vente Peugeot, une station-service, un In-

termarché [...] : tout cela semble appartenir à un univers parallèle, inaccessible [...], peut-être virtuel. Point de vue que paraît attester la carte Michelin *Banlieue de Paris* [...] : Empty Quarters (Z, p. 87-88).

Sans aucun doute, cette description représente ce que l'ethnologue Marc Augé appelle un non-lieu, par opposition aux lieux anthropologiques. D'après l'ethnologue, ces derniers sont des constructions concrètes et symboliques de l'espace qui se veulent identitaires, relationnels et historiques : ces non-lieux, produits par la surmodernité, « n'opèrent aucune synthèse, n'intègrent rien, autorisent seulement, le temps d'un parcours, la coexistence d'individualités distinctes »[11]. Produits de notre époque, ces points de transit et occupations provisoires constituent une catégorie qui englobe les chaînes d'hôtel, les clubs de vacances, les moyens de transport (avions, TGV, cars, métro), les centres commerciaux et les grandes surfaces de la distribution, les parcs de loisir, les distributeurs automatiques de billets, les autoroutes et les stations-service, les gares et les aéroports avec leur zone duty-free. Or, le constat du narrateur de *Zones*, associant le vide périurbain au foisonnement des signes, est confirmé par Augé, qui prétend que la prolifération des non-lieux limite la communication au décryptage des panneaux indicateurs ou des cartes routières et impose ainsi aux consciences individuelles l'expérience nouvelle de la solitude :

> Les non-lieux réels de la surmodernité [...] ont ceci de particulier qu'ils se définissent aussi par les mots ou les textes qu'ils nous proposent : [...] les « messages » transmis par les innombrables « supports » (panneaux, écrans, affiches) faisant partie intégrante du paysage contemporain[12].

Comme nous pouvons le constater dans le récit de Rolin, les espaces périphériques coïncident très souvent avec les non-lieux, ce qui explique le sentiment du dépaysement et la solitude qui envahit le déambulateur de *Zones*. À la sensation de n'être nulle part, contribue sans doute également cette curieuse dématérialisation qui constitue l'essence même de l'espace périurbain.

---

[11] Marc Augé, *Non-lieux : introduction à une anthropologie de la surmodernité*, Paris, Seuil, 1992, p. 136-138.
[12] *Ibid.*, p. 120-121.

Bibliographie

AGULHON, Maurice, « Propos d'ouverture », dans *La rue, lieu de sociabilité ? Rencontres de la rue,* actes du colloque de Rouen, 16-19 novembre 1994, Rouen, Presses Universitaires de Rouen, 1997.

AUGE, Marc, *Non-Lieux : introduction à une anthropologie de la surmodernité*, Paris, Seuil, 1992.

BENJAMIN, Walter, *Charles Baudelaire : un poète lyrique à l'apogée du capitalisme*, trad. de l'allemand par J. Lacoste, Paris, Petite bibliothèque Payot, 1979.

ERNAUX, Annie, *Journal du dehors*, Paris, Gallimard, 1993.

_____, *La vie extérieure*, Paris, Gallimard, 2000.

ROLIN, Jean, *Zones*, Paris, Gallimard, 1995.

SAMOYAULT, Tiphaine, *L'Intertextualité : mémoire de la littérature*, Paris, Nathan, 2001.

STIERLE, Karlheinz, *La Capitale des signes*, trad. de l'allemand par M. Rocher-Jacquin, Paris, Editions de la Maison des sciences de l'homme, 2001.

CRITIQUES LITTERAIRES ET ESSAIS
à l'Harmattan

Bataille conservateur
Emprunts intimes d'un bibliothécaire
CORNILLE *Jean-Louis*
Georges Bataille, qui avait une formation d'archiviste, occupa durant sa vie divers postes de bibliothécaire. Si l'auteur fut un véritable rat de bibliothèque, comme l'attestent les registres où furent consignées ses innombrables lectures, il resterait à établir la liste, tout à fait officieuse, des lectures d'oeuvres le plus souvent littéraires qu'il pratiquait dans les marges de ses propres romans et récits, avant de chercher à discrètement les y intégrer. Mais c'est derrière ces oeuvres littéraires "empruntées" que se développeront les récits propres à Bataille.
(13 euros, 142 p.)   *ISBN 2-7475-7633-7*

Louis Aragon, la théâtralité de l'oeuvre dernière
VALLIN *Marjolaine*
Toute l'oeuvre de Louis Aragon trahit la tentation du théâtre. Le théâtre s'y inscrit d'abord comme genre, dramatisant la forme comme l'écriture, mais l'oeuvre n'imite les codes génériques que pour mieux s'en démarquer: le Théâtre aragonien est avant tout métaphorique, se traduisant par la pluralité du sujet, la présence de figures du double, une intertextualité dramatique essentiellement mythique et tragique, enfin un imaginaire baroque.
(Coll. critiques littéraires, 30 euros, 370 p.)   *ISBN 2-7475-7819-4*

Lecture de Mandiargues
LAROQUE-TEXIER *Sophie*
André Pieyre de Mandiargues (1909-1991) commence à écrire vers 1935 les poèmes de L'Age de craie. Entre l'étude et les lectures, il voyage en Europe et dans l'Orient méditerranéen et publie son premier livre en 1943. Cette *lecture* interroge tous les écrits de Mandiargues : poème, conte, récit, théâtre et essai à partir de la poétique, et montre en quoi cet ensemble importe comme oeuvre. Elle analyse l'imagination qui détermine une relation au monde de nature fortement visuelle et la singularité d'une parole incarnée.
(Coll. Critiques Littéraires, 23,80 euros, 276 p.)   *ISBN 2-7475-7846-1*

Le roman algérien de langue française de l'entre-deux-guerres
Discours idéologique et quête identitaire
HARDI Ferenc
Le roman algérien de langue française de l'entre-deux-guerres est méconnu aussi bien du grand public que des spécialistes des littératures francophones du Maghreb. Ce travail constitue une présentation originale et une nouvelle approche de la production romanesque algérienne de cette période. En s'appuyant sur les concepts de Bakhtine de "dialogisme" et "d'idée d'inachevée", il propose de lire l'entreprise romanesque de ces oeuvres comme fondée sur la rencontre de deux sphères culturelles plutôt que sur la question de l'assimilation.
(Coll. Critiques Littéraires, 23 euros, 270 p.)   *ISBN 2-7475-7834-8*

En quête du Français d'Egypte
LUTHI Jean-Jacques
Préface de Daniel LANCON
De 1860 à 1960 environ, le français était la langue des échanges en Egypte. Des circonstances internes et internationales sont à l'origine de ce phénomène: le projet du Canal de Suez, le commerce extérieur, entre autres. Les écoles françaises religieuses et laïques implantées depuis la moitié du 19e siècle, ont formé et forment encore des générations de francophones. Poètes, conteurs, romanciers, ont produit une oeuvre aussi abondante qu'intéressante. Toutefois, on ne peut guère pénétrer les ouvrages des écrivains francophones d'Egypte sans l'aide de cette étude sur la langue française d'Egypte.
(25 euros, 292 p.)   *ISBN 2-7475-7806-2*

Le proverbe en Afrique
Forme, fonction et sens
BOUNFOUR Abdellah, BAUMGARDT Ursula
En interrogeant le sens des proverbes africains, et en maintenant ouvertes leurs contradictions et leurs tensions, de nombreux critiques et chercheurs (tels que A.MOHAMADOU, S.NIRHY-LANTO, S.RUELLAND, ou A.BOUNFOUR) ont tenté dans cet ouvrage de remettre en question la définition des proverbes comme vecteurs de vérités générales. En prononçant le proverbe, l'énonciateur met en relation l'énoncé avec un contexte spécifique, ce qui fait du proverbe le genre littéraire contextualisé par excellence.
(Coll. Bibliothèque des Etudes Africaines, 19 euros, 202 p.) ISBN 2-7475-7629-9

Travaux de linguistique fonctionnelle
CLAIRIS Christos
Ce volume présente un ensemble de réflexions sur les aspects fondamentaux de la recherche linguistique: les classes et les fonctions syntaxiques, la dynamique linguistique, le changement linguistique, les procédures de mise en valeur, l'élaboration de grammaires modernes. Deux débats sont menés autour des ouvrages la "Grammaire fonctionnelle du français" et la "Grammaire du néo-hellénique", et un dossier sur les grammairiens alexandrins vise à montrer le besoin d'apprendre ce qui est déjà connu. Dans l'ensemble de l'ouvrage se manifeste le souci d'apporter des précisions théoriques et méthodologiques qui rendent encore plus opératoires les outils de travail d'une linguistique descriptive générale moderne.
(31 euros, 348 p.)   *ISBN 2-7475-7808-9*

La traduction entre philosophie et littérature
La traduzione fra filosofia e letteratura
Bilingue Français/Italien
LAVIERI Antonio
Dans cet ouvrage se croisent les chemins de la philosophie et de la littérature, par la question clef du traduire. Linguistes, philosophes, spécialistes de poétique, d'esthétique et de littérature s'interrogent sur les mécanismes, les possibilités et les limites mêmes de la compréhension, et de l'interprétation. Entre théories et pratiques, les contributions ici réunies livrent au lecteur une réflexion riche et exemplaire sur les enjeux de la traduction dans la formation des cultures et des sociétés. A la fin, on trouvera un répertoire bibliographique sur la traductologie italienne.
(Coll. Indagini e Prospettive, 19,50 euros, 196 p.)   *ISBN 2-7475-7453-9*

656150 - Mai 2016
Achevé d'imprimer par